ビッグバン・イノベーション

一夜にして
爆発的成長から
衰退に転じる
超破壊的変化から
生き延びよ

ラリー・ダウンズ＋
ポール・F・ヌーネス著
江口泰子訳

ダイヤモンド社

BIG BANG DISRUPTION

by

Larry Downes and Paul Nunes

This edition published by arrangement with Portfolio, a member of Penguin Group (USA) LLC,
A Penguin Random House Company through Tuttle-Mori Agency, Inc., Tokyo

はじめに
ほんの数日で競争優位が消し飛ぶ世界で

アドレス帳、ビデオカメラ、ポケベル、腕時計、地図、書籍、トラベルゲーム、懐中電灯、固定電話、口述用テープレコーダー、キャッシュレジスター、ウォークマン、スケジュール帳、目覚まし時計、留守電、イエローページ、財布、鍵、旅行者用の外国語フレーズ集、トランジスタラジオ、携帯情報端末（PDA）、インダッシュ型カーナビ、リモコン、空港のチケットカウンター、新聞、雑誌、電話番号案内、旅行代理店に保険代理店、レストランガイドに電卓。

さて、これらの共通点は何だろうか。

それは、どれもビッグバン・イノベーションの犠牲となって姿を消したか、今まさに犠牲となりつつある製品やサービスであることだ。

ビッグバン・イノベーションとは「安定した事業を、ほんの数か月か、時にはほんの数日で破壊する新たなタイプのイノベーション」である。

その速度とすさまじい破壊力を生み出すのは、次々に市場に投入される、よりよく、より安い破壊的な技術だ。この〝すばらしい新世界〟では、新製品や新サービスは市場に登場した時点で、価格、性能、カスタマイゼーションのすべてにおいて高い競争力を備えている。

爆発的な破壊力を持つ製品やサービスが登場する——ビッグバン・イノベーションが起きる——と、たちまち世界中の消費者の知るところとなる。ユビキタスで高速な（あるいは〝ブロードバンド〟の）コンピューティングネットワークや標準、全世界で展開する膨大な数のモバイル機器の為せる業《わざ》だ。マーケティングを牽引するのは、もはや企業ではない。ユーザー自身だ。ソーシャルネットワークやレビューサイト、ミニブログ、その他の情報共有サイトを通じて、ユーザーは口コミ（とカスタマーサービス）に影響を与える。

破壊的な新製品やサービスとそのイノベーター企業は、従来の常識とはかけ離れた行動を展開し、熾烈《しれつ》な競争を繰り広げる家電やコンピューティング、通信などの技術集約型産業の競争ルールを書き換えてしまった。だが、コンピューティング革命が暮らしの隅々にまで浸透するのに伴い、破壊的威力を持つ製品やサービスは、それ以外のあらゆる産業でも登場しはじめた。

冒頭で挙げた製品やサービスに破滅的な打撃を与えた原因はどれも同じ——そう、「スマートフォン」である。コンピューティングと通信機能を備えたこのハイブリッドな端末には、小さなアプリを無数にインストールできる。アプリが小さくて済むのは、データ処理をクラウドコンピューティングで行うからだ。ハードウエア、ソフトウエア、分散コンピューティングの組み合わせが、古いものから最近開発されたばかりのものまで、またたく間にさまざまな機器や製品やサービスに取って代わった。

ビッグバン・イノベーションが破壊するのは、個々の製品やサービスだけではない。それは、イノベーションのプロセス自体を破壊しつつある。破壊的製品やサービスを生み出す企業や起業家は、従来のやり方を踏襲しない。秘密裏にではなく、オープンに製品を開発する。初期ユーザーを相手に市場実験を行い、短期の開発を矢継ぎ早に繰り返す。プロプライエタリ（英語で「独占権を持つ」などの意味。コンピュータ用語では「オープン」の対義語として用いられる）な技術と研究手法には頼らず、ハードウエアとソフトウエアの両方で、安価な既製部品や要素を組み合わせて開発し、でき上がった製品やサービスを市場に投入する。

失敗であれば、すぐに失敗とわかる。成功すれば、初期ユーザーは協業者《コラボレーター》や、時には投資家の役目までも担い、製品やサービスを一気にメインストリーム市場へと押し上げる。

破壊的製品やサービスが登場すると、競合にはもはや打つ手がない。成熟産業のサプライチェーンが供給する製品は突然、陳腐化して輝きを失う。既存企業はたちまち打撃を受け、破綻の危機にさらされる。破壊的な製品やサービスの登場を、顧客よりも早く察知する術《すべ》を身につけておかなければ、即ゲームオーバーだ。

既存企業と、彼らが入念に練り上げた戦略プランにとって、ビッグバン・イノベーションはまさに悪夢である。

本書では、その悪夢を回避する方法をお教えしよう。

グーグル、エアビーアンドビー、ウーバー……100を超えるケーススタディ

まずはその前に、私たちふたり――ラリー・ダウンズとポール・ヌーネス――の自己紹介から始めよう。私たちはともに、そしてひとりずつでも、キャリアの大半を賭けて破壊的イノベーションについて研究してきた。本書の前には、ダウンズが『キラーアプリを解き放つ』を、ヌーネスが『S字カーブを飛び越える』（ともに未邦訳）を刊行し、新技術が現代企業の戦略とプロセスに与える影響について考察した。

『キラーアプリを解き放つ』では、インターネットや他のデジタル技術が、バックオフィスからフロントオフィスへと進出し、戦略の支援にとどまらず、戦略そのものを変化させてきた経緯を追った。

『S字カーブを飛び越える』では、破壊的な技術が登場する波と波との間隔が、ますます短縮する現象に焦点を絞った。その波と波とのあいだの苦しい移行期を必死に生き延びようとする、企業のリーダーにとって重要なアドバイスも提案した。

そして本書で焦点を当てるのは、破壊的イノベーションの本質が変化していることについて私たちが長年、アクセンチュアのハイパフォーマンス研究所とともに行ってきたリサーチの結果である。競争と戦略の変化を、30を超す産業で、100以上もの詳細なケーススタディを通して分析した。最近の企業がメインだが、歴史的な事例も含まれる。

本書の執筆にあたってはまず、何の前触れもなく彗星のごとく現れたように見え、世界的な一流

企業の戦略プランに決定的な打撃を与えた、破壊的製品やサービスの例をたくさん集めた。次に、起業家や投資家、既存企業とスタートアップの経営者に徹底的なインタビューを試み、競合に先んじて、破壊的な製品やサービスをいち早く見つけ出す秘訣を学んだ。また新製品や新サービスを実験して、それが市場を席巻しそうかどうかや、その準備がいつできるのかを見極める、速くて安価な方法についても教わった。

本書で紹介する最も目覚ましい例は、グーグルやアップル、サムスン、ソニー、マイクロソフトなどの、21世紀を代表するテック系のイノベーター企業である。それ以外にも、エアビーアンドビー（P2Pの宿泊仲介サービス）やウーバー（オンデマンドの配車サービス）、キックスターター（クラウドファンディングサービス）、ユーダシティ（大規模公開オンライン講座を展開する学習サービス）といった、ごく最近耳にする機会が増えたスタートアップの例も数多く取り上げた。

あるいは、ビッグバン・イノベーションを生き延びて、既存の資産と可能性を最大限に活かして、優れた製品やサービスを生み出した既存企業にも注目した。企業ですらなく、市場実験が意図せずに爆発的な成功につながった例もある。学校教師や高校生の市場実験をも取り上げている。偶然の成功だったにしろ、彼らの起こしたビッグバン・イノベーションが、上場企業の戦略を大きく揺さぶったことは間違いない。

もちろん、私たちの分析は優れた先人の知恵の上に成り立つ。破壊的技術が企業戦略の構築と実行に及ぼす影響について論じた文献は、私たちが寄稿した書籍も含め、膨大な数にのぼる。著名な文献の内容について、ここで詳しく紹介する必要もないだろうが、経済学者のヨーゼフ・シュンペーターや経営学者のピーター・ドラッカー、歴史家のトーマス・クーンの著作は今なお読む価値があり、必読書でもある（経済技術学者のカルロタ・ペレスは私たちと違って、ビッグバンという言葉を、キラーアプリを引きつけたような類いの「画期的な技術」という意味で用いた）。

ブルー・オーシャン戦略に続く、破壊的イノベーション論「第4の波」

だが、ビッグバン・イノベーションについて私たちが発見した内容が、戦略と競争について論じた先人たちの考えとは大きく異なることを言っておかねばなるまい。その点について説明しておこう。

この25年間、破壊的イノベーションにまつわる専門家の考えは、大きく次の3つのフェーズを経てきた。

まず、情報時代が幕開けする以前に一般的だったのは、新しい市場は「トップダウン」で生まれるという考えだった。企業は、高い金額を支払えるか喜んで支払おうとする顧客向けに、差別化を図った製品を販売した。〝贅沢品〟と呼ばれるこれらの製品はやがて、性能のよさが世間に認知され、規模の経済が働くにつれ、廉価版が登場して徐々にマスマーケットを形成する。

自動車のオプションを考えてみれば、わかりやすいだろう。パワーステアリング、ロック、リアウィンドウのブレーキライト、ハイエンドな音響システムにサンルーフ。かつては贅沢品と考えられていたこれらのオプションも、今ではたいてい標準装備されている。今日の初心者向け高級車は、1950年代の平均的なクルマよりも格段に安いのだ。

ハーバード・ビジネススクールのマイケル・ポーター教授は、企業が競争優位を築くためには、次の3つの〝基本〟戦略のどれかをイノベーションし、トップダウンのアプローチを実行するしかないと述べた。第1の基本戦略は、「差別化」を図り、プレミアムな価格に見合う特徴を製品に加える。第2の基本戦略は、製品の性能を最適化し、競合よりも「低価格」で提供する。そして第3の基本戦略は、以上ふたつのバリエーションであり、特定のターゲットに「集中」して、1か2のどちらかの戦略を追求するというものだ。とはいえ、低価格で高品質という戦略は成り立たない。

ところが、同じくハーバード・ビジネススクールの教授であるクレイトン・クリステンセンが、1997年に『イノベーションのジレンマ』(翔泳社)を著すと、ここに破壊的イノベーション理論の第2フェーズが始まる。クリステンセンはポーターの考えに異議を唱え、破壊的な製品やサービスは「ボトムアップ」からも生まれると主張した。この理論によれば、破壊的技術は、そのときに市場で売れている製品と比べて価値も機能も劣るが、少なくとも質の悪い製品でも構わない顧客にとっては、かなりの低価格である。

その例のひとつとしてクリステンセンが挙げたのが、ケーブル式掘削機に取って代わった新しい油圧式掘削機である。初期の油圧式掘削機は安価で、大きな仕事をこなすだけのパワーもなかった。そこで、油圧式掘削機のメーカーは小型の掘削機を製造して、郊外住宅の基礎工事用に販売することでニッチ市場を開拓した。

過酷な使用に耐える頑丈な掘削機の製造業者は、当初、その小さなニッチ市場には見向きもしなかった。だが油圧技術が劇的に改善すると、小型掘削機の性能も大きく向上し、やがてあらゆる顧客セグメントを競い合うまでに発達した。結局、油圧式掘削機は低価格のまま、ケーブル式掘削機の機能をすべて獲得し、新たなリーダーとして市場を支配したのである。

こうした〝イノベーションのジレンマ〟――優れた既存企業が、破壊的製品を投入した新興企業の前に力を失う現象――を回避するために、「質の悪い代替品として登場した破壊的技術に目を光らせるように」と、クリステンセンは警告した。代替品はまずローエンドの顧客を狙い撃ちにし、技術の進歩とともに、市場リーダーとの競争力をつけていく。クリステンセンのモデルにおいて、ビッグバン・イノベーションの初期兆候に気づいた既存企業の経営陣には、破壊的製品やサービスを迎え撃つ時間がたっぷりとある。既存企業はその新しい技術を試し、新技術が価格や性能面でメインストリーム市場に受け入れられるまでに、攻撃の準備を進められる。

そして、イノベーションの戦略的考えの第3フェーズは、『ブルー・オーシャン戦略』（弊社刊）とともに幕を開けた。著者のW・チャン・キムとレネ・モボルニュは、破壊はボトムアップからゆっくり起きるというクリステンセンの考えをさらに発展させ、〝ブルー・オーシャン〟、すなわち競争相手のいない新たな市場を創造したイノベーター企業の例を紹介した。その事例では、破壊的製品やサービスは、すでに存在するか、時には成熟産業の、まだ満たされていない新しいニーズにうまく対応する――言ってみれば、トップダウンでもボトムアップでもなく、「サイドウェイ」から現れるわけだ。

このモデルに従えば、イノベーション企業は、顧客が価値を見出すいろいろな製品やサービスの特徴を読み取り、それらの価値や特徴をうまく組み合わせることで、特定の市場セグメントをターゲットに、新製品や新サービスを提供できることになる。たとえばシルク・ドゥ・ソレイユでは、伝統的なサーカスの要素を多く取り入れる反面、出演料の高い花形パフォーマーのショーや、維持コストの高い動物ショー、隣接する3つの舞台《リング》で同時に展開するスリー・リング・ショーを取りやめて、「低コスト化」を図った。その一方で、芸術的な振付けやストーリー性をもたせたパフォーマンスに加えて、テントという壮大で独特のショー環境を充実させて、従来のサーカスとの「差別化」も図った。こうしてシルク・ドゥ・ソレイユはブルー・オーシャンを切り拓き、チケット価格を従来のサーカスよりもはるかに高く設定し、サーカスにはまったく興味がなかった顧客層をも取り込んだのである。

そして現在、イノベーションの第4フェーズである「ビッグバン・イノベーションの時代」が訪れたのだ。破壊的製品やサービスは、トップかボトムかサイドのいずれかひとつから攻撃を仕掛けて来るのではない。3つの方向から〝同時に〟襲来する。新技術の指数関数的な進化とコスト低減が実現したとき、よりよく、より安く、よりカスタマイズされた製品が誕生する。しかも、その製品は、ただひとつのユーザーグループにアピールするのではない。(ほぼ)すべての顧客が一斉にその製品に殺到するのだ。これはもう、破壊的イノベーションではなく、〝破滅的〟イノベーションと呼んだほうがふさわしいだろう。

ビッグバン・イノベーションが突然現れると、従来のアプローチではとても太刀打ちできない。ポーターが提唱した入念に練り上げた戦略プランは、一瞬にして無効になる。クリステンセンが主張する比較的のんびりした対応策では間に合わず、競合のいないブルー・オーシャンでさえ、破滅的な打撃を免れない。製品やサービスの質を上げるのか価格を下げるのかを選んで、社内でイノベーションを進めるあいだ、市場が静かに待っているという発想は非常に危険だ。

新たに登場したイノベーター企業は、既存企業のような制約を持たず、従来のルールにも従わない。ビッグバン・イノベーションを起こす製品やサービスには、既存企業の製品やサービスと競う意図すらない。新たな市場を探し出し、少しでも早く、ひとりでも多くの顧客の注目を集めようと、彼らは必死に戦う。そしてその彼らを前に、既存企業はただ〝とばっちり〟を受けるだけである。

製品のライフサイクルは「ベル・カーブ」から「シャークフィン」へ

本書は2部で構成する。第1部では、従来のイノベーションとはまったく違う、ビッグバン・イノベーションの型破りな特徴を解剖する——それはいつの時代に始まり、どのように進展したのか。既存企業にどのような破壊的影響を与えるのか。第2部では、ビッグバン・イノベーションをうまく生き延びる方法と、その破壊的な影響力を利用して、事業を新たにつくり直し、市場を定義し直す方法についても詳しく紹介する。

本書で紹介するビッグバン・イノベーションの教訓は、おもに既存企業の経営陣にあてたものだが、スタートアップにとっても有益な教訓が多い。たとえ大成功を収めたにしろ、スタートアップもすぐに既存企業になるのである。業種や貸借対照表の規模に関係なく、既存企業にとって優先すべきは、破壊的な製品やサービスをつくり出して市場に投入し、競合と張り合うことでなければならない。その理由から本書では、スタートアップか既存企業かを問わず、ビッグバン・イノベーションを起こす破壊者を「イノベーター企業」と呼ぶことにした。

本書の第1部では、ビッグバン・イノベーションを解剖する――それはどのようにして現れるのか（第1章）。その背後にはどんな経済学が隠れているのか（第2章）。従来型の普及モデルとは似ても似つかない、どんな製品ライフサイクルを描くのか（第3章）。

第2部では、既存企業が独自のビッグバン・イノベーションを生み出す方法と、他社が放ったビッグバン・イノベーションとの致命的な衝突を避ける方法についても紹介する。そして、ビッグバン・イノベーションの4つのライフサイクルに従って、4つの章立てで論旨を進める。破壊的製品やサービスのライフサイクルを、私たちは、宇宙の始まりから終焉《しゅうえん》までを説明する「ビッグバン宇宙論」の各ステージにちなんで名づけた。すなわち「特異点《シンギュラリティ》」（第4章）、「ビッグバン」（第5章）、「ビッグクランチ」（第6章）、「エントロピー」（第7章）の4つである。図表1は、ビッグバン・イノベーションの製品ライフサイクルの不吉なかたちを現したものだ。説明するまでもないだろうが、

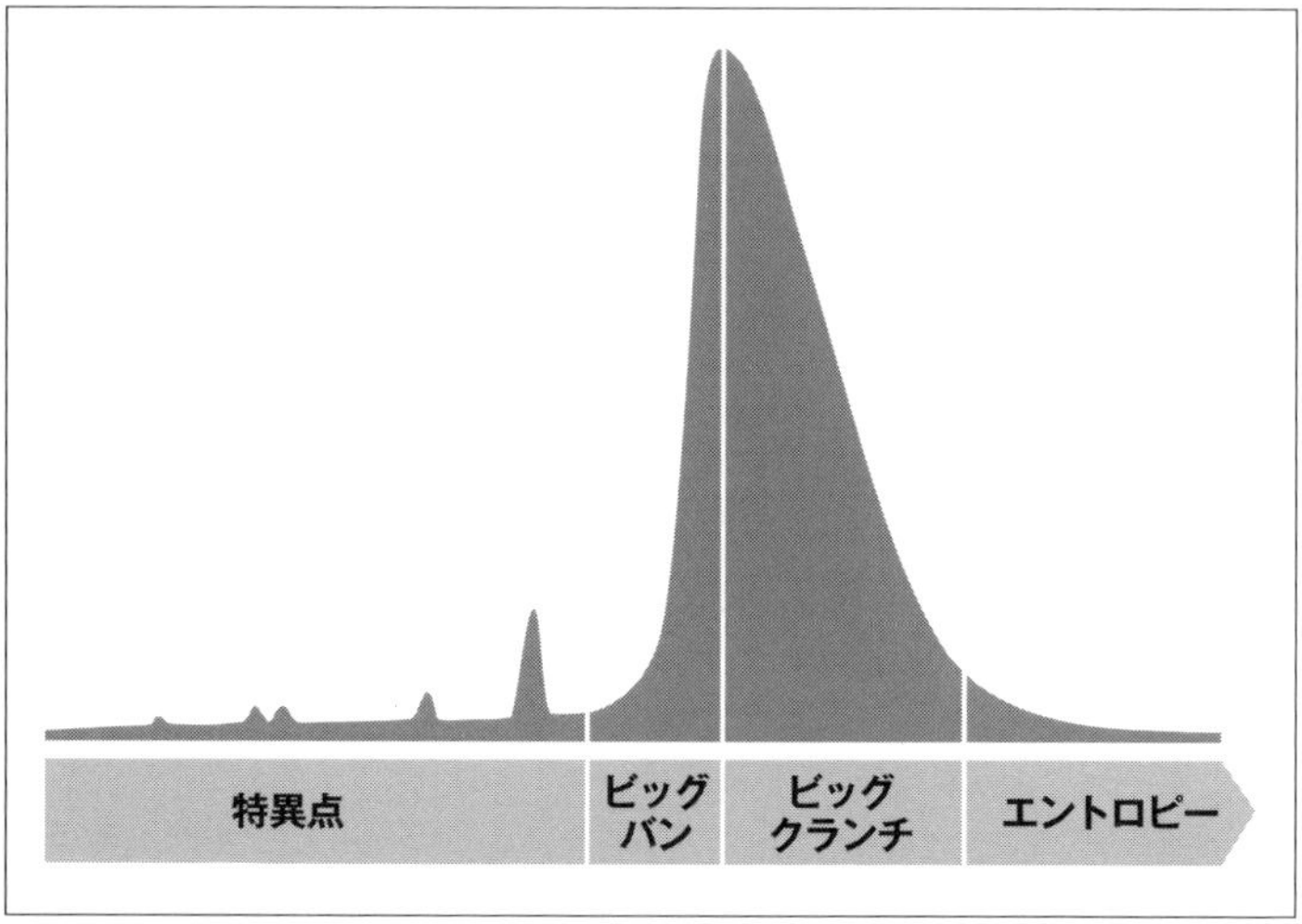

図表1：ビッグバン・イノベーション時代の新しい製品ライフサイクル「シャークフィン」

私たちはこのかたちを「シャークフィン（サメのひれ）」と呼んでいる。

本書の第1部ではビッグバン・イノベーションの全貌を分析し、第2部ではその対応策を提案する。大半のビジネス書は、どちらか一方（たいていは前者）しか扱わないが、〝よりよく、より安い〟という現代のイノベーション精神にのっとり、私たちもその両方を扱うことにしたのだ。

第2部では、ビッグバン・イノベーションを生き延びるための12のルールを紹介する。どれも、さまざまな産業の企業が実践し、その有効性が実証済みの方法である。すべてのルールを合わせると、戦略と実行のためのビッグバン・イノベーションモデルが浮かび上がる。12のルールは、破壊的製品やサービスをただ単発的に生み出すためにあるのではない。既存企業を、次々とイノベーションを生み出す組織につくり変えるためにも役立つはずだ。各ルールは、業種も規模もさまざまな企業の事例とともに紹介した。12のルールを駆使して、ビッグバン・イノベーションを生み出すか、生き延びてきた企業ばかりである。

だが、ここでひとつ自信を持って予言しよう。本書でビッグバン・イノベーションとして紹介した破壊的製品やサービスやイノベーター企業の多くは、読者の皆さんが本書を読んでいるときにはすでに消滅してしまっているか、少なくとも破壊的イノベーターの地位から転落してしまっているに違いない。

成功例も失敗例も含めて、本書で紹介する各事例は、その企業がビッグバン・イノベーションのプロセスや、各ステージでの成功と失敗について、貴重な教訓を与えてくれるかどうかを基準に選んだ。今日の破壊的製品やサービスの多くは、生みの親であるイノベーター企業に、前例のない価値を提供しつづけることはできない。少なくとも、その勢いはいつか衰える。

破壊的製品やサービスの寿命は、驚くほど短い。絶好のタイミングで製品やサービスをつくり上げ、市場に投入することがどれほど困難であろうとも、それ以上に難しいのはビッグバン・イノベーションを何度も起こすことである。その技術を身につけた企業はほとんどない。経営陣が犯したほんの1、2度の失敗が致命傷となって坂を転げ落ち、もはや回復不可能となった企業も多い。

クラウドとモバイル、そこが「震源地」

先にお断りしておかなければならないのは、本書で紹介するケーススタディの大半が、家電、コンピューティング、通信関連の製品やサービスであることだ。それもとりわけ、スマートフォンやタブレットなどのクラウドベースのモバイル技術が多い。

モバイル・コンピューティング産業は、空前のスピードで成長している。２００７年のサブプライムローン問題に端を発した、世界金融危機の際にも成長は衰えず、消費者と企業とが楽観的な希望を持ちつづけられた唯一の産業とも言えた。モバイル産業に焦点を当てた理由は他にもある。

スピード

モバイル・コンピューティングの新製品と新サービスは、端末にしてもアプリにしても、ライフサイクルが短い。そのため、ビッグバン・イノベーションの動向が最もわかりやすい産業である。戦略、競争、製品開発、アウトソーシング、マーケティング、カスタマーサービスの新たなルールのうちの何に効果があり、何に効果がないのかが一目瞭然の産業でもある。新世代の端末がリリースされる際には、必ず新たなイノベーションを伴うため、幅広い企業の経営陣にとって貴重なケーススタディになる。

プラットフォーム

ほしい情報にタイミングよくアクセスできると、消費者の行動は大きく変わる。それゆえ、モバイル・コンピューティングの進化は、どんな産業をも破壊する起点となりうる。そう、どんな産業もその破壊の波から逃れる術はないのだ。アプリがまだ、その既存企業の事業を破壊していないとしても、いずれその日は訪れる。だから、モバイル・コンピューティングの台風の目から遠く離れた企業であっても、モバイル技術がどう進化し、破壊の衝撃波がどのように広がっていくのかを、よく理解しておくべきだろう。

スケール

スマートフォンとタブレットを駆使するユーザーが世界中で数十億人を超える今、かつてはカスタムメイドでしか手に入らなかったディスプレイやセンサー、プロセッサといった高価な部品や、再利用可能なソフトウエアを、起業家はずっと簡単に手に入れられるようになった。モバイル・コンピューティング用の既製部品を組み合わせれば、活動量計からドローンまでをつくれる時代が来たのだ。

エコシステム

モバイル産業には、ビッグバン・イノベーションのとりわけ重要な特徴が現れている。すなわち、従来のサプライチェーンに取って代わるエコシステム（生態系）の誕生である。ここでいうエコシステムとは、製品やサービスを取り巻く共通の収益環境を指す。スマートフォンで言えば、アプリや周辺機器、関連サービスなどが、すべての参加者に収益をもたらす環境が構築されている状態を意味する。かつて情報や製品は一方向に不活発に流れていたが、エコシステムは多方向の活発な作用と交流とを促す。競争原理はあらゆる参加者に影響を及ぼす。技術の進歩に伴い、新たなパートナーシップを組み、ベンチャーや企業をすばやく立ち上げる能力も重要になった。

ビッグバン・イノベーションは国境を越える

もうひとつ断っておきたいのは、本書で取り上げたケーススタディの多くがアメリカと東アジアを中心にしている点だ。今日、ビッグバン・イノベーションが最もよく生まれる国はアメリカである。その理由は、起業家精神に溢れた研究大学の存在や、スタートアップに対する投資を促す税制上の優遇措置、情報の自由な流れや起業家の活発な移動を促進する法整備にある。とはいえ、破壊的技術がもたらす難しい問題に連邦政府がどう対応するのかによっては、現在のリードが縮まるか、アメリカの優位性が失われる恐れもある。

いずれにしろ、ビッグバン・イノベーションの12のルールに国境はない。高速インターネットに接続できて急速な成長が望め、サプライヤーや顧客に瞬時にアクセスできる環境があれば、どこにでもテクノロジー・ハブ（技術の中心地）を形成できる。カンザスシティからモスクワまで、ロンドンからナイロビまで、チリのサンティアゴからフィリピンのダバオまで、新世代の起業家はハッカソンもクラウドファンディングも、組み合わせイノベーションもすぐに習得する。

今後の私たちのリサーチがシリコンバレーを遠く離れる日を、そして世界の多様な文化が、本書で紹介したプロセスや成功事例に大きな影響を与える日を願っている。

ビッグバン・イノベーションが世界中に広まったからといって、悲観的になることはない。どんな企業でもみずからを改革し、新しい競争圧力に打ち勝つことは可能である。だが、そのためには今、始めなければならない。技術の進歩がますます加速する時代にあって、ビッグバン・イノベーションの12のルールを、経営陣と従業員とビジネスパートナーの日々の活動に取り入れてほしいのだ。そうすれば、破壊的製品やサービスを市場に投入し、優れた価値を生み出した成功事例として次に脚光を浴びるのは、この本を読む皆さんの企業かもしれない。

私たちのリサーチが役に立ったのかどうかは、皆さんが判断してほしい。そして、好きな情報共有技術を使って、ぜひとも私たちに教えていただきたい。情報をお待ちしている――ビッグバン・イノベーションのモデルについて、イノベーションのプロセスについて、あるいはご存じの成功例や失敗例についてなど。フェイスブックやツイッターを利用するか、Forbes.comのBig Bang Disruptionの記事にコメントを投稿してもらっても構わない。本書の執筆にあたっては、独自のリサーチに加えて、クラウドソーシングの力を大いに利用して、読者からの情報を数多く集めた。

本書で分析の対象にした起業家が大きな飛躍を望んでいるように、私たちも次の、そしてまたその次のサイクルで、ビッグバン・イノベーションのリサーチがいっそう大きく発展することを願っている。私たちのリサーチをただ見守るだけでなく、皆さんにはぜひ参加もしてほしい。お叱りも大歓迎だ。私たちのリサーチからも明らかなように、それこそが、さらに上を目指すイノベーター企業が、新たなアイデアを得るための最善の情報源だからである。

2013年10月

カリフォルニア州バークレーにて、ラリー・ダウンズ
マサチューセッツ州ボストンにて、ポール・ヌーネス

『ビッグバン・イノベーション』目次

第3章 シャークフィン
——製品ライフサイクルは、もはや「キャズム」に従わない

Part 2 Strategy in the Age of Devastating Innovation
第2部 ビッグバン・イノベーションを生き延びる戦略

第4章

特異点
——市場に投入するための期間が、市場に投入してからの期間よりも長い

第5章 ビッグバン
——「破滅的な成功」そのものがイノベーターを追い詰める

第6章 ビッグクランチ
――みずから起こしたイノベーションに首を絞められる前に

第7章 エントロピー ——撤退すらできない地獄からどう抜け出すか

Part 1
Big Bang Disruption

第1部
ビッグバン・イノベーション

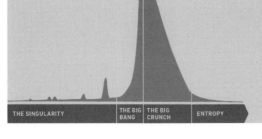

Chapter 1
What is Big Bang
Disruption?

第1章

ビッグバン・イノベーションとは何か

よりよく、より安い世界で強いられる競争

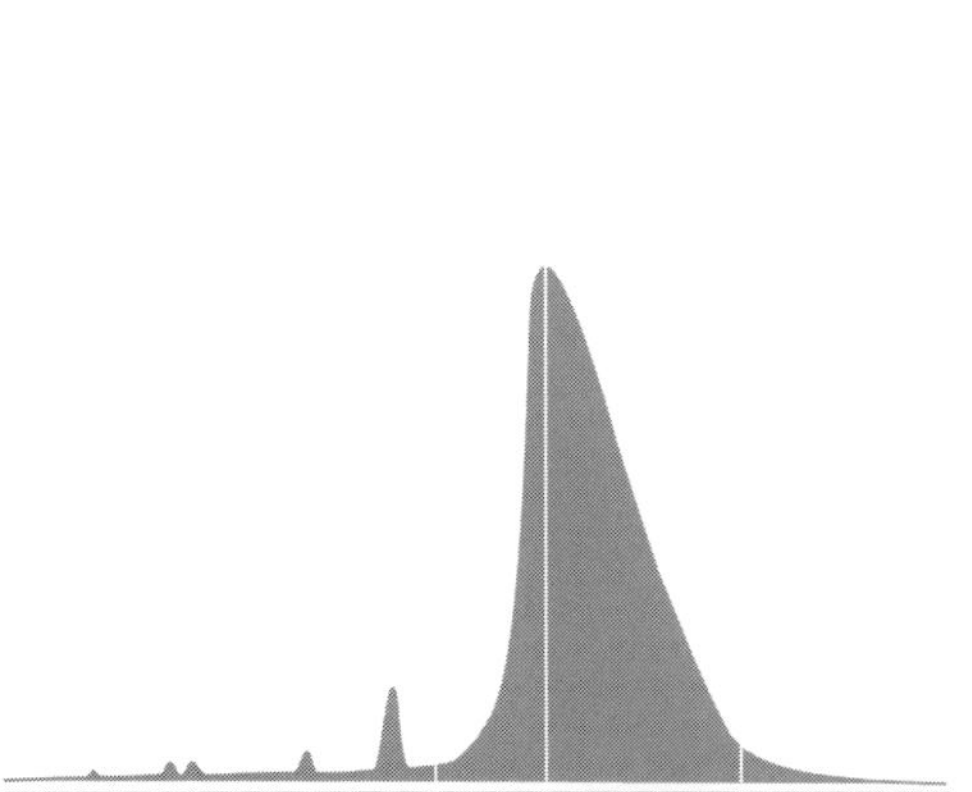

グーグルマップは、何をどこまで破壊したのか?

20世紀の大半を通して、道路地図の製作と販売という成熟産業を独占していたのは、ごく一部の地図専門出版社と非営利の自動車クラブだった。アメリカ人なら誰でも、ランドマクナリーやトーマス・ブラザーズ・マップスといった、地図専門の老舗《しにせ》出版社の名前を聞いたことがあるだろう。

ところが、個人が家庭で日常的にコンピュータを扱い、インターネットに接続する時代が訪れると、新たな競合が現れた。最初は、無料《ただ》で閲覧できる、ヤフーやマップクエストなどの地図やルート検索だった。ユーザーは、デジタルの地図データを自由に拡大・縮小できた。やがて航空写真を重ね合わせたり、レストランやガソリンスタンドといった特定の施設の位置も探し出したりできるようになった。

その後、GPSの高精度データを用いたインダッシュ型のカーナビが登場し、目的地までの最適ルートを表示し、音声案内も始まった。ガーミンやトムトム、マゼランなどのGPS機器メーカーは激しいシェア争いを演じ、より高度でコンパクトなモデルを次々に市場に投入した。

技術の進歩と規模の経済によって、GPS機器はすぐに高級品から手軽に買える製品になる。1

９９１年に、ガーミンが初めて一般消費者向けに売り出したカーナビは２５００ドルだった。その後、カーナビ市場は大きく成長し、２０００年頃には累計３００万台を売り上げ、１２０ドルの格安製品まで現れた。

一方、印刷地図市場は縮小する。ランドマクナリーは、長年の競合であるトーマス・ブラザーズ・マップスを買収するが、その戦略も世の趨勢《すうせい》には勝てなかった。家族経営の会社として１００年に及ぶ歴史を誇ったランドマクナリーは、２００３年に地図製作部門が破綻してしまうのである。

しかし、真の「破壊者《ディスラプター》」はＧＰＳ機器メーカーではなく、スマートフォンだった。それは、伝統的な紙の地図と競合するためにつくられたわけでもなければ、その意図すらないデジタルデバイスである。しかも、グーグルマップナビのようなクラウドアプリケーションがスマートフォンに投入されると、競争はさらに激化した。２００９年に登場したグーグルマップナビは、既存のマッピングデータベースとルート検索機能の充実を図って、音声案内、ＧＰＳナビ機能、リアルタイム交通情報を加えたうえに、検索やメール、アドレスブックといった他のアプリとの接続も可能にした。

グーグルはまた、ナビゲーションアプリをアンドロイドＯＳに標準搭載し、数百万人のユーザーが試せるようにした。グーグルマップナビは無料である。もっと正確に言うと、より多くの広告を表示する代わりに無料で提供できるのだ。

製造コストと配布コストが安く、情報を再利用でき、間接的な収入源が当てにできるとき、製品やサービスを無償で提供することは難しくない。グーグルマップナビの開発コストは、比較的安く抑えられた。すでに10年をかけ、グーグルが相当な費用をつぎ込んでつくった、既存のソフトウエアとデータを活用していたからである。

それ以外のデータは公的情報を、とりわけ米国国防総省が諜報活動の目的で運用する人工衛星の情報を利用した。数十年も前から存在したデータを、ようやく民間が利用できるようになったのは、1996年に当時のビル・クリントン大統領が、高品質のGPSデータの機密指定を解除したためである。

グーグルの元CEOであるエリック・シュミットは、こう述べている。「もちろん、私たちは無料が好きだ。消費者も無料が好きだからだ」

ユーザーにとって、ナビゲーションアプリを追加したところで、スマートフォンの所有や維持に余分なコストはかからない。一方のグーグルにとっては、ユーザーひとり当たりのコストは微々たるものだ。ユーザーはすでにスマートフォンを購入し、ネットワーク代も支払っている。しかもアプリは最小限の記憶容量しか必要とせず、データ接続もほとんど利用しない。マップデータはグーグルのサーバーに格納されているため、ほとんどの処理もそこで行われる。バージョンアップしたデータはその都度、クラウドを経由してユーザーのスマートフォンに自動的に更新される。グーグルマップナビの開発者は、マーケティングも行わなければ、何の販促活動も行わない。

アンドロイドOSの人気が高まるにつれて、グーグルマップナビの成功は保証されたも同然だった。標準搭載から1年も経たないうちに、ユーザーは1億人を突破する。その後の1年間でユーザー数は倍加した。2012年にアップルがアップルマップをリリースしたときには、わずか48時間で1000万回のダウンロード数を記録した。現在、どれほど多くのユーザーがアップルマップを利用しているのか見当もつかない。

アプリベースのサービスが基盤にしているのは、まったく新しいかたちのビジネスモデルである。アプリが登場する以前は、ガーミンもトムトムもマゼランも、同じような機能を持つ独立型のGPS機器を製造して販売し、堅実な商売を営んでいた。グーグルがナビゲーションアプリをリリースしたときにも、従来のGPS機器は数百ドルで売られ、しかも売れ行きは非常によかったのだ。グーグルは、GPS機器メーカーを破綻させるつもりなどなかったと主張する。とはいえ、アプリは最初から、あらゆる面で独立型のGPS機器を上回っていた。無料であるということは、明らかに他のものよりも安いという意味なのだ。

しかもグーグルは、マッピングデータと経路計算のほとんどをクラウドに保存し、アップデートを容易にし、グーグルマップナビの製品価値を高めた。固定データを本体に内蔵する従来のGPS機器とは異なり、グーグルのアプリは地図データをスマートフォンに内蔵しない。そのため、データが古くなるという欠点もなく、アップデートに手間も費用もかからない。

グーグルマップナビを他のスマートフォンサービスと接続すれば、さらに統合的な活用が可能である（近くのレストランを検索し、ナビゲーションボタンを押して、レストランまでの道案内を表示するなど）。しかも、消費者から企業ユーザーまでの、ほぼあらゆる顧客セグメントに対応する。

２０１３年にグーグルは、２００８年創業のイスラエルのソフトウエア会社ウェイズを、10億ドルとも噂される莫大な額で買収した。ウェイズでは、ユーザーの投稿データをもとに地図を作製してナビ機能の改良を重ね、ユーザー自身が間違いや近道、混雑状況を報告するという、手軽な無料カーナビアプリを提供していた。しかも、買収時点ですでに５０００万人ものユーザーを抱えていた。グーグルは、ウェイズの技術をグーグルマップナビに統合してアプリの価値を高め、これまで通り無償で提供したのである。

インダッシュ型のカーナビとプロプライエタリなアプリを提供する既存のＧＰＳ機器メーカーが、グーグルマップナビなどの、よりよく、より安いアプリと戦おうとしても、しょせん無理である。グーグルがマップナビのサービス開始を発表した日、ＧＰＳ機器メーカーの株価は15％以上も下落し、ｉＰｈｏｎｅがリリースされると下落に歯止めがかからなくなった。

２００８年から２０１２年までの４年間に、トムトムの消費者売上げは半分以下に落ち込んだ。ガーミンの場合、カーナビと携帯用ＧＰＳ機器の売上げは４割に減少した。グーグルマップナビの登場から1年半後、独立型ＧＰＳ機器メーカーは市場価値の85％を失ったのだった。

予想外のところから現れる「よりよく、より安い」製品やサービス

モバイル機器用のナビゲーションアプリは、ビッグバン・イノベーションのひとつの例である。これらの破壊的製品やサービスは、すでに誕生した瞬間から、既存の製品やサービスと比べてよりよく、より安い。インターネットやクラウドコンピューティング、コンピューティング機器などの新技術を用いた破壊的製品やサービスは、またたく間に成熟産業を揺るがし、既存企業とそのサプライチェーン・パートナーに打撃を与え、すぐにとどめを刺す。

商店街をクルマで走り、シャッターの降りた店先を眺めてみればいい。つい数年前まで本屋やカメラ店、写真の現像ショップ、文具店、郵便局、旅行代理店、大型家電ディスカウントショップだった店はどれも、現在進行形のモバイル・コンピューティング機器革命の犠牲者である。コンピューティング革命が最初に押し寄せたときと同じくらい、モバイル革命も、私たちの社会と暮らしを大きく変えてしまうのかもしれない。

今では想像もつかないが、1990年代後半に発売された当時、スマートフォンは、携帯電話をほんの少しばかりアップグレードした程度の〝まったく当てにならない代物〟にすぎなかった。当

時のスマートフォンは高価なうえに、映像やデータの処理能力も限られていた。サードパーティのアプリケーションもごくわずか。ネットワークの速度は遅く、信頼性は低かった。

だが２００７年にアップルがｉＰｈｏｎｅを投入し、続いてグーグルがオープンソースのアンドロイドＯＳをリリースすると、スマートフォンは完全なモバイルコンピュータへと生まれ変わった――そしてここに、他のビッグバン・イノベーションの登場を促す、強力な原動力が誕生したのだ。ある調査によると、世界のスマートフォンユーザーの数は、２０１５年の時点で20億人に迫る勢いだという。

今日のスマートフォンは、高解像度ディスプレイやカメラ、充分なメモリ、データ記憶装置を標準搭載し、バッテリーの駆動時間も延びた。移動体通信事業者はこの10年をかけ、数千億ドルもの資金を投じて、次世代の「４Ｇ ＬＴＥ」と、世界中をカバーするＷｉ‐Ｆｉブロードバンドを整備してきた。

その動きを促したのは、スマートフォンのエコシステムにとって重要な特徴、すなわちクラウドコンピューティングである。端末はネットワークに高速接続するため、スマートフォン自体の記憶容量とデータ処理能力は最小限に抑えられる。また、ほとんどのデータ保存と処理は、通信事業者やコンテンツ会社、その他のサードパーティといったサービスプロバイダーが運営するインフラ上で行われる。

このようなアーキテクチャは、アプリの開発スピードを著しく向上させるだけでなく、リスクの軽減にもつながる。アプリを設計して投入するために、開発者はコンピューティング・インフラと通信インフラに投資する必要はない。アプリが爆発的な人気を呼んだ場合には、ユーザーニーズの変化に応じてIT資源を簡単に追加できる。競争の激しい仮想市場において、サーバーだけでなく、アプリケーションソフトウエアまでもがレンタルできるのだ。データの更新や新バージョンの展開も頻繁に行えるうえに、ユーザーは余計な手間に煩わされることもない。

アプリ開発会社のなかには、記録的な速さで数十億ドル規模に成長した企業も多い。業界団体のモバイル・フューチャーは、2013年に消費者がダウンロードするアプリの数を〝1日に〟1億個と見積もった。

IT業界の調査顧問会社、451リサーチで調査担当重役を務めるピーター・クリスティによれば、大企業が長年、中小企業に対して維持してきたIT関連の優位性は、クラウドコンピューティングによってこの数年で逆転したという。「たとえ専門能力やインフラが不足していたとしても、ITのあらゆる恩恵を受ける時代がやって来たのです」。クリスティはそう述べる。スタートアップであっても、最適で安価なクラウドサービスを即座に利用できる。社内にITインフラを整備する必要もなければ、互換性のないソフトウエアを統合したりカスタマイズしたりする必要もない。

その一方、「社内のIT投資について、過去20年間に行ってきた意思決定」のせいで、大企業はクラウド化に乗り遅れ、足踏みしている状態だとクリスティは指摘する。「時代遅れのITシステムを、まずは抹殺しなければなりません」

ビッグバン・イノベーションはもちろん、モバイルエコシステムだけの現象ではない。その影響が及ぶのは、コンピュータや家電業界だけでもない。よりよく、より安い製品やサービスを引っ下げて、競合が参入してくるリスクから逃れられる産業はないのだ。

実際、これまでの戦略やイノベーションは突然、役に立たなくなった。破壊的製品やサービスは、従来の競争ルールには従わない。プレミアムな製品でハイエンドの顧客を狙うこともなければ、優れた機能を削ぎ落として低価格志向の顧客を狙うこともない。既存の製品を分解して、新しい市場を開拓したりはしないのだ。

彼らは、既存企業を競合とすら見なさない。顧客ニーズに応える方法もまったく違う。既存企業の製品ラインを品定めして、わずかに価格を下げるか、少しばかり性能をよくして、短期的な優位性を確保するような真似はしない。彼らはたいてい、既存企業の顧客の前に、きらりと光る製品やサービスを放り投げ、既存企業とはまったく違う製品やサービスに顧客の興味を引きつけようとする。

しかも、破壊的製品やサービスは稲妻のように突然現れて、既存企業をまたたく間に駆逐する。彼らが製品を投入したが最後、戦略的に応じている余裕などない。かつて10年かそこらもかけて関連業界を変化させた破壊的イノベーションは、その期間を半減し、さらに短縮しつづけているのだ。

「ムーアの法則」が牙をむく
――指数関数的に進化する技術

ビッグバン・イノベーション時代を生き抜くためには、競合のレーダーよりも広く深く探知できる早期警報システムを備えて、新技術が現れる兆しとその破壊的影響力とを検知しなければならない。あるいは、破壊的製品やサービスを取り込み、イノベーター企業と組むという新たな手法も必要になってくる。破壊的製品やサービスが正式に売り出されてからでは、もはや手遅れなのだ。

だがまずは、現在のような変化を生んだ背景を理解しておく必要があるだろう。

その変化をもたらした原因のひとつは、もちろん現在進行形のIT革命である。1965年、インテルの共同創業者ゴードン・ムーアは、「(コンピューティングの基本要素である)半導体の処理能力は、12~24か月ごとに倍増するが、半導体の価格は変わらない(つまり実質的に価格は半減している)」と予言した。いわゆる「ムーアの法則」である。この予言は少なくとも5年は有効だ、と彼は考えた。ところが、この法則は50年経った今でも成立する。

IT世界で、「性能と価格の両方が倍々で改善する」という現象が明らかなのは、半導体の演算処理性能に限らない。データ記憶装置、メモリ、データ通信などの関連技術でも同様の現象が見られる。さらに、インターネットのネットワーク規格と、限界費用がほとんどかからずに複製・配布できるというソフトウエアの優れた特徴とが組み合わさったことで、イノベーションを起こし、市場に投入するまでの時間がどんどん速くなり、しかも安くなる環境が生まれ、その結果、コンピューティングの世界から遠く離れた産業にも、破壊的な影響をもたらすようになった。

指数関数的な進化の恩恵を受けるのは、デジタル技術分野だけではない。科学分野の飛躍的な発見や成果の記事を目にしない日はないだろう。実用性と拡張性があれば、科学分野のブレークスルーも、ビッグバン・イノベーションを引き起こす可能性を秘めているのだ。

たとえば、次世代のエネルギー源として注目の集まる藻《そう》類バイオマスや、人工臓器の量産にも応用可能な3Dプリンタ、近い将来にくるくると巻いてポケットに入れて持ち運べるとされる有機発光ダイオード（OLED）などがそうだろう。あるいは、グラフェン（炭素の同素体の一種）という、炭素原子わずか1個分の厚さしかなく、電気伝導率と強度に優れた素材を用いた製品の実験も始まっている。

経済学者――学生時代にはマーケティングの成績が振るわなかったに違いない――は、このような優れたイノベーションを〝汎用技術〟と呼ぶ。だが、本来なら〝指数関数的技術〟と呼んだほうがふさわしい。すなわち「1、2年といった比較的短いサイクルで、性能と価格の両方において倍々で改善しつづける、つまり性能は倍増し、価格は半減する技術」である。指数関数的技術こそは、イノベーター企業が破壊的製品やサービスを世に送り出すプラットフォームなのである。

２００７年に始まった世界金融危機が終息に向かうと、指数関数的技術はまたもや世界経済を牽引する原動力となった。イノベーション・ハブの魅力は、韓国の科学技術都市大田《テジョン》から、ロシア版シリコンバレーを目指すモスクワ郊外のスコルコボまで世界各地に広まった。ＴＶや雑誌や俗語で、果てはファッションの世界においてさえ、起業家や投資家、エンジニアがロールモデルとして脚光を浴びる日が再びやって来た。シリコンバレーのあるベンチャーキャピタリストは先日、ぽつりと洩らしたものである。「まったく〝オタクの逆襲〟ってわけだよ」

コンピュータ関連ほど顕著ではないにしろ、指数関数的な進化は他の分野でも見られる。幹細胞研究や再生可能エネルギー、ヒトゲノム計画、光ファイバー、ＬＥＤ、ロボット工学などはすぐに思い浮かぶだろう。材料科学ひとつを取ってみても、水分解や超コンデンサ、フォトニクス、熱電変換素子、エネルギー貯蔵材料など、優れた技術に対する投資と開発は始まったばかりであり、そのどれについても、今後の指数関数的な進化が期待されている。

こうした楽観ムードには、立派な根拠がある。次世代の指数関数的技術は、ざっと見積っただけでも、10年後に1兆ドルの価値をもたらすと考えられているからだ。コンピュータ関連以外の分野で指数関数的技術の進化を示す、確実な証拠を医学分野から挙げるとするならば、人間ひとりのＤＮＡ塩基配列を完全に解析するコストは、20年前の30億ドルから、２０１４年の時点で１５００ドルにまで下がっているのだ。

本書では、指数関数的技術を用いた破壊的な製品やサービスをたくさん紹介する。そのほとんどがデジタル技術であるのは、次のふたつの理由による。まずひとつは、指数関数的技術のなかでも特にコンピューティング性能は、最も長く倍増を重ね、破壊的イノベーションを数多く生み出してきたからだ。本書のテーマはコンピューティング革命ではないが、家電やコンピューティング、通信分野において、ビッグバン・イノベーションの回数は加速度的に増え、しかも極めてドラマチックなかたちで登場している。

ふたつ目の理由は、あらゆる指数関数的技術は、ある程度まではユビキタスなコンピューティング性能やクラウドサービス、ブロードバンド・ネットワークやインターネットに依存しながら、製品化やサービス化の道を探っているからだ。ある報告によると、ITに対する年間支出額は2013年についに2兆ドルを超えたという。言い換えれば、デジタル革命は成熟しただけでない。コンピューティング産業から遠く離れた分野の技術革命をも可能にしているのだ。

実際、IT革命は長く続き、新世代の指数関数的技術が登場するごとに、性能が倍増するすばらしさを証明した。1950年代に商用コンピュータが初めて発売されたときのことを考えてみよう。当時のコンピュータは、膨大な量のデータ処理と演算能力が必要な国勢調査や、ゼネラルエレクトリック（GE）といった世界的企業の会計処理などに用途が限られていた。当時のコンピュータは巨大で高額なうえに、不安定だった。専門技術を持つエンジニア以外には扱えず、温度や湿度管理を施した環境でなければ維持できなかった。

もはや巻き込まれずに済む産業はない

コンピュータは当初、コストの高さと複雑さゆえ、事務や管理業務部門に追いやられていた。いわゆるバックオフィスで、給与計算や会計処理や生産計画の調整などに用いられたのである。ところが、よりよく、より安い新世代のプロセッサが登場するたびに、コンピューティング機器はあらゆる業務に一歩ずつ近づき、ついに顧客やサプライヤー、規制当局、競合企業とも直接接触し、完全に協力し合うまでになったのである。

コンピュータは、徐々によりよく、より安くなっただけではない。サイズが縮小して、消費電力が下がる一方、ムーアの法則通り、処理能力が定期的に倍増していった。そして、そのような指数関数的な進化のおかげで、コンピューティング機器はSF小説に描かれる未来の装置から、日常的な必需品へと生まれ変わったのである。

すなわち、消費財産業であろうと、エネルギーやヘルスケア、教育、金融サービス産業であろうと、破壊的威力を秘めたデジタル製品やサービスは、既存企業に厳然たる影響を与える。私たちのリサーチによれば、ビッグバン・イノベーションの破壊的影響を免れる産業はひとつとしてない。

どんなサプライチェーンも混乱の淵《ふち》に陥り、どんな戦略計画も見直しを迫られる。

ビッグバン・イノベーションがまだ到達していない産業でも、その波はすぐそこまで押し寄せている。迎え撃つ時間のある企業もあれば、その余裕すらない企業もあるだろう。だがどんな産業であっても、よりよく、より安い技術の影響を受け、現在のコア技術――おそらくその産業が誕生して以来、ずっと中心を担ってきたコア技術――は廃れゆく運命にある。

なぜなら、今日の事業はいずれにしろ、デジタル事業だからだ。発電機のように巨大で寿命の長い高額な製品を扱っているにしろ、数百人の患者を受け持つ医院を開業しているにしろ、コンピューティングはすでに事業のやり方を180度変えてしまった。

マサチューセッツ州の睡眠外来、スリープ・ヘルスセンターの例を紹介しよう。睡眠時無呼吸症候群などの睡眠障害を検査するためには、つい最近まで、わざわざ高いお金を払ってクリニックでひと晩を過ごさなければならなかった。1997年に設立されたスリープ・ヘルスセンターはすぐに事業を拡大し、最盛期には二十数か所のクリニックを開業していた。2004年に約1000万ドルだった売上げは、6年後の2010年には3倍の3000万ドルにまで伸びていたのである。

ところがウェアラブル（身につけられる）モニターが登場して、価格が急速に下がり、性能が向上すると、スリープ・ヘルスセンターの事業にも影が差しはじめる。そして最初は徐々に、やがて突然の変化に見舞われた。その理由のひとつは、クリニックよりも居心地のいい自宅で、ウェアラブルモニターを使って、より効果の高い計測が可能になったからである。ウェアラブルモニターの価格が急激に下がったために、クリニックでひと晩を過ごす場合の約3分の1の費用で、同じ結果を得られるようになったのだ。２０１１年、スリープ・ヘルスセンターはクリニックの約20％を閉鎖する。その後、治療代を引き下げたものの、２０１２年には、保険会社が治療代の支払いを拒否する事態に発展し、ある日突然、全クリニックの閉鎖に追い込まれた。

デジタル製品やサービスが、従来の製品やサービスをまだ駆逐していない場合でも、基礎研究やプロダクトデザインから調達、生産、流通、販売、マーケティング、顧客サービスまでの各分野において、ＩＴは重要なツールとしてしっかりと組み込まれている。サプライチェーン内の各連携も改善された。

製品設計は向上し、不良品の割合も減り、顧客フィードバックも即座に、ダイレクトに戻ってくる。製品やサービスの価格設定や可用性（壊れにくさ）、性能はさらに透明性を増す。自動車は故障しにくくなり、メンテナンスや修理の回数も減る。大型家電製品などの耐久消費財の場合も同じである。最近、私たちのあるクライアントも指摘したように、「もう、以前のように粗悪にはつくってないんですね」という声でさえ、今ではめったに聞かれなくなった。

幅広い分野で新世代の製品やサービスが登場するたびに、性能は目に見えて、たいてい劇的に向上する。そして、新製品の生産コストは、安価なコンピューティング性能とソフトウエアにかかっているため、当然、市場価格も値下がりする。

インフレが持続するとき、「よりよい」は目につきやすいが「より安い」は目につきにくい。そ

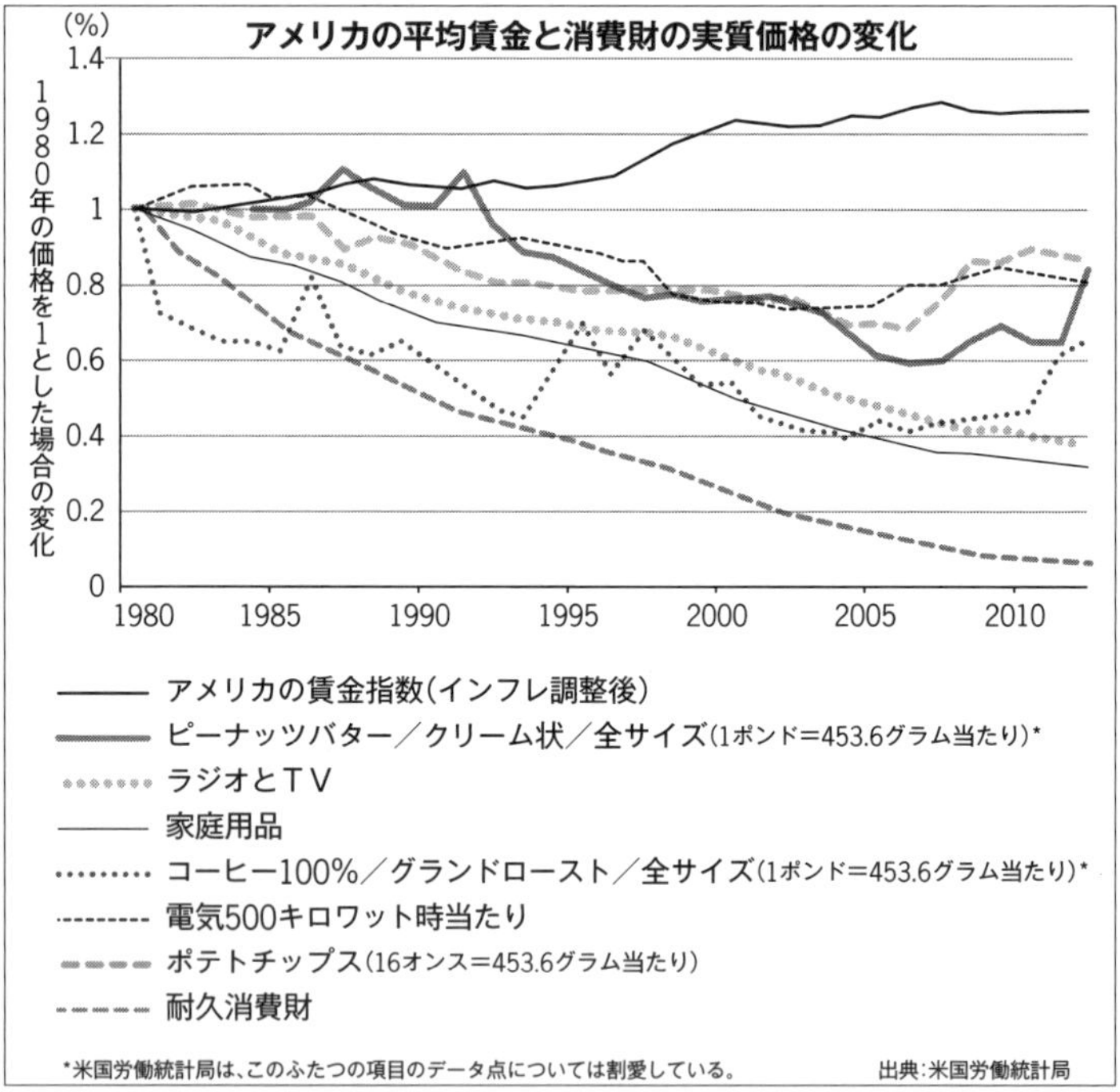

図表2:消費財価格の低減

の傾向は、コンピュータや家電以外の分野で顕著である。インフレ率の低い国では、技術の向上による価格の低減を消費者は実感しやすい。だが深刻なインフレに悩まされる国でも、目立たないにしろ、製品自体の価格は実際には下落しているのだ(図表2)。

インフレ調整をせずに同じ製品の価格を比較する際、経済学者がよく用いるのが、「同じタイプの製品を、違う時期に購入するために必要となる、平均賃金で働く労働時間数を比較する」方法である。

その方法を用いて連邦準備銀

行（ＦＲＢ）がまとめたデータによれば、高価な原材料を必要とする製品でさえ、価格は低減していた。たとえば、１９０１年に平均的なアメリカ人は収入の76％を衣食住に使っていた。１９９０年代半ばになると、その割合は38％に下がった。この劇的な変化をもたらした原因は、生産性の向上と規模の経済、そしてコンピュータ化にある。

エアコンを例に挙げよう。１９５２年、エアコンの価格は３５０ドルであり、１台購入するためには２１３時間働かなければならなかった。それが45年後の１９９７年には、１台の価格は２９９ドルに下がった。さらに重要なことに、１台購入するために必要な労働時間は90％も減少して、たったの23時間になったのである。

指数関数的技術を用いた製品にとって、よりよく、より安いという傾向は、エアコン以上に劇的であり、その変化は〝突然〟ですらある。１９８４年に４０００ドルだった携帯電話は、約４５０時間働かないと購入できなかった。ところが13年後の１９９７年になると、携帯電話の価格は１２０ドルにまで下がり、わずか９時間の労働で購入が可能になった。今日、ローエンドの携帯電話は、１９８４年のモデルとは比べ物にならないほど性能に優れ、驚くほど小型化し、しかもたったの20ドルである。

よりよく、より安いという効果に慣れてしまった消費者は、どんな製品やサービスにも、当然のようにその効果を求めてしまう。そのため既存の製品やサービスは、絶えずイノベーションを続けなければ今日の価格を維持できない。

自動車の例に当てはめてみよう。新車の販売価格の重要な部分を占めるのが、指数関数的技術でつくられた、平均4000ドルのエレクトロニクス部分である。ところが、その同じ技術が2年後には2000ドルに半減する。そこで自動車メーカーは、販売価格を引き下げるか、その〝目減り分〟を埋め合わせて価格を維持するために、新たなイノベーションを導入しなければならない。

それが自動車メーカーの現実であるならば、エンターテインメント、消費財、小売業といった不安定な産業に、指数関数的技術が及ぼす影響を考えてみればいい。手厚い保護を受ける産業や、技術的イノベーションからかけ離れた産業においてさえ、ビッグバン・イノベーションは押し寄せている。ヘルスケアやエネルギー、あるいは知的専門職や政府部門といえども、技術革命から逃れる術はない。

ウーバーを規制で止めても、イノベーションは止まらない

規制の厳しい産業は、ビッグバン・イノベーションに対してかえって脆弱だ。なぜなら、規制は暗に、あるいは明白に業界内の競争を制限し、イノベーションを促さないからである。実際、電気やガス、水道などの公益事業は、規制当局の承認がない限り利用料金を変更できないため、イノベ

ーションを起こそうという動機にはつながりにくい。少なくとも、料金の値上げによって設備投資分を埋め合わせるのかどうかを、規制当局が慎重に検討しているあいだ、イノベーションは遅れる。厳しい規制を受ける医師や弁護士などの知的専門職や、道路や橋、その他のインフラ建設を行う政府関連事業の場合にも、指数関数的技術の導入が大きく遅れてきた。

そして業界の外から突如として、破壊的製品やサービスが乱入してきたときには、その遅れは大きな混乱を引き起こす。規制で縛られたタクシーやリムジン業界を見れば明らかだろう。

近年、新技術を活用したタクシーやリムジンのオンデマンド配車サービスや、ライドシェア（相乗り）サービスを提供するスタートアップ――ウーバーやサイドカー、リフト――が登場すると、タクシー業界は大きな混乱に陥った。たとえばウーバーの配車サービスを利用すると、ユーザーはスマートフォンのアプリを使って、近くを流しているタクシーを指定の乗車位置まで呼び出せる。到着を待つあいだにも、タクシーの位置を画面で確認して配車状況を把握でき、乗車後は、ドライバーについてレビューを投稿することも可能だ。そのすべてをスマートフォンで行えるのである。

新しく登場したサービスを真似ようとすれば、すぐにでも真似られるはずだ。ところが既存企業は、消費者にとって明らかにメリットの大きな新サービスと張り合おうとはしない。そしてその代わりに、新サービスの禁止を規制当局に訴える。つまり、競争よりも規制という手段に訴えて、相手の勢いを鈍らせるか、止めるほうに全力を注ぐのだ。

だが、顧客のほうも黙ってはいない。彼らは、ビッグバン・イノベーションを起こす、その同じ指数関数的技術を使って既存企業と戦う。新サービスの忠実なる顧客は、ソーシャルメディアを利用して既存企業や規制当局に反撃を開始する。しかも、反撃は今のところ大きな成果をあげている。彼らは「規制が迫っているぞ」と警告し合い、規制当局に大量のコメントを送りつけたり、公聴会に足を運んだりする。既存企業は驚くと同時に、不安に陥る。

交通分野のビッグバン・イノベーションは、タクシーやリムジン業界の外でも起こりつつある。未来のクルマの燃料は、セルロース系のバイオエタノールか水素、あるいは天然ガスかもしれない。自動運転車が実用化され、クルマのみならず道路までもがインターネットとつながり、膨大な量のデータを常にやりとりする日がやって来るかもしれない。

個人が自動車を所有せずに効率的なカーシェアリングが一般的になるか、超伝導リニアや持続可能な動力源を利用した公共交通機関が主流になる日も近いだろう。在宅勤務環境が整備されたおかげで渋滞がすっかり緩和され、イライラしながらクルマのなかで過ごす代わりに、通勤時間をもっと有効に活用する将来が実現するかもしれない。

ビッグバン・イノベーションの3つの特徴とは

今日、確実な成功が見込めるもののほとんどはデジタルの指数関数的技術であり、そのどれもが、新世代の破壊的製品やサービスを解き放つ可能性を秘めている。目の前のことでさえ、予測を立てるのは難しくなる一方だ。ウィットに富んだ発言で人気のあった、元メジャー・リーガーのヨギ・ベラならこう言ったかもしれない。「何かを予測するのは難しい。特にそれが将来についてであれば」

本書の目的は〝どの〟破壊的製品やサービスが現れるのか、あるいは〝いつ〟現れるかを予想することではない。クライアントと協力し合って仕事を進めるとき、私たちにはいつも肝に銘じていることがある。それは、どれほど魅力的に見えたとしても、開発のごく初期段階にある技術の華々しい宣伝には、惑わされないようにすることだ。

しかし、私たちがインタビューしたビジネスリーダーは、「破壊的な変化の兆しを察知する方法」を学び、「ビッグバン・イノベーションが間近に迫った予兆を、競合に先駆けて読み取る術」に長けていた。本書では、そのどちらの秘訣も紹介しよう。そして、破壊的変化の犠牲者にならずに、やがて襲う変化を最大限に活かすツールとスキルとを身につけてほしい。

だが、新しいイノベーションを生み出すためには、まずはその特徴を理解することが先決だろう。破壊的製品やサービスの3つの特徴については、次のように整理することができる。

特徴1　枠にとらわれない戦略

専門家は何十年にもわたって、企業は3つの基本戦略のうちのどれかひとつに集中すべきだと説いてきた。すなわち「競合よりもよいか、安いか、あるいは狭い市場セグメントにカスタマイズした製品を提供する」。ところが指数関数的技術の時代にあって、破壊的製品やサービスはすでに市場に登場した時点で、既存企業の製品やサービスよりも「よりよく、より安く、よりカスタマイズされている」。つまり、従来の〝枠にまったくとらわれていない〟のだ——過去には不可能とされたこのアプローチも、今では破壊的な威力を発揮する。

特徴2　とめどない成長

破壊的製品やサービスが登場すると、「製品ライフサイクルの変化」は、従来の釣り鐘曲線（ベル・カーブ）とは違ってほぼ垂直な勾配を描く。ソーシャルサービスをはじめとする情報交換ツールのおかげで、どのセグメントに属する顧客も、他のユーザーが投稿した、新製品や新サービスについての〝ほぼあらゆる情報〟を即座に手に入れることが可能だ。ビッグバン・イノベーション市場ではひとり勝ち現象が起き、製品ライフサイクルは短命化する。そのため、時間軸に応じた、従来の入念なマーケティング戦略には意味がない。異なる顧客グループごとに戦略を練って、慎重に製品を投入する戦略はもはや成り立たないのだ。今日、市場セグメントは2種類しかない——「試験利用者」と「市場の大多数」のふたつである。

特徴3　自由奔放な開発

ビッグバン・イノベーションが、莫大なコストをかけたプロプライエタリな研究開発の末に生まれることは少ない。実際、イノベーション企業は、既製部品とソフトウエアとを組み合わせた低コストの実験を矢継ぎ早に試みる。必要に応じて、サードパーティのインフラ提供企業の支援を受けることもあるだろう。製品テストは市場でじかに行われ、ユーザーが協業者や資金提供者となって製品づくりに参加する。優れた技術とビジネスモデルとがうまく融合したとき、市場は急激に動き出す。破壊的製品やサービスは、実験が恐ろしくうまくいった結果にすぎないのだ。

それぞれの特徴について、さらに詳しい説明を加えよう。だが、ビッグバン・イノベーションの新たなルールが、戦略と実行の定説を覆したことはすでに明らかだろう。指数関数的技術の世界で成功をつかむ者は、「戦略」「マーケティング」「イノベーション」の3つのフェーズにおいて、事業戦略を開発して、実行する新たな方法を見つけ出した者なのだ。図表3に「定説とビッグバン・イノベーションとの違い」を整理した。

特徴1　枠にとらわれない戦略──ナビゲーションアプリとコンビニカフェを例に

ビッグバン・イノベーションは、従来の戦略的プランニングの定説を覆す。先にも述べたマイケル・ポーターや、経営コンサルタントのマイケル・トレーシーとフレッド・ウィアセーマは、企業は3つの価値基準のうちのひとつ──それもたったひとつだけ──を選択し、その実現に向けた戦

定 説		ビッグバン・イノベーションの知恵
戦略の「定石」あるいは「基本戦略」すなわち、プレミアムな製品、低コスト、顧客との緊密な関係のひとつだけに集中する	戦略	3つの基本戦略を総動員して、一気に競争を仕掛ける。よりよく、より安く、よりカスタマイズした製品やサービスで、市場に参入する。イノベーションを怠らない
まずは少数の初期導入者に焦点を絞った後で、メインストリーム市場へと進出する	マーケティング	最初からあらゆる顧客セグメントを対象にする。すばやく事業を拡大し、速やかに退却する準備を整えておく
低コスト・低スペック技術のイノベーションを追求し、なおざりになっている顧客セグメントのニーズを満たす	イノベーション	低コストの実験を直接、市場で行う。一から設計するのではなく、再利用可能な要素や部品を組み合わせる

図表3：従来の定説を覆すビッグバン・イノベーション

略目標を掲げるべきだと説いた。3つの価値基準とは、すなわち「プレミアムな製品（製品リーダーシップ）」「低コスト（優れた業務運営）」「カスタマイゼーション（顧客との緊密な関係）」である。だが、選択を間違えると〝破滅的な混乱〟に陥ることになる。

一方の破壊的製品やサービスは、そのような〝枠にはまったくとらわれない〟。市場に参入した時点ですでに、高性能、低価格、カスタマイゼーションの3つを同時に実現しているからだ。そして、3つの価値基準すべてにおいて、最初からメインストリームの製品と対等に張り合える。

それでは、「よりよい」と「より安い」とは、どうやって両立するのだろうか。すでに述べたように、指数関数的技術の進歩は新たな現実をつくり出す。規模の経済と小型化によって、演算処理性能は著しく向上し、価格は低減しつづける。たいていのソフトウエアは既存のコードを使って開発でき、配布した後はインターネットを介して自動的に更新できる。何と言っても、70億という地球上の全人口を上回る数の機器が、世界中でインターネットに接続しているのだ。ソフトウエアを展開するのはごく簡単である。

指数関数的技術が、経済の新たな現実を生み出していることは間違いない。だがそれは、指数関数的技術によって、製品に埋め込む部品の価格が低減したからだけではない。製品の価格に大きな影響を与える、「部品と製造コスト」「知的財産コスト」「研究開発コスト」も低減したからである。この3つが長期にわたって、劇的に低減したために、破壊的技術は新製品や新サービスをより安く提供できるのである。

たとえば「部品と製造コスト」が格段に安くなったのは、インターネットを通じて世界中からサプライヤーを探し出せるおかげだ。CAD（コンピュータ援用設計システム）やロボット工学、生産情報システムの向上によって、設計と製造プロセスは簡略化し、不良品は減り、最適な予測や、より効率的な生産計画も立てやすくなった。

また「研究開発コスト」も低減する一方だ。他の用途のために開発され、すでに品質が保証された既製部品が簡単に手に入るうえに、インターフェースの標準化と、設計とソフトウエアのオープンソース化も進んでいる。イノベーター企業は、従来のようにベンチャーキャピタリストに頼らずに、顧客のなかから協業者や資金提供者を探し出せるようになった。クラウドファンディングを利用して資金調達を行う「キックスターター」もそのひとつである。２００９年の創業からわずか４年で、キックスターターは数万件のプロジェクトを成功に導き、未来の起業家のために５億ドル超の資金を集めた。

性能向上とコスト低減の両方を同時に実現した製品は、長い歴史上ほとんどなかった。ましてや、半世紀のあいだに〝法則通りの〟加速度的なペースで、よりよく、より安いを実現した例はなかった。ところが、破壊的な製品やサービスが登場して質と価格のトレードオフ関係を覆し、まったく異なる価値観を持つ幅広い顧客セグメントに、同時にアピールする事態が起きたのである。

そうなると、従来の戦略を忠実に実践したところで勝ち残れない。ハイエンドの顧客に焦点を合わせるか、品質の向上を目指すか、価格を引き下げたところで、わずかな時間しか稼げない。戦略の焦点をさらに絞り込めば、上や下や横から押し寄せてくるビッグバン・イノベーションの次の波を見落としてしまうだけである。

ここで再び、本章の冒頭で触れたナビゲーションツールについて考えてみよう。グーグルやアップル、ウェイズのナビゲーションアプリは、ハイエンドのＧＰＳ機器と比べても遜色のない機能を提供する。しかもほとんどが無料である。ＯＳメーカーかそのアプリストアからアドオンで利用できるのだ。数百万人のスマートフォンユーザーがこのようなアプリをすぐに利用し、クラウドを介して簡単に機能を拡張したり、アップデートしたりする。

ナビゲーションアプリは、先にも述べた３つの価値基準――「プレミアムな製品」（製品リーダーシップ）、「低コスト」（優れた業務運営）、「カスタマイゼーション」（顧客との緊密な関係）――においいて、独立型GPS機器と競合関係にある。ナビゲーションアプリがコストリーダーであるのは間違いない。しかも、アップデートと再配布を頻繁に繰り返すうちにプレミアムな製品に洗練され、イノベーションの点でも独立型GPS機器を凌いだ。そのうえ、連絡先一覧やウェブ、メール、その他のアプリともシームレスに連動し、カスタマイゼーションの点でも既存のGPS機器を上回る。これでは長年、順調に成長してきたGPS機器産業が、壊滅状態に陥ったとしても不思議ではない。

だが、枠にとらわれない戦略はソフトウエア会社だけのものではない。台湾のファミリーマート内で、2000店ものコーヒーキオスクを運営するレッツカフェも、枠にとらわれない戦略で成功を収めた。

コンビニ内のカフェは、街なかのコーヒー専門店と雰囲気では張り合えない。街角のお洒落なカフェでは、バリスタがカフェラテの泡を使って芸術的なラテアートを披露する。ところが、ファミリーマート内のレッツカフェは指数関数的技術を利用して、よりよく、より安く、しかも徹底的にカスタマイズしたユーザー体験を提供する。レッツカフェを訪れた客はまず、自分や友だちの顔をスマートフォンで撮影して、そのデータを店内の専用プリンタにアップロードする。そして、別のマシンで淹《い》れたコーヒーをプリンタにセットすると、ラテの白い泡の上に、茶色いパウダーが顧客の顔を鮮明に描き出すという仕組みである。個々の客に対応する、まさに究極のカスタマイゼーションと言えるだろう。しかも、厳しい訓練を積んだバリスタよりも、ずっと低価格でサービスを提供できるのだ。

この独創的なアイデアはソーシャルメディアで拡散し、計り知れない口コミ効果をもたらした。「ラテアートによって、レッツカフェのコーヒーに対する信頼性が高まり、売上げも伸びました」同社の関係者は、ユーチューブに投稿した動画でそう説明している。

特徴2　とめどない成長――iTunesとキンドルを例に

コミュニケーション学者のエベレット・ロジャーズは、かつて釣り鐘曲線を描く5つの顧客セグメント――「革新者《イノベーター》」「初期導入者《アーリー・アダプター》」「初期多数導入者《アーリー・マジョリティ》」「後期多数導入者《レイト・マジョリティ》」「導入遅延者《ラガード》」――を提唱した。

だがビッグバン・イノベーションは、その5つの顧客セグメントを破壊した。現在は「試験利用者」と「市場の大多数」のふたつの顧客グループしか存在せず、しかも試験利用者の多くは製品開発に参加する。既存技術の絶妙な組み合わせとビジネスモデルとが合わさって市場実験に成功するとき、メインストリームの顧客は、一斉に雪崩を打って破壊的製品やサービスに殺到する。ビッグバン・イノベーションの製品ライフサイクルは、もはや釣り鐘曲線ではなく、屹立するような鋭い勾配を描く。そして、市場が飽和するか次の破壊的製品やサービスが登場すると、同じような鋭い勾配を描いて下降する（図表4）。

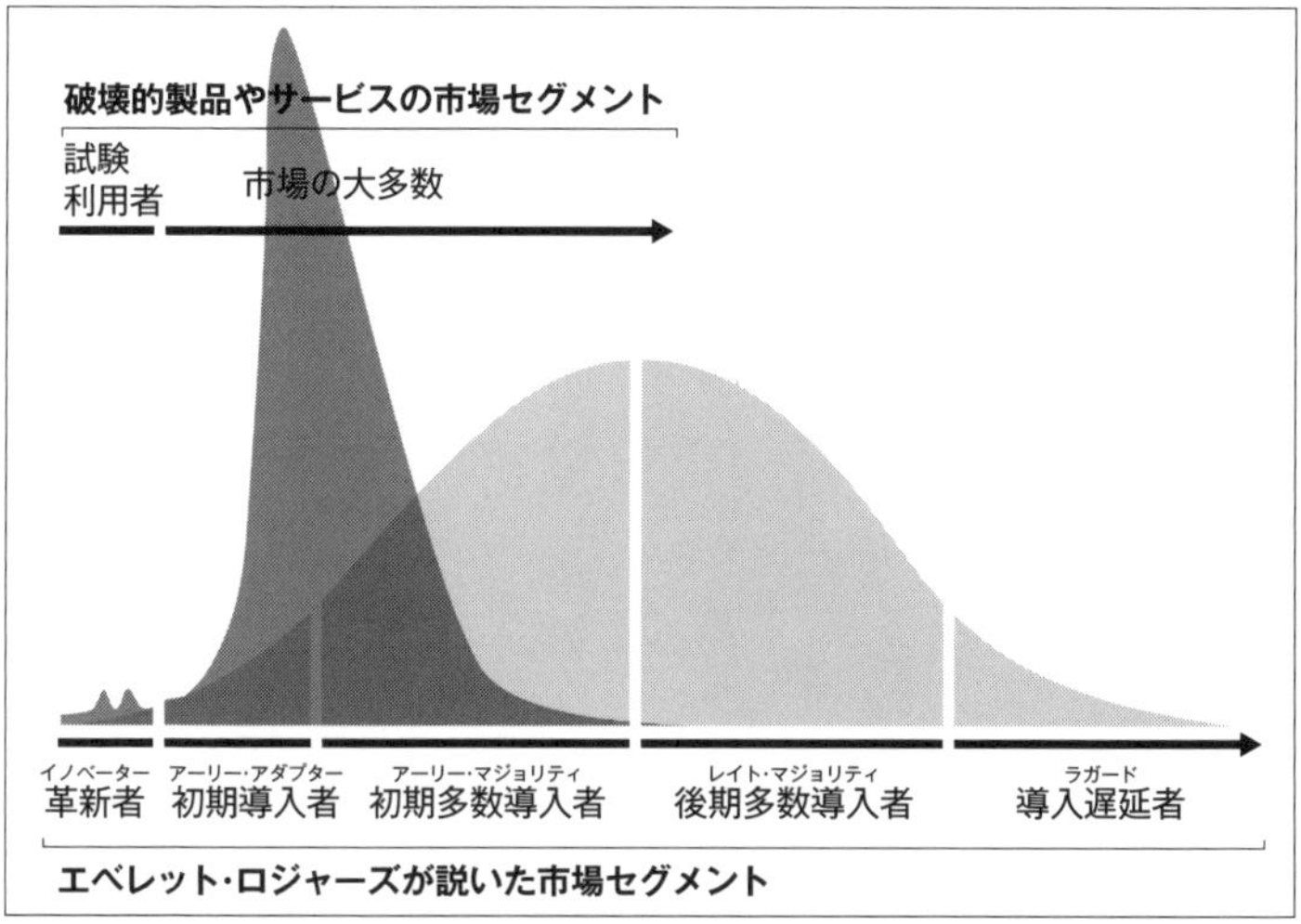

図表4：ビッグバン・イノベーションの製品ライフサイクル

より短く、より劇的なライフサイクル曲線を描く破壊的製品やサービスの場合、マーケティング・コンサルタントのジェフリー・ムーア（「ムーアの法則」のゴードン・ムーアとは何の関係もない）が提唱したマーケティング戦略は、もはや何の役にも立たない。ジェフリー・ムーアは、時間軸に沿って慎重にマーケティング戦略を変化させる必要性を説いた。かつてムーアは、ハイテク製品の場合、初期導入者市場から初期多数導入者市場へと大きく飛躍するためのマーケティング努力に、企業は注力すべきだと訴えた。メインストリーム市場である初期多数導入者は、目新しさよりも安定性を重視するからである。ムーアは前者と後者とのあいだ、及び両市場の購買習慣のあいだには、大きな深い溝が存在すると主張し、その溝を「キャズム」と呼んだ（キャズムは英語で「大きな割れ目」

「亀裂」「隔たり」などの意味)。

だが、キャズムが存在したのは、製品情報を入手するのが難しかった頃の話だ。当時のマーケターは、初期導入者が試したくなるようなメッセージを、業界誌や専門のウェブサイト上で送って、まだ市場テストも済んでいない新製品の宣伝に努めた。ところが、ソーシャルネットワークや情報共有ツールが発達した今の時代は、新製品が市場に投入された瞬間から、30億を超えるインターネットユーザーの一人ひとりが、あらゆる製品情報にアクセスできる。iPadは、ラップトップを買う余裕のない層をターゲットにしていたわけではない。富裕層もみな欲しがったのである。

顧客にただ情報を伝える時代は終わり、マーケティングは顧客が主導する時代になった。それゆえ、市場セグメンテーションは、よくも悪くもますます意味をなさなくなった。すべての消費者は初期導入者なのだ。たとえば苛烈な競争のコンピュータゲーム業界では、ゲーム関連の動画サイト「マシニマ」にアクセスして、熱心に情報を検索し、レビューを読むゲーマーは全世界で2億人を超える。マシニマはオリジナルの映像コンテンツを、ユーチューブやフェイスブック、ゲーム機などのさまざまなソーシャル・プラットフォームを通じて配信する。コンテンツの視聴回数は、毎月数十億回にものぼるという。

破壊的イノベーションは、キャズムを越えることによって普及に弾みがつくのではない。イノベーター企業は何度も実験に失敗したあげく、信じがたいほどの成功を収める。そのため、成熟した技術と、製品の長いライフサイクルを期待する既存企業は、ますます厳しい立場に追い込まれる。

実験が失敗すると、その原因は技術が未熟なせいに思えるだろう。ところが、今日の超情報社会において消費者は、壮大な失敗を「もっとすばらしいものが生まれようとしている兆し」と捉え、期待に胸を膨らませるのだ。

魅力的だが、結局は失敗に終わった製品やサービスは多い。1972年にマグナボックスが発売した、世界初の家庭用ゲーム機「オデッセイ」。アップルが投入した、世界初の個人用携帯情報端末（PDA）「ニュートン」。P2P（Peer to Peer）の音楽ファイル共有サービス「ナップスター」。ソニーの家庭用ビデオ・テープレコーダー「ベータマックス」。第1世代の電気自動車など……。技術コストが低減して、ようやくその市場に乗り出す準備が整ったときには、消費者の購買意欲はすでに刺激し尽くされている。その頃になって、既存企業が参入したところでもう遅いのだ。市場の拡大を待ってから後発で追いつこうとするのは、失敗が約束されたレシピなのである。

行き当たりばったりや玉砕覚悟の失敗に見える実験も、既存企業にとっては、戦略を即座に変更する必要性を警告するシグナルかもしれない。戦場でもそうだろう。危うく砲弾を逃れたときにも、敵が混乱しているせいだとか、狙いを定められないせいだからではない。それどころか、敵は砲弾ごとににじり寄り、少しずつ照準を合わせ、やがて正確な狙いを定めて、こちらに集中砲火を浴びせようとしている証拠なのだ。

どんな企業でも、もともと変化に抵抗する傾向があるうえに、市場のシグナルを読み違えると、既存企業は〝何もしない〟という致命的な罠に陥りかねない。アメリカの大学生のあいだで圧倒的な人気を誇った、音楽ファイル共有サービスのナップスターが裁判に負けて、サービス停止に追い込まれたとき、レコード業界のお偉方は安堵の溜め息を洩らした。「これで自分たちのペースで、デジタル音楽サービスを思うままに牛耳れる」と。

ところが、２００３年4月にｉＴｕｎｅｓストアの運営に乗り出すと、アップルはすぐに音楽市場での覇権を揺るぎないものにした。つまり、ナップスターが裁判に負け、デジタル音楽の無許可配布は違法だという判断が下ったからと言って、いつでもどこでも音楽を楽しみたいという消費者の衝動がなくなったわけではないのだ。

電子書籍リーダーを例に挙げれば、アマゾンがキンドルを発売したのは２００７年。ソニーやソフトブックプレスの10年に及ぶ苦戦から教訓を学んだ末の、満を持しての市場参入だった。第1世代のキンドルが成功したのは、消費者が求める記憶容量、バッテリーの駆動時間、表示技術を提供したからである。専用のワイヤレスネットワークのおかげで、ユーザーは個人用の仮想ライブラリから手軽に本を出し入れできるようになった。

アマゾンは、競合が苦戦しているから何もしないのではなく、メインストリーム市場が望む技術の組み合わせが実現するタイミングを見定めて、破壊的イノベーションを世に送り出した。参入時期を慎重に見計らったうえで、アマゾンの強力なブランド力と顧客基盤を活用してキンドルを投入し、発売初日から膨大な量の書籍を購入できる仕組みをつくり上げた。何年も苦戦を強いられてきた電子書籍市場は、現在では書籍売上げ全体の約20％を占めるまでに成長した。その過程で、電子書籍は出版業界のサプライチェーンの隅々にまで浸透したのである。

特徴3　自由奔放な開発──ツイッターとハッカソンを例に

今この瞬間にも、世界中のテック系企業のエンジニアや製品開発者は、夜遅くまで集まって、〝ハッカソン〟と呼ばれる集中的な開発作業に没頭している（ハッカソンは「ハック」と「マラソン」とを合わせた造語）。

彼らの目的は、ほんの数日で新たな製品を編み出すことにある。しかも、彼らは楽しみながら取り組んでいる。そのお楽しみから、ビッグバン・イノベーションが生まれることも多い。だが、その目的が何であれ、彼らは特定の企業を狙い撃ちにするわけではない。既存企業はただ〝とばっちり〟を受けるだけである。

ビッグバン・イノベーションが支配するのは、これまでの常識が通用しない型破りな世界だ。だからその世界では、新製品を次々に市場に投入して、どれが〝ものになる〟のか、その様子を見極めることは理にかなっている。ベンチャーキャピタルの投資がそうであるように、イノベーター企業の試みも大半が完全な失敗に終わる。だが、たったひとつでも成功すれば、それまでの損失を埋め合わせて余りある。

たとえばツイッターは、２００７年のサウス・バイ・サウスウェスト（音楽祭・映画祭・インタラクティブフェスティバルを合わせた大規模イベント）で、控えめな商用デビューを飾った。前年のハッカソンで考え出されたツイッターに、内部ユーザーが改良を加えて完成させたのだ。開発者は当初、おおぜいのユーザーに一斉に携帯メールを送りたいという、ただそれだけの動機で実験を始め、ほとんど新技術も必要としなかった。そしてそこから、まれに見るビッグバン・イノベーションが生まれた。2014年末の時点で、ツイッターの月間アクティブユーザーは2億8000万人を超え、1日のツイート数は5億にも及ぶという。ツイッターは当初の意図を大きく外れ、報道・情報産業の経営環境から、果ては支持率の低い政府までも揺るがしてきた。

ツイッターが、ごくわずかな投資とごくわずかな時間で急激な成功を収めたという事実は、ビッグバン・イノベーションの「自由奔放な開発」という3つ目の特徴をよく表している。ビッグバン・イノベーションは、ユビキタスな技術プラットフォーム上で、既存のインフラを利用して、低コストの実験を矢継ぎ早に行った末に生まれる。投資対効果検討書も提出せず、作業計画すら立てない。ユーザー相手に市場でじかに実験を行うため、予算の承認も、念入りな検討の必要もない。コストが低く、大それた期待も抱かないなら、起業家はただアイデアを市場で試して、成り行きを見守ればいいだけだ。

弾力性に富むクラウドベースのインフラと、柔軟性の高いソフトウエアのおかげで、破壊的製品は自由奔放な開発を続けられる。ツイッターは、今なお実験によるイノベーションに積極的だ。当時、CEOだったディック・コストロによれば、ツイッターの開発チームは、その機能を望むユーザーがたったの1％しかいない場合でも実験を行うという。「法的、通信上、CEO、どの承認も必要ない」

ツイッターのようなビッグバン・イノベーションは、簡単に手に入り、コストがまったくかほとんどかからない既存要素で成り立っている。ネットフリックス（ストリーミング配信サービス）、フールー（動画配信サービス）、スカイプ（IP電話サービス）などの、いわゆるオーバー・ザ・トップ（OTT）型のサービスは、各家庭の既存のインターネット環境と、標準の音声・映像圧縮プロトコルを用いて事業を展開する。

これらのツールを使えば、消費者は好きなコンテンツや機能を選べるため、OTTは、多チャンネルをパッケージ化したケーブルTV会社や、音声通話サービスを提供する電話会社と張り合うことになる。ユーザーは、OTTのサービスを支えるインフラの使用料を、通信事業者やサービスプロバイダーに払い込む――そうした既存のインフラ提供企業は、OTTに事業モデルを脅かされている企業である場合も珍しくない。

破壊的技術を開発して展開するためのコストが低減すると、イノベーター企業は新たな実験をほとんどリスクなしに行え、すぐには人気の出なかったプロトタイプを見限ることもできる。製品が大ヒットした場合でも、経費のかさむネットワークを築いたり、莫大な資金を投じたりする必要もない。将来、大成功を収めるイノベーター企業とは、つまるところ、既存技術の最適な組み合わせを偶然に見つけ出した企業かもしれない。

さらに言えば、初期の実験はインターネット、クラウドコンピューティング、世代交代の激しいモバイル機器の上に成り立つオープン・プラットフォームを用いて、市場でじかに行われる。初期のユーザーは協業者として次の実験計画を立て、最終的には、技術の最適な組み合わせを発見するために協力する。とりわけ熱心なファンは、資金を提供して、いろいろな方法で成功を共有する。

既製部品や要素の〝組み合わせイノベーション〟は、ソフトウエアの世界ではもはや常識である。標準化、オープンインターフェース、オープンソースによって、起業家も既存企業も、早急にソフトウエアを開発できるようになった。ところが、モジュール製造技術と規模の経済は、とりわけエレクトロニクスとコンピューティングの分野で部品のコモディティ化を促す。ハードウエアの場合にも、さまざまな組み合わせが思いがけない利用法を生み、実際の顧客がその実験に参加する。

スマートフォンの目覚ましい成功は、ディスプレイ、半導体、センサーなどの安価な部品を利用した、活気に満ちた第2市場を生み出した。本来は新世代のスマートフォンのために〝特注〟で設計された部品を流用して、活動量計やヘッドマウントディスプレイ、あるいは低価格のドローンのような、まったく新しい製品が生まれつつある。スマートフォンは、組み合わせ製品のリモコンや、データを収集するための端末として利用されるか、思わぬ〝派生品〟を調整するために使われるようになった。

今日、生産や流通、マーケティング、ＩＴといった自前の基盤がなくても、新規事業を立ち上げることは可能である。アプリが爆発的に売れたら、コンピュータ、業務用ソフトウエア、データ記憶媒体、通信容量はすべて、その都度、クラウドサービス業者からリースするか購入すればいい。

ほぼどんなものでもアウトソーシングで賄えるため、海外のビジネスパートナーでさえ、インターネットを通じて即座に探し出せる。

次章では、ビッグバン・イノベーションを支える経済的要因について、「枠にとらわれない戦略」「とめどない成長」「自由奔放な開発」の3つの特徴ごとに詳しく見ていこう。だが、まずはその前にちょっと休憩を……。そう、ディナーブレイクである。

Chapter 2
The Economics of
Big Bang Disruption

第2章

ビッグバン・イノベーションの経済学

クラウド、シェア、IoTがあらゆるコストを低減させる

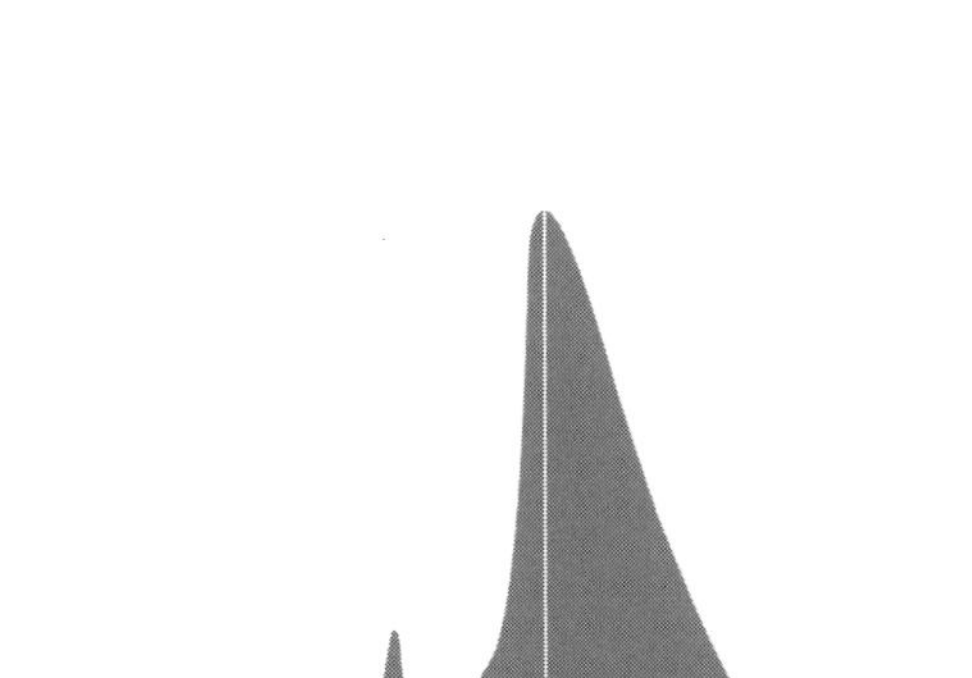

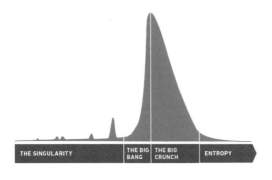

破壊的サービスは、町の小さなレストランの運命をも変える

ある夜遅く、私たちはそれぞれ本拠地とするサンフランシスコとボストンから、マンハッタンのミッドタウンに到着した。どちらもまだ夕食を済ませていない。このままだと、腹をすかせたままベッドに入らなくてはならなくなる。そこでホテルを後にして、タイムズスクエアの方向に歩き出した。もう夜も遅いというのに、たくさんのレストランが開いている。全米展開のチェーン店もあれば、ニューヨークスタイルのピザハウス、伝統的なディナーが味わえるレストランやデリもある。ホテルから数百フィートほど歩いたところで、小さなタイレストランが私たちの目にとまった。ふたりとも、急に本格的なタイ料理が食べたくなった。しかも、目の前のレストランはまだ営業中である。だが、ここは本当においしいのだろうか。貼り出してあるメニューを見たところ、なかなか食欲をそそるものの、店内は暗くて、なかの様子をよく覗き込めない。いずれにしろ、店の内装や平日夜遅くの客層を確かめたところで、料理のおいしさが占えるわけでもない。

こんなときにこそ必要なのが、情報である——今ここで、このレストランについての、確かな情報がほしい。そうすれば、街で偶然見つけた、食欲をそそるタイレストランを選ぶべきか、それと

も無難だが、その分、刺激やお楽しみには欠ける他のレストランを選ぶべきかがわかるだろう。

さて、どうするか。ひとまずホテルに戻ってコンシェルジュに訊ねるのも、ひとつの手だろう。だが、コンシェルジュがこのレストランを知っているとは限らない。その場合、使い古したガイドブックをめくるか、お勧めレストランのリストを見せてくれるかもしれない。つまり、ホテルやコンシェルジュのお眼鏡にかなったレストランというわけだ。それともホテルには戻らずに、レストランの窓に張り出してある、新聞の黄ばんだ切り抜きに賭けてみることもできる。そうは言っても、やはり暗くて字がよく読めない。読めたとしても、信頼できる情報かどうかはわからないし、そもそも情報が古い可能性もある。

そこで、私たちはスマートフォンを取り出して、イェルプのアプリをタップした。あらゆる種類の店や製品やサービスを、顧客が評価して星の数で採点する、ローカル情報のレビューサイトである。私たちは音声認識ツールを使って、スマートフォンにひと言、「ミッドタウンのタイレストラン」と話しかけた。スマートフォンがＧＰＳの衛星データを介して私たちの位置を割り出し、その位置情報を使って、目の前のタイレストランを特定する。

私たちが最近のカスタマーレビューを読んでいると、若いカップルが近づいてきて、外のメニューを眺めながら、同じようにスマートフォンを取り出した。どうやら彼らも、ニューヨーカーではないらしい。やがて、どちらからともなく会話が始まった。ふたりはオハイオからやって来た観光客で、彼らもまたトリップアドバイザー（旅行関連のレビューサイト）で、ここのレストラン情報をチェックしているのだという。

レビュー内容をお互いに確認し合ったところで、試してみる価値はありそうだと判断した。「料理はスパイシーだが辛すぎず、待ち時間も少なく、フロア係もてきぱきしている」という点で、レビュアーの意見は大方一致していたからだ。実際、料理はおいしく、初めて訪れた店にもかかわらず、予想通りの味と雰囲気を楽しめたのである。レストランを出るとき、私たちは先のカップルのほうに振り向き、さっと親指を立てた。彼らは同意のしるしにうなずいた。

コンピュータ内蔵のレジ以外にハイテク技術とは無縁のレストランは、ビッグバン・イノベーションの影響を最も受けにくい存在だと思うだろう。だが、それは間違いである。この夜、指数関数的技術は、新規客を4人獲得するか、ゼロで終わるかの差を生み出したのだ。この4人という数字が、儲けの出る夜だったのか、それとも赤字の出る夜だったのかを左右した可能性は高い。

イェルプやトリップアドバイザーが提供する、「おおぜいの顧客のレビューを、手元のスマートフォンで読める」という破壊的サービスは、ごくシンプルに思える。ところが「求める情報を、求める場所で、求めるときに手に入れる」ためには、複数の技術を組み合わせる必要がある――モバイル・コンピューティング、クラウドソースの情報、ハードウエアとソフトウエアとグローバルインターネットとの統合である。それでもなお、複数の技術を組み合わせるという、その奇跡を起業家が軽々と行うということは、私たちがレストランを決めるための技術の組み合わせが、他にもまだあるという意味である。

イェルプという破壊的サービスをつくるか、そのサービス内容を決めるために、あのタイレストランが何かをしたわけではない。それどころか、よりよく、より安い情報ソースを利用できることが、私たちの選択にあれほど明確に影響を与えたとは、あのタイレストランのオーナーも考えもしなかったはずだ。

イェルプやトリップアドバイザーは、買い手と売り手とが互いに商取引を行うのかどうかを決める際の障害を、劇的に取り除いただけにすぎない。レストランの実際の運営――ロケーション、スタッフ、料理の注文、メニュー作成の専門知識――には何の影響も与えなかった。そして、それこそが重要なのだ。影響を与える必要がなかったのである。

ビッグバン・イノベーションを引き起こす3つの経済原理

それでは、破壊的製品やサービスは、どうやってさまざまな商取引に魔法をかけるのだろうか。その魔法がなければ、多くの商取引は産業革命の頃から、ほとんど変わらなかったかもしれないのだ。しかも、コンピュータ化などの技術革命が起きて数十年も経った今になって、なぜ破壊的製品やサービスは突然に、これほど頻繁に登場するようになったのだろうか。

簡単に言えば、指数関数的技術を長く応用しつづけたことが、市場経済に大きな変化をもたらしたからである。新しい技術は古い技術よりも安い。マーケティングは顧客が主導する。サプライヤー、顧客、協業者が一体となるオープンイノベーションは、社内だけの取り組みよりも大きな成果を生み出す。

その結果、新たな原則とプロセスが、産業化時代の原則とプロセスに取って代わった。製造業者は、新製品や新サービスを隠れて開発しない。原材料を近くのサプライヤーから調達する時代は終わった。放送メディアだけで製品やサービスを売り込む者は、もはやいない。

つまり、一方向のサプライチェーンが廃止されて、その代わりに、より有機的に結びついたビッグバン・イノベーションを生み出すエコシステムが登場した。本章では、その変化の裏に潜む経済学的な側面を、ビッグバン・イノベーションの3つの特徴――「枠にとらわれない戦略」「とめどない成長」「自由奔放な開発」――に沿って明らかにしていこう。

1　枠にとらわれない戦略：製造コストの低減

新製品の製造コストが急激に低減したために、イノベーター企業は「プレミアムな製品」「低コスト」「カスタマイゼーション」の3つの価値基準で、同時に競争できるようになった。ムーアの法則に従ってコア技術のコストが低減するのに伴い、あらゆる製品に、よりよい部品を、より多く埋め込むことができるようになり、費用対効果が高まった。

ハイテク産業から遠く離れた分野の製品やサービスも、例外ではない。技術コストの低減は、重要な副次的効果をもたらす。世界中から最適な部品や部材を調達でき、世界中に製品を送り出せるのだ。クラウドや新しいかたちのインキュベーションを通して、「アイデア創出」「研究開発」「資金調達」が行えるようになると、かつて膨大な予算を必要とした研究開発コストもようやく下がりはじめた。

2 とめどない成長：情報コストの低減

20年をかけて進化したインターネット技術とネットワークのおかげで、膨大な量のデータベースが消費者によって、消費者のために構築されつつある。そのため、新製品と新サービスにまつわる、あらゆる種類の情報を簡単に、効率よく検索できるようになった。このように〝ほぼ完全な情報が市場で手に入る〟ということはつまり、市場で成功している実験を即座に見つけ出したり、その場で購入したりできるという意味である。企業はもはや、初期導入者向けの市場を新規につくり出す必要がなくなった。だがその反面、〝不完全なプロトタイプを最初に試せる〟という特権も消えたため、新製品や新サービスにプレミアムな価格を設定することもできない。

3 自由奔放な開発：実験コストの低減

グローバルなブロードバンド・ネットワークとユビキタスなコンピューティング機器は、イノベーター企業とユーザーとを結びつけ、両者が協業《コラボレーション》し合う最適な環境をつくり出す。新製品や新サービスは、ごくシンプルな実験でライフサイクルをスタートさせる。しかもその実験は、実際の消費者を対象とし、コストやリスクを最小限に抑えて行われる。これは特に、再利用可能なコード、オープン標準、非プロプライエタリなインターフェースを基盤とした、ソフトウエアベースのサービスの場合に当てはまる。だが、エレクトロニクス製品から自動車、発電所までのソフトウエア以外の製品においても、既製部品を組み合わせた製造モデルへの移行が進んでいる。研究開発の〝設計コスト〟が増大する一方、〝組み合わせコスト〟は低減する傾向にある。

以上のようなコスト低減がもたらす劇的な影響は、私たちがタイレストランを訪れたときの体験でも明らかだ。私たちが検索に用いたスマートフォンのアプリとモバイルネットワークをつくり出したのは、オープン標準、再利用可能な部品、アプリストアである。この強力なプラットフォームが、よりよく、より安いイノベーションを生み出した。また、専門家や一般ユーザーのレビューをスマートフォンで読めたために、消費者はレストランを評価する際のコストが低減したうえに、そのときにその場所――リアルタイムにタイレストランの目の前――で情報を入手できた。一方の開発者の側からすれば、アプリ開発のコンポーネント化のおかげで、複数の開発者が独自の特徴や機能を加えた、レストランや旅行関連の情報サービスをつくり出せたのである。

ビッグバン・イノベーションの経済学は、産業組織や競争、戦略を本質的に変えてしまうほどの大きな力を持つ。どのように変えるのかについては、ビッグバン・イノベーションの3つの特徴を支える3つのコスト低減――「製造コスト」「情報コスト」「実験コスト」の低減――に焦点を当てて、詳しく見ていこう。

1 枠にとらわれない戦略：製造コストの低減

「高品質・低価格」が当たり前に

戦略と競争の定説によれば、高品質と低コストとを同時に実現しようとするのは破滅へのレシピだ。MBAの取得に励む熱心な学生なら誰でも、「マーケットリーダーは入念な計画を立て、特定の市場を狙い撃ちにし、とりわけ重要なことに、ブレのない基本戦略を示すべきだ」と説くだろう。新製品や新サービスは、よりよいか、より安いか、特定の顧客セグメントに特化するかのどれかしかなく、その3つを同時に実現することはできない、と。

だが、それは本当だろうか。今日、TVやタブレットから、ソフトウエアベースの音楽、旅行、情報共有サービスまでが、3つの戦略的次元で同時に競争する。新世代の破壊的製品やサービスが登場するたびに、新たな特徴や機能が加わり、信頼性は増す。価格は急落し、時には無料になる。

なぜ、そのようなことが可能なのか。その答えは、これまでの常識を覆す、指数関数的技術の経済学にある。コンピューティングやその他のコストが低減しつづけると、デジタル部品を新製品や新サービスに安く組み込めるようになる。その同じ指数関数的技術が、もっと間接的な方法でイノベーションの内部コスト（人件費など）をも引き下げ、新製品の製造コストを低減させる。

より小さく、より性能のいい部品と、製造コストや研究開発コストの低減とが結びついたとき、よりよく、より安い新製品や新サービスの投入が可能になる。すなわち、あらゆる種類のコストが軒並み低減すると、イノベーションに投資しながら、新製品をより安価に販売できるようになるのだ。こうして、イノベーター企業は、最初から（ほぼ）すべての市場セグメントに、高品質の製品を低価格で提供できることになる。

このような戦略の変化が起きているのは、ハイテク産業だけではない。現在では、ほとんどの企業が、コンピューティング知能と情報サービスとをつけ加えることで、製品の差別化を図っている。そうすることで、どの業界も、性能の急速な向上と価格の低下という、家電業界が長く苦しんできた課題に取り組んでいるのだ。

第1章でも述べた通り、コンピューティングの速度は増し、より小さく、より安価な機器が登場した。この半世紀というもの、数年ごとに性能は倍増し、価格は半減している。この現象が終わりを告げる兆しはない。まさに〝指数関数的〟技術と呼ぶにふさわしい。

ムーアの法則のカギは小型化にある。半導体チップ上のトランジスタのサイズが縮小すると、コンピュータソフトウエアの命令を実行するために、電子が移動する距離が短縮する。この距離の短縮によって、コンピュータの処理速度が速くなり、電力効率も高まる。しかも、チップのサイズがほぼ同じに揃っていれば、原材料、製造、輸送面でチップ単体のコストを低減できる。つまり、チップのサイズが小型化すれば、「よりよく」と「より安く」の両方を同時に実現できるのだ。

ムーアの法則はまた、規模の経済の上に成り立つ。チップの製造に必要な原材料（世界で最も豊富な資源であるシリコンなど）の限界費用は比較的低いが、その反面、製造設備を新しくするとなると数十億ドルもかかる。そのため、新しい製造設備の償却原価はチップ1個の価格を左右する。顧客が同じ製造工場からチップをたくさん買えば買うほど、単価は速く下がる。

次ページの図表5を見れば明らかなように、小さな数字を倍加させても小さな変化しか現れない。ところが、それが何世代にもわたって続くと――複利のように――大きな影響が現れ、その積み重ねによってやがてとてつもなく大きな変化が現れる。

コンピュータの進化がイノベーションのコストを押し下げた

もっとわかりやすく説明するために、1951年に発売された世界初の商用コンピュータであるユニバックと、今日のコンピュータとを比べてみよう。ムーアの法則に従って性能が定期的に倍増したおかげで、最近の家庭用ゲーム機のプロセッサの性能は、当時のユニバックのほぼ10億台分に相当する。さらに驚くことに、10億台分のユニバックの価格は、たとえドルを現在の価値に換算せ

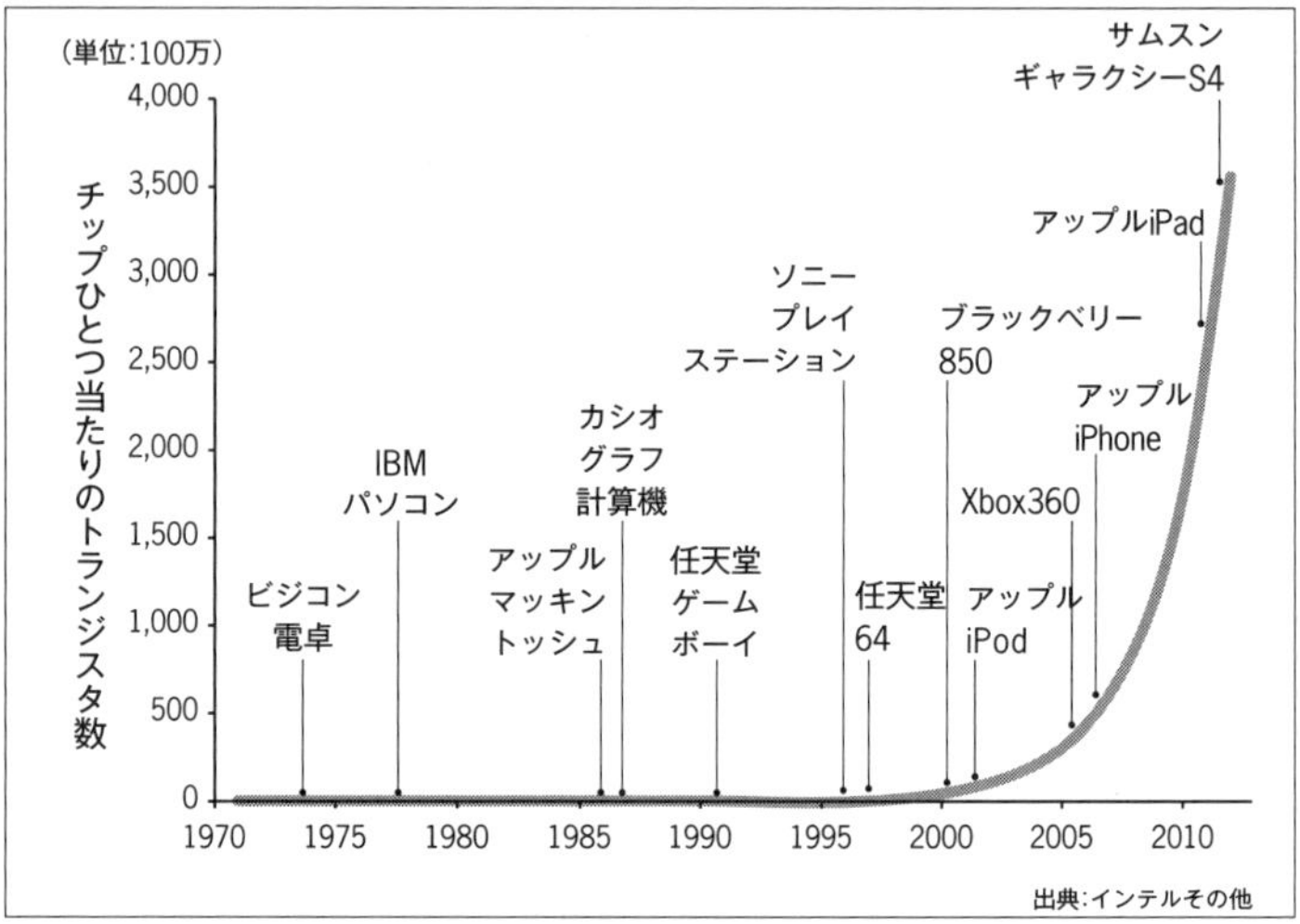

図表5：ムーアの法則が実現する指数関数的な進化

ずに1950年代のままとしても、現在の世界の総マネーサプライ量を上回る。それだけ莫大な台数のユニバックに電力を供給するためには、莫大な量のエネルギーを必要とし、しかも10億台を格納するとなると、アイスランドの総面積を凌ぐスペースが必要になる。

ムーアの法則は、半導体を使ってつくられたあらゆる製品のコストを低減させた。よりよく、より安くなったのは、コンピューティング端末だけではない。記憶装置やデータ伝送も同じだ。

たとえば、最近ではフラッシュメモリとして売られることが増えたコンピュータメモリについて言えば、性能は向上し、1テラバイトのメモリの価格は、この30年間で1億ドルから100ドル以下へと大きく低減した。

また1990年代初めに、毎秒19・2キロビットだったデータネットワークの情報伝送速度は、毎秒ギガビットへと加速度的に進化した。これは5桁の増大である。1998年にアメリカで1メガビット1200ドルだったデータ伝送コストは、15年後の2013年には1ドル57セントにまで低減した。2012年、アメリカにおけるモバイル機器のデータトラフィックがほぼ1兆500億メガバイトに達し、前年比約70％増を記録した――そう言われても、もはや驚きもしないだろう。

ムーアの法則の影響は、コンピュータや通信機器、家電の低価格化に最も顕著に現れ、製品に埋め込むコンピューティング性能のコストをも低減した。5年前、私たちが購入したカラープリンタの価格は200ドルだった。つい先日、買い替えた同じメーカーの新しいモデルはより小型で、解像度が高いうえに印刷速度が速く、配色も豊か。ワイヤレス機能を搭載しているために、いちいち特定のパソコンに接続する必要がなく、しかも価格は半額の100ドルである。

次ページの図表6からもわかるように、スマートフォンの「処理能力」、「メモリー」、「画質」のコストは、10年間で格段に安くなった。10年後にはさらに安くなっているだろう。

実際、技術はあらゆる種類の製品やサービスの製造コストと流通コストを押し下げている。コンピュータを活用したグローバル・アウトソーシングは、労働コストを削減する。鉱脈発見と掘削のデジタル技術が進化するにつれ、原材料コストも低減する傾向にある――たとえば、鉱業・資源企業のリオ・ティントが無人ダンプトラックに積載して運び出した表土や鉱石は、すでに1億トンを超えたという。オンライン販売を活用すれば、さらに効率的な販売、マーケティング、アフターサ

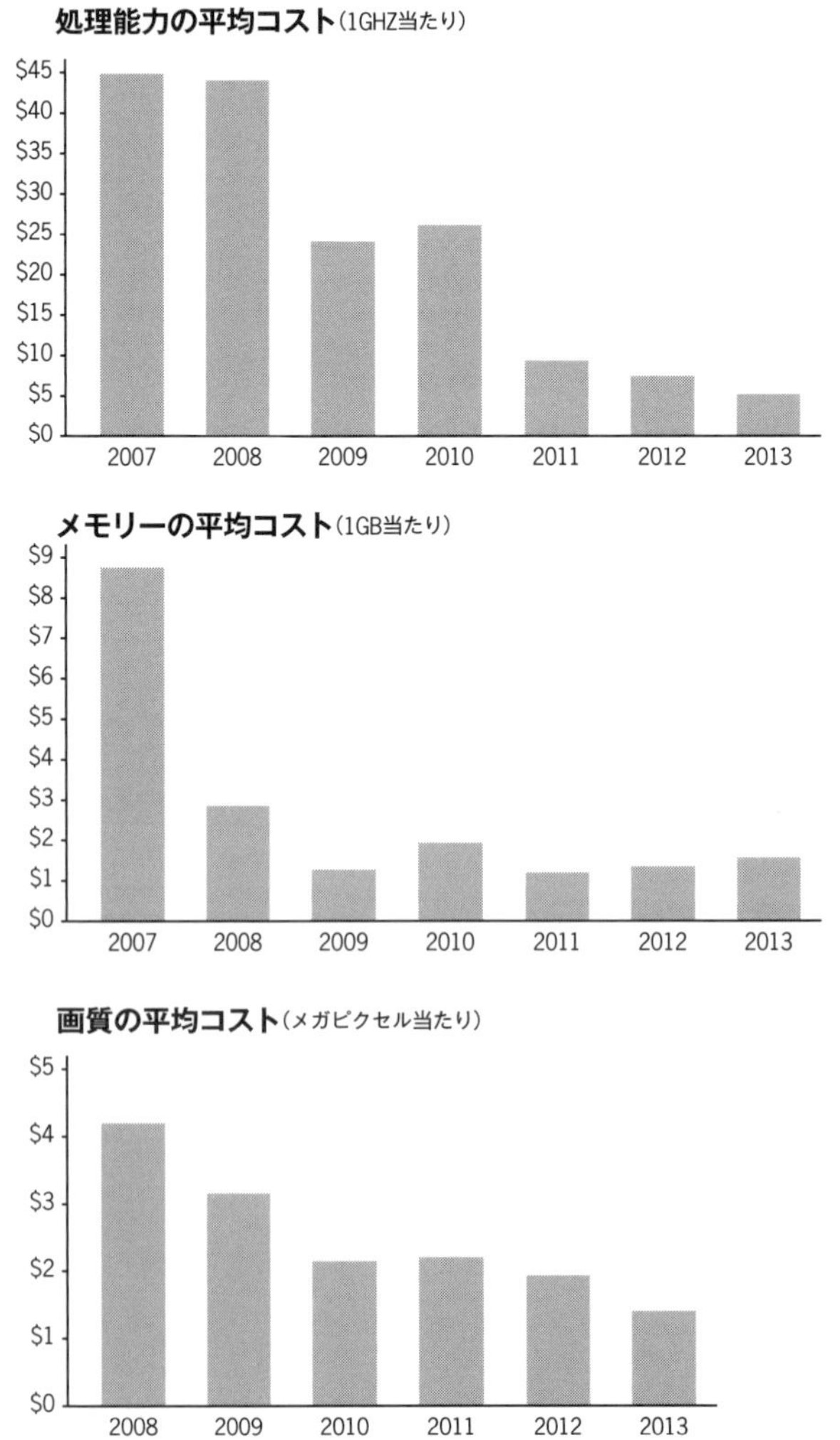

出典:iSuppliプレスリリース

図表6:スマートフォンの処理能力、メモリー、画質のコスト低減

ービスが展開できる一方、オンライン店舗を持たない昔ながらの小売店は、儲けの出ないショールームと化す。アフターサービスは、クラウドに移行中だ。グローバルなキャピタルマーケットのおかげで、資金調達コストでさえ低減しつつある。

指数関数的技術は、研究開発コストをも押し下げる。基礎研究コストやプロトタイプ開発コスト、市場に投入する前に規制当局の承認を得るためのコストなどは、通常、すべて新製品の価格に上乗せされる。そのため開発者は、研究コストの回収と新規ユーザーの開拓という、ふたつの課題のあいだで難しいバランスを取らなければならない。新製品が大ヒットすれば、研究コストを即座に回収できる。ところが大ヒットを狙うには、新しい市場を刺激するためにまずは価格を抑える必要があり、初期の利益を断念しなければならない。

たいていの企業にとって、このバランスを取るのは難しい。リスクを予測するのも回避するのも簡単ではない。だが、幸い、そのようなトレードオフは大きな問題ではなくなってきた。指数関数的技術は、新製品や新サービスの部品コストを低減させただけではなく、プロジェクト開始から製品リリースまでの基礎研究コストをも押し下げたのだ。

果たして、イノベーションは本当に安価になったのだろうか。その答えを、「①アイデア創出」「②研究開発」「③資金調達と報酬」という、イノベーションにかかる主要なコストから探っていこう。この3つは、よりよく、より安い世界でどのように変化しているのだろうか。

イノベーションの主要コスト①アイデア創出――オープンソースとクラウドソーシング

イノベーションの源泉を社内だけに求める時代は終わり、現在では、多くの企業がソーシャルメディアを含めた情報サービスを利用して、「クラウドソーシング」にアイデアの源泉を求めている。〝オープンソース〟イノベーションはソフトウエア開発の場だけでなく、科学的調査や応用研究の分野でも盛んになりつつある。購読料の高い専門誌に取って代わって、オンライン上の無料の情報源も登場した。自由な投稿を歓迎し、専門家のコミュニティ――に限らず誰であろうと――が所有する知的財産やアイデアを、ライセンスフリーにするように求めるサイトも多い。

たとえば、国際的な製薬会社であるイーライリリーの社内ベンチャーとして誕生したイノセンティブでは、B2B（Business to Business）のクラウドソーシング仲介サービスを行っている。探求者《シーカー》と呼ばれる企業が、自社の抱える高度な研究開発課題を投稿すると、解決者《ソルバー》と呼ばれる幅広い分野の登録者――研究者や開発者、技術者、専門家、学生など――が、その問題の解決法を競う。そして、最も優れた解決法を提案したソルバーにシーカーが報奨金を支払うという、いわばコンペ形式のクラウドソーシングである。2001年の創業以来、約200か国のおよそ30万人ものソルバーが、1500以上の課題に取り組み、総計数百万ドルの報奨金を手にしてきた。この方法であれば、研究者や専門家を抱えるよりもコストを削減でき、優れたアイデアを数多く集められる。

もっと手軽にアイデアを募り、共有する仕組みも急増中である。最近、盛況ぶりが目立つのが、3Dプリンタを活用するユーザーコミュニティだが、彼らはよくユーザーどうしでデザインを共有し合う。家庭用3Dプリンタ大手のメイカーボットでは、3Dデータ共有サイトの「シンギバース」を運営し、データの無料ダウンロードを勧めている。また先頃、ハーバード大学とイリノイ大学の研究者で構成するオンライン上のバーチャルチームは、砂粒大のバッテリーを3Dプリンタでつくる実験に成功した。これほど極小であれば、3Dプリンタでつくった補聴器のなかに、そのバッテリーを直接プリントすることも可能だろう。

このように相互作用にかかるコストが低減すると、実際に研究を行うのは誰であれ、その仕事に最も適した人材か、最も意欲のある人間ということになる。最近よく目にするのが、初期ユーザーがプロダクトデザインの完成や、新サービス開発の微調整にひと役買うというケースである。

コンピュータ周辺機器の開発・販売会社であるベルキンでは、かなり前から顧客をプロダクトデザインに巻き込んできた。しかも、フォーカス・グループやベータテストへの参加といった従来のかたちだけではない。ベルキンは「WeMo」の発売に際して、群衆《クラウド》の力を驚くような方法で活用した。WeMoは、Wi-Fiで制御できる家庭用電源リモートスイッチである。ユーザーがプログラムできるこのシンプルな機器に、デジタルカメラやモーションセンサーを加えれば、遠隔指示や外部からのデータトリガーにも反応する、〝インテリジェント〟ホーム・ネットワークを築くこともできる。

ツィッターやフェイスブックなどのウェブサービスやアプリとの連携が可能な、無料のプログラミング・サービスに「IFTTT（イフト）」がある。「If This Then That（もしこれをしたら、あれをする)」の頭文字を取ったこのサービスでは、〝レシピ〟と呼ばれるルールを作成して、「これ」にあたる引き金《トリガー》と、「あれ」にあたる行為《アクション》とを設定すれば、いろいろなサービスを連携させることが可能だ。

ＷｅＭｏの開発者は顧客に、このＩＦＴＴＴの活用を勧め、顧客にそれぞれ独自のレシピを作成するように促している。たとえば、レシピが毎日の日の出と日の入りの時刻をインターネットでチェックし、その時刻が来たら、ＷｅＭｏに接続したスタンドを自動的にオンオフしてくれる。あるいは、飼い猫が餌を食べたことをＷｅＭｏのモーションセンサーが感知したら、指定のメールアドレスにメールを自動的に送ってくれるといった具合である。

ユーザーは、ＷｅＭｏができることを決めるだけでなく、自分のレシピを他のＩＦＴＴＴユーザーとも共有する。いずれにしろ、ベルキンがそのプロセスをコントロールすることはない。それどころかベルキンのプロダクトマネジャーは、ＩＦＴＴＴの掲示板を念入りにチェックして共有回数の多いレシピを探し出し、ソーシャルメディアサービスを通じて優れたレシピのアイデアを広めているのだ。

イノベーションの主要コスト②研究開発――アクセラレーターの存在

オンライン上で一時的に研究チームを結成することは、以前よりもずっと簡単になった。クラウドベースの協業サービスや、オープンソースで著作権フリーのアプリケーション・インターフェースを利用して、特定の課題のために研究チームを即座に結成し、解決に向けた設計図を描いた段階でチームを解散する。そしてその後を、開発とマーケティングに適したチームが引き継ぐのだ。

「インキュベーター」と「アクセラレーター」はともにスタートアップを支援するが、その目的や役割は異なる。インキュベーターはスタートアップの設立やビジネスモデルの構築を目的とする一方、アクセラレーターは設立後のスタートアップの活動や成長を加速（アクセラレート）させ、ビジネスを拡大させる役割を担う。これまで、そのどちらも大手研究機関と隣り合わせに存在してきたが、インターネット革命が始まって10年以上が経ち、インキュベーターとアクセラレーターは、成功する製品やサービスや企業を、短期間で生み出す新たな方法を編み出した。たとえば、2005年に創業されたベンチャーキャピタルのYコンビネーター（いわゆるアクセラレーター）では、3か月間の〝養成クラス〟を開いて、メンターが集中的に起業家を指導する。この方法は大きな成果をあげ、多くのスタートアップを成功に導いてきた。その代表格と言えば、レディット（ソーシャルニュースサイト）、ドロップボックス（オンライン・ストレージサービス）、エアビーアンドビー（P2Pの宿泊仲介サービス）だろう。養成クラスを受けたスタートアップの72％が、卒業後か〝デモ・デー〟のプレゼン終了後に、相当額の資金調達を受けている（Yコンビネーターは、スタートアップの株式の6％を取得する仕組みだ）。

既製部品とフリーソフトウエアを利用できる現代では、さらに短時間の共同作業でも成果を生み出せる。10年ほど前から、営利か非営利かを問わず、幅広い分野の企業や組織が、社内と社外でハッカソンを開催してきた。わずか1日やひと晩といった限られた時間内で、複数のチームが同じツールと資源を使って同じ課題に取り組み、開発を競い合う。

イノベーションの主要コスト③資金調達と報酬――クラウドファンディング登場

指数関数的技術のおかげで資金調達コストも低減した。ここ数年、支援と投資の新たなかたちが生まれ、たとえ小さな企業や個人であっても、キャピタルマーケットに頼らずにビッグバン・イノベーションを起こせるようになった。

資金調達の新しいプラットフォームの代表は、第1章でも紹介したキックスターターである。このクラウドファンディングサービスが生まれた背景には、そもそもキックスターターの創業者が、あるアートプロジェクトを提案したものの、充分な数の購入者を見つけて収支を合わせられるのかどうかを、前もって判断できなかったという苦い経験がある。それが今では、どんな分野の起業家でもこのサービスを利用して、資金を調達できるようになった。

キックスターターでは、まず資金を調達したい開発者が、プロジェクトのプレゼン資料や動画をオンライン上に公開して〝プレッジ〟(支援金を提供する約束のことを、キックスターターではこう呼ぶ)を募る。調達したい目標額を目標期間内に達成できた場合にのみ、プロジェクトの遂行が決定し、賛同者から支援金を集められる。プロジェクトの中身は、ガジェットの制作から映画の自主製作、書籍の自費出版、果ては食品の開発までの多岐にわたる。

慈善事業の募金と同じように、キックスターターの場合も、企業や製品に直接投資するわけではない。賛同者は支援金と引き換えに、貴重なプレミアム製品を受け取ることが多い。支援金の額に応じて、試作品の場合もあれば最終的な完成品の場合もある。

たとえ、ひとりずつから集める金額は数ドルずつでも、賛同者がたくさん現れれば相当な額に達する。2009年の創業以来、キックスターターは4万1000超のプロジェクトに対して、6億2200万ドルもの資金を集めてきた。2013年には、スマートウォッチ「ペブル」の開発者が、キックスターター史に残る1000万ドルの資金を7万人から集めた。それも、たったの3週間のうちにである。

キックスターターは、開発者と試験利用者と投資家との区別を曖昧にした破壊的サービスだろう。プロダクトデザインや市場テストに、賛同者の参加を求めるクラウドファンディングサービスもある。また、プロスパー（米）やゾーパ（英）といったP2P融資仲介サービス業者は、莫大な資金を集めて中小企業や個人に融資する。

従来のキャピタルマーケット以外で、起業家が投資家と接触する方法は他にもある。クラウドソースの投資がイノベーションを加速する可能性に気づいたアメリカ連邦議会は、「年間100万ドル以下の、比較的少額の資金調達を求めるプロジェクトであれば、証券取引委員会（SEC）や他の規制対象から外れる」とする法案を、2012年に可決した。その一方、法律は2014年まで、このような限定的プロジェクトに対して、個人消費者から資金調達することを禁じていたが、10

0万ドル以上の資産を持つ裕福な投資家の場合に限っては、たとえ2014年の前であっても、スタートアップは簡易プロセスを利用して、富裕な投資家から資金を調達できた。

個人消費者がスタートアップに投資できる英国において、クラウドファンディングは、資金提供と引き換えにプレミアム製品を受け取る約束から、実際の株式投資へと移行しつつある。株式投資型クラウドファンディングを行う「クラウドキューブ」のようなプラットフォームを利用すれば、起業家はサイトに売り込みページを開設して、資金を簡単に募ることができる。目標額に達した場合、資金提供者は出資額に応じてスタートアップの株式を所有する。クラウドキューブでは2015年7月の時点で、さまざまな開発段階にある272社に対して、9400万ポンド以上の出資金を、20万人近い個人投資家から集めた。

2　とめどない成長：情報コストの低減

今、権力を握っているのは消費者

あらゆるセグメントの顧客が破壊的製品やサービスに殺到する現象、すなわちビッグバン・イノベーション。その第2の特徴である「とめどない成長」は、どのような仕組みで起きるのだろうか。

「とめどない成長」を促す原因は、マーケティングや販売、その他の取引データにまつわる膨大な量のデータベース、いわゆる〝ビッグデータ〟である。企業はビッグデータを、製品開発やマーケティング、生産、価格設定に役立つ強力なツールとみなす。だが、ビッグデータは消費者にとっても大きな価値を持つ。市場調査会社のIDCによれば、インターネットユーザーが2011年の1年間に作成して共有したデータは、約2兆ギガバイトに及ぶという。過去5年間で9倍の増加である。

カスタマーレビューや性能について検索でき、製品やサービスの特徴や価格、カスタマーサービスを比較できる情報ソースが充実するのに伴い、消費者はインターネットを駆使して、より多くの情報をもとに製品やサービスを購入し、企業よりも優位に立ちはじめた。現代の消費者は調査し、選択し、ずっと効果的に対応する。製品やサービスや広告を一方的に押しつけられる時代は終わった。今や、市場を〝牽引する〟のは消費者なのだ。実際、ビッグデータは消費者に驚くほど大きな力を与えた——市場で手に入る、ほぼ完全な情報という力である。

消費者が情報不足のまま製品やサービスを購入することはない。不動産のような大きな買い物であれ、電気製品のような耐久消費財であれ、レストランやサービスプロバイダーの選定といった日常的な取引であっても同じである。自分が購入を考えている製品を、友人や身内、趣味や好みの合う消費者がどう思っているのか、その本音を知りたければ、フェイスブック、ツイッター、タンブラーなどのソーシャルメディアやレビューサイトを見れば、すぐにわかる。

かつては情報障壁のせいで、価格や可用性、製品やカスタマーサービスの質に、消費者のほうから影響を与えることは難しかった。だが、その情報障壁も破壊された。企業はもはや、巧妙なマーケティングキャンペーンやブランドネームの陰に身を隠せなくなったのだ。どんな製品も、製品そのものの価値――カスタマーサービスの質を含む――によって生き延び、淘汰される。どんな製品の運命を決めるのも、過去や未来ではなく、リアルタイムの評価なのだ。

不完全な製品に、高い金額を支払わされるリスクは減った。製品の特徴や価格や購入のタイミングがわからないために、買うかどうかという決断に無駄な時間を費やすリスクも減った。情報収集に伴う探索コストが、後悔に伴うコストを下回ったのである。

ロナルド・コースが発見した「取引コスト」と企業の存在意義

市場で手に入るほぼ完全な情報が、どのような仕組みで働くのかを理解するために、まずは1931年にさかのぼろう。当時、ロンドン・スクール・オブ・エコノミクスの大学生だったロナルド・コース（のちの経済学者）は、アメリカを訪れ、価値観が覆るような体験をする。

若干20歳のコースには壮大な野心があった。自分の信奉する社会主義と、大学の教授が提唱する自由市場とを調和させたかったのだ。コースは見学のために訪れたアメリカの大企業に感銘を受け、これこそは、「中央が管理する活動が、大きなスケールで機能する証拠」ではないかとみなした。大企業が機能する仕組みを学べば、その方法を社会主義政府にも応用できるのではないかと考えたのである。

おかしな話だが、「なぜ企業が存在するのか」について、それまで疑問に思った者は誰もいなかった。もちろん、企業を経営している人間に、その理由を直接訊ねようと思った者もいない。そこでコースは、企業の経営陣にその疑問をぶつけて、答えを探し出した。だがその結果、計画経済が機能する証拠は見つからず、社会主義に対する若きコースの信念を揺るがすことになる。さらに重要なことに、このアメリカ訪問を機に1937年にコースが発表した論文は、その後、経済学の分野に大きな影響を及ぼし、1991年のノーベル経済学賞受賞につながるのである（コースは2013年、102歳でこの世を去った）。

企業という組織が大きくなりつづけたのは、自動車や複雑な製品の製造といった、繰り返し行われる大量の経済活動にとって、市場を利用する際のコストがあまりに高くなりすぎたからだと、コースは発見した。市場では、売り手と買い手とがお互いを見つけ出し、交渉して、取引を完了させなければならない。言い方を換えれば、売買する製品そのものの価格以外にも、その製品を売ったり買ったりする取引に伴うコストが存在する。そして、どの取引も個々人でやろうとするとそれなりに煩わしく、コストがかかる。

取引にかかるそのようなコストを、コースは「取引コスト」と呼んだ。そして、市場を利用する際に発生する取引コストこそが、企業が多くの活動——とりわけ原材料の購入やマーケティングといった、繰り返し行われる活動——を、ますます内部で行う理由だと考えた。市場を利用する際にコストがかかるとき、企業内部で取引を組織化したほうが効率的になる。つまり、企業は市場よりも安くあげることができる。

あるいは、少なくとも安くあげられた。この20年というもの、市場で手に入るほぼ完全な情報は、取引コスト全般を激減させた。マーケティングコストから、相手の信用度を確かめるためのコストまでが劇的に下がった。さらに複雑な取引の場合には、提案や発注、保険契約、その他の契約にかかわるコストも低減した。だが何と言っても、ほぼ完全な市場情報によって低減したのは、「探索コスト」である——買い手が「本当に欲しい製品を、望む相手から、望むタイミングで、望む場所と望む価格で購入するためのコスト」が大幅に低減したのである。

このような逆転現象を可能にしたのも指数関数的技術、すなわち大規模コンピューティングネットワーク、クラウド型データベースとソフトウエア、ユビキタスなモバイル機器に他ならない。製品やサービス、企業についてのデータソースがオンライン化され、消費者が新たなツールを駆使して情報を探索し、製品や企業活動に影響を与えるとき、市場の非効率性は解消され、製品ライフサイクルは短命化する。市場で手に入るほぼ完全な情報によって、取引コストは大幅に、非連続的に低減し、あちこちの産業でビッグバン・イノベーションが生まれ出ている。

とはいえ、これは今に始まったことではない。1930年代でさえ、コースが指摘したように、電話の存在が事業の抜本的な再構築をもたらし、ゼネラルモーターズ（GM）やUSスチールといった世界初のグローバル総合企業を生んだ。だが、そのプロセスは加速し、劇的な転換を引き起こしている。かつて新たな技術を最初に導入したのは、企業だった。ところが今の時代、よりよく、より安いコンピューティング製品やサービスをいち早く取り入れるのは、企業ではなく消費者のほうなのだ。企業は、時代遅れのコンピュータや、統合ソフトウエアシステムをなかなか廃棄できずにいる。そのような動きを見て、大企業の取引コストよりも、市場の取引コストのほうが速く低減すると考える経済学者も多い。企業と市場のバランスは、市場に傾いている。

探索コストが低減した影響が最も明らかなのは、インターネットである。かつて企業を統合したインターネット技術は、今では企業を解体しつつある。それは消費者にとっても、彼らが本当に望む製品やサービスにとっても、歓迎すべき事態だ。ところが、不完全な情報や、時には間違った情報の上に競争優位を築いてきた既存企業にとって、効率的な市場は破滅を呼ぶ。「真実が靴を履いているあいだに、嘘は世界を半周する」と言ったのは、作家のマーク・トウェインだったが、その言葉はもはや当てはまらない。ツイッターや他のソーシャルネットワーク全盛の時代に、消費者はあらゆる情報を即座に伝え合う。長年かけて築いた嘘の評判もほんの数日でがた落ちになり、消費者の真実はすぐに市場の嘘に追いつく。

たとえば、レストランチェーンはブランド認知度の向上に多額の予算を投じる。そしてそのブランドは、「どのチェーン店を訪れても、予想通りの安定した体験を提供し、上質とは言わないにしろ、ハイエンドからローエンドまでのあいだで、価格に見合った食事や雰囲気やサービスを提供します」というシグナルを消費者に送る。ところが、私たちがタイレストランを選んだときのように、市場でほぼ完全な情報が手に入る場合、あらゆるレストランに平等なチャンスがある。指数関数的な技術がなければ、街で見つけたレストランに入るかどうかを決めるための探索コストと情報コストが、あのレストランを選ぶことで得られた価値を上回っていたかもしれない。後悔したくないという気持ちから、タイレストランを諦めて、おなじみのチェーン店を選んでいた可能性は高いのだ。

実際、探索コストが高いとき、経済的価値の高い取引は行われない。街で偶然見つけたレストランの情報を探し出せたからこそ、あのレストランで食事をすることについてのトレードオフを比較できたのだ。だが、たとえばあのレストランのひとつ上の階に腕のいいシェフが住んでいて、自宅のキッチンで新しいレシピを開発中であり、私たちに味見をしてもらい、正直な感想を聞きたがっていたとしても、私たちがそうと知る術はない。

「シェアリングエコノミー」が取引コストを消失させる

それでは、指数関数的な技術によって高い取引コストが突然、消失したらどうなるだろうか。コースの考えからすると、かつてはコストが高すぎて不可能だった市場取引の数と種類が劇的に増えることになる。その結果、経済活動が爆発的に拡大し、以前なら、コストやリスクが高いために敬遠された方法でも、個人がお互いどうし、安全に効率的に取引できるようになる（リスクとは、すなわち取引コストの高さに他ならない）。

いずれしろ、そのような考えから生まれたのが「シェアリングエコノミー（共有型経済）」、いわゆるP2P経済である。言葉自体は新しいものの、アイデア自体は特に新しいものではない。クレイグリスト（地元情報交換サイト）やイーベイ（オンラインオークション・通信販売サイト）も、シェアリングエコノミーの先駆者である。当初はコレクター向けの掲示板だったイーベイは、現実世界のオークションや見本市と比べてよりよく、より安く、蒐集価値の高いモノを売買する機会を提供した。世界規模のバーチャル・マーケットプレイスを1日24時間、開設することで、取引コストを大幅に引き下げたのだ。

イーベイはさらに新たな機能を加えて、破壊的サービスを次々に導入した。電子メールアカウントとインターネットを利用した決済サービス（ペイパル）や、セラー（出品者）を評価するシステム、トラブルや問題を解決するプロテクション制度が、取引コストを劇的に引き下げたのである。

指数関数的技術がさまざまな製品に応用されるようになると、あまり目立たない場面でこれまで頑なに低減しなかった取引コストも、ようやく下がりはじめた。ブルービーを例に挙げよう。ブルービーとは、自宅のカギや財布、あるいはクルマなど、よく失くしたり置いた場所を忘れたりするモノにつけておくだけですぐに捜し出せる、カセットテープ型の小さなタグである。〝IoT〟すなわち〝モノのインターネット〟を理解するためには、非常にわかりやすい例でもある（モノのインターネットとは、あらゆるモノを無線通信でインターネットに接続して、データをやりとりしたり制御したりする技術を指す）。たとえば、自宅のカギにブルービーをつけておけば、カギを失くしたとき、ブルービーがその場所をスマートフォンに教えてくれ、文字通り〝探索〟コストを低減してくれる。カギや財布を遠くで失くした場合でも心配は要らない。自分が失くしたカギのそばを、他のブルービーユーザーが通ると、そのブルービーがカギのありかを、失くした本人のスマートフォンに即座に教えてくれる仕組みだからだ。クラウド版〝遺失物取扱所〟というわけである。

探索コストやいろいろなコストが高かった時代には、他人が所有する資産を借りたり、代行サービスを頼んだりすることは難しかった。ところが取引コストが不連続的に低減したおかげで、貸し借りや交換はずっと簡単になった。たとえばシティカーシェア（カーシェアリング）、エアビーアンドビー、タスクラビット（家事・雑事代行サービス）を利用すれば、クルマを借りたり、休暇中に自宅を貸し出したりでき、掃除や家具の組み立てなどの代行サービスも手軽に受けられる。

過去の例を見ても、家やクルマなどの資産が活用されずに無駄になっている時間は多かった。たとえ短時間にしろ、貸し借りや交換が可能になったのは、取引コストが大幅に低減したからである。これまで、ほんの短時間しか利用しないモノも購入してきたのは、他の誰かと所有コストを簡単に共有する手だてがなかったからだ。エアビーアンドビーの共同創業者であるブライアン・チェスキーは、『ニューヨーク・タイムズ』紙のコラムニストとして名高いトーマス・フリードマンにこう語った。「今は、普通の人がマイクロ起業家になれる時代なんです」

『フォーブス』誌によれば、2009年以降に創業したP2Pのスタートアップは100社を超えるという。その一部は、グーグル・ベンチャーズ（グーグルの独立投資部門）などの大手ベンチャーキャピタルから資金を調達した。2013年にベンチャーキャピタルがあげる収益は35億ドルを超え、年25％の成長率を記録すると見込まれている。この市場が、すぐに260億ドル規模に膨れ上がると予測する専門家も多い。

その一方で、P2P経済の急激な成長は既存企業に破壊的な影響をもたらす。これまで取引コストの仲介によって利益をあげてきた既存企業にとって、その取引コストが近い将来、消滅するかもしれないのだ。資産を共有する従来の方法――レンタカー、ホテル、専門業者――に代わって新たに登場したP2Pサービスの目的は、つまるところ、よりよく、より安い選択肢を提供することにある。時間とユーザーによって資産を簡単に細分化できる時代に、企業がクルマやホテルの部屋を保持しつづけ、従業員を雇っておく価値は、シェアリングによる取引コストと同じくらい急激に低減する。

法的手段に訴えたり規制を要求したりして、P2P経済の広まりを阻止しようとする企業がある一方、投資によって活路を見出す企業もある。エイビス・レンタカーは先頃、メンバー制のカーシェアリング会社ジップカーを5億ドルで買収し、成長著しいものの、いまだ混乱状態にある新市場に参入した。市場調査会社のフロスト＆サリバンによれば、カーシェアリングサービスは2016年までに、33億ドル規模の市場に成長するという。

取引コストの低減が破壊的な影響を及ぼすのは、日用品市場だけではない。伝統工芸品などの職人や名工も、指数関数的技術を活用して市場の開拓に務める。彼らもまた同じ破壊的技術を用いて、高価なオーダーメイド品の買い手を探し出し、ナイフや道具類から靴や衣類、アクセサリー、芸術作品、果てはペットフードにいたるまで、あらゆる分野の家内工業の復興にひと役買っている。破壊的技術を活用すれば、流通や販売インフラにほとんど投資することなく、自分の作品をグローバル市場に売りに出せる。コストのかからないサードパーティのサービスを利用することで、ビジネスに必要な知識や手段を補完できるのだ。

無効化する〝初期導入者税〟と頻発する共食い現象

このように、ほぼ完全な情報が市場で簡単に手に入るようになると、かつてエベレット・ロジャーズが描いた釣り鐘曲線のかたちは激変した。第1章でも述べたように、市場セグメントは今や「試験利用者」と「市場の大多数」のふたつしかない。これでは、従来のマーケティング手法も根本的に変わらざるを得ない。

大きな変化のひとつとして、初期導入者の役割は重要性を失った。彼らは急速に消滅しつつある。市場にほぼ完全な情報がなく、新製品が本当に派手な宣伝通りの代物なのかどうかを知る術がなかった時代、初期のユーザーは自分が購入するものにあまり自信を持てなかった。そしてその事情を熟知しながら、とりわけハイテク市場の企業は、たとえ欠陥だらけや不充分な製品であっても、真っ先に新しいものを手に入れたがる消費者に、強気で新製品を売り込んだのである。

事実、新製品に高い価値を置く初期導入者を相手に、企業は初期のCDプレイヤーやハイブリッドカーやインターネット家電を、プレミアム価格で売り出した。その後に出たマスマーケット向けの製品のほうがずっと洗練され、性能も高い反面、価格は安かった。初期のプレミアム価格は〝初期導入者税〞と呼ばれたほどである。

だが、指数関数的技術が登場して製品やサービスのライフサイクルが短くなると、初期導入者が存在する時間的余裕も必要性もなくなった。製品は一気に売れ、一気に廃れる。初期導入者を想定する価値も、その一員である価値もなく、初期の製品にプレミアム価格をつける機会もなくなった。「よりよく、より安い新製品の発売が、同じ企業の既存製品の売上げを食う」という、いわゆるカニバリゼーション（共食い現象）は、今では不可避の現象になってしまった。アップルの初代ｉＰｈｏｎｅで考えてみればいい。初代ｉＰｈｏｎｅは、既存のスマートフォンを凌ぐ優れたデザイン性と機能を提供し、５９９ドルで発売された。新たなタイプのモバイル機器としてプレミアムな小売価格を確立し、サムスンやブラックベリーに一刻も早く勝負を諦めるようにと促した。

ところが、そのプレッシャーがアップル自体に重くのしかかり、アップルは毎年のように新世代モデルを投入しなければならなくなった。よりよく、より安い製品を求める市場の飽くなき欲求を満たすためだけではない。独自の戦略でアップルを出し抜こうとする競合を抑えて、常に先頭を走るためである。そして、アップルはすぐにプレミアム性を失い、ｉＰｈｏｎｅ５を１９９ドルという低価格で売り出したのである。

ビッグバン・イノベーションはよくも悪くも、とめどなく成長する。爆発的に売れて利益の大半をすぐに回収できるのか、まったく売れないかのどちらかしかない。以前は、３Ｄテレビや電気自動車、電子ブックリーダーなどの、完成度が低く高価なプロトタイプを、寛容な初期導入者に売ることで、機能をフルに備えた製品の開発資金を調達したものだった。だが、もはやその手は使えない。消費者は、製品とビジネスモデルの正しい組み合わせが登場するまでじっと待ち、その製品が登場すると即座に殺到する。

初期導入者は次のうちのどちらかだ。製品の開発と資金提供の一部を担うのか、それともただ単に新製品を購入するのか。〝初期〟という言葉は意味を失った。ビッグバン・イノベーションが、初期導入者税を無効化したのである。

3　自由奔放な開発：実験コストの低減

ジョブズが得意とした「組み合わせイノベーション」

スティーブ・ジョブズは、何でも〝拝借〟するのがうまかった。既存の解決法を使えば革新的な新製品を開発できるときに、何もわざわざ一からつくり上げる必要も、特定の部品を発注する必要もないことに早くから気づいていた。アタリの創業者ノーラン・ブッシュネルは、著書『ぼくがジョブズに教えたこと』（飛鳥新社）のなかで次のように述べている。

「アップル創業期の部品のほとんどは、アタリが提供したものだった。それもまったくのマージンなしで。アップルIIをTVにつなげるための巧妙な変調器も、我が社の設計をベースにしたものである」

ジョブズの慧眼《けいがん》は、ビッグバン・イノベーションの第3の特徴である「自由奔放な開発」を促す、「実験コストの低減」を理解するカギになるだろう。指数関数的技術は、既製部品の爆発的な増加を招いた。すでにある部品を手軽に組み合わせれば、実際のユーザーを相手にじかに市場実験を行える。しかも規模の経済が働くため、既製部品を使って新製品を組み立てれば組み立てるほど、部品の単価は下がる。新しい部品を注文するよりも、〝組み合わせイノベーション〟のほうが速く、安く製品を生み出せることに、幅広い産業の製品開発者も気づきはじめた。

イノベーター企業は製品を一から設計しない。すでにある部品を再利用するという、安価でリスクの少ない方法を選び、製品やサービスにわずかな特徴をつけ加えることで差別化を図る。新しい部品の設計や生産、内部テストに長く時間がかかるせいで開発が遅れる、という心配もなくなった。その部品が必要かどうかもまだわからないうちに、市場がその部品を試験済みだからだ。

今日、自動車からプレハブ住宅までのあらゆる製品に、大量生産の部品や部材が使われる。そしてその部品や部材を設計し、製造し、調達するのは簡単になった。つまり、新規参入者や個人の発明家であっても、部品を組み合わせて新製品をこしらえ、最小限のコストとリスクでじかに市場実験を行えるのだ。失敗した実験はすぐに消え、大きな損失も被らない。だが、部品の絶妙な組み合わせと優れたビジネスモデルとが一体になったときには、破壊的製品やサービスが生まれる。

組み合わせイノベーションを利用すれば、自由奔放な開発が可能になる。社内という機密な環境で、プロプライエタリな資源を用いて研究開発を進めるよりも、ふんだんに手に入るハードウエア、ソフトウエア、その他のインフラを再利用したほうが、開発期間を短縮でき、予算やリスクも抑えられる。組み合わせイノベーションのコストが低減しつづける一方、社内開発はますます予算がかさむようになった。最近では、〝組み合わせ利益率〟が〝設計利益率〟を上回る市場が増えている。

とはいえ、部品や技術を自分なりの新しい方法で組み合わせたいという衝動の裏には、人間の本能に深く根差した欲求が隠れている。インターネット、オープンソースのソフトウエア、コンテンツ共有プラットフォーム(ユーチューブやフェイスブック、タンブラーなど)は、「共同制作したい」「誰かの作品をもっといいものにしたい」という、人間が持って生まれた欲求をうまく刺激して利用してきた。その欲求が〝マッシュアップ〟や〝リミックス〟の文化を生み出し、DIY愛好家が集結する、ものづくり系の一大イベント「メイカーフェア」の開催につながった(メイカーフェアについては、第4章でも詳しく紹介する)。

組み合わせイノベーションのおかげで、破壊的製品やサービスのプロトタイプづくりは簡単になり、実験回数は桁違いに増え、イノベーションに挑む起業家の幅も広がった。おおぜいの人間が同じ問題を解決しようとし、そのほとんどが失敗する。だが、たとえごく限られた人間にしろ、いつかは誰かが優れた組み合わせを見つけ出して実験を成功させ、ビッグバン・イノベーションを生み出すのだ。

IoTで、非IT分野に「ムーアの法則」が侵食する

自由奔放な開発を促すのは、技術の進歩とグローバリゼーションの進展だ。ほんの数年前に特定の目的のためにつくられたハイエンドな部品の多くが、簡単に手に入るようになった。規模の経済が部品の単価を引き下げ、相互接続の標準化と、世界をつなぐ効率的な流通ネットワークのおかげで、開発速度はさらに短縮する。

かつてセンサーの価格は高かった。圧力センサー、加速度計、アクチュエーター、ジャイロスコープなどのMEMS（微小電気機械システム）は、まず自動車の安全システムやエアバッグ制御などに用いられた。やがてMEMSがより小さく、より安くなると、低価格の家電にも組み込まれるようになり、スマートフォンやパソコンや、最近ではウェアラブル型の活動量計にも搭載されている。MEMS市場は2010年からの5年間で売上げが倍加し、2015年には120億ドルに達する見通しだ。

同様の動きが起きているのが、光技術の分野である。たとえばマイクロソフトのキネクトは、コントローラーを使わずに、ジェスチャーや音声によって操作が可能であり、Xboxにアドオンした場合には、自分のからだをコントローラー代わりに使って体感型ゲームが楽しめる（キャッチフレーズは「カラダまるごとコントローラー」）。このキネクトに搭載された3D深度センサーのチッ

プを開発したのは、テルアビブに拠点を置くプライムセンスという企業である。同社が新たに開発したセンサーモジュールのカプリはさらに性能を増し、そのサイズはキネクト用センサーのたったの10分の1しかない。

キネクト用の3D深度センサーと同じように、カプリも近赤外線を用いて3次元の深度（奥行きや距離）と色を読み取ることができ、人や動き、ジェスチャーを認識したり、部屋のなかの家具と他のものとを識別したりできる。小型化に成功して、アルゴリズム性能が向上したカプリは、タブレットやラップトップ、スマートフォン、消費者用ロボット工学などの幅広い市場での活用が期待されている。大量生産によってカプリの価格がさらに下がるにつれ、応用の幅もいっそう拡がるはずだ。

こうした変化の中心にあるのが指数関数的技術だ。ゴードン・ムーアが「ムーアの法則」を発表してから2015年で50年が経つ今、電気で動作する機器のうち、何らかのコンピューティング性能を備えていないものはほとんどない。コンピューティング性能のあるなしの区別も、やがて消えていく。あと数サイクルのうちに、IoTによって兆単位のアイテムが、部分的にしろ、インテリジェント化するからだ。

つまり、指数関数的技術は単にコンピュータの価格を引き下げるだけではない。コンピュータではないさまざまなものに、経済的に、効率よくコンピューティング能力をつけ加えるのだ。部品の標準化が進み、種類も増えたために、開発者はコストをほとんど気にせずに、ワイヤレス送受信機やセンサー、シグナルプロセッサ、カメラやメモリを、使い捨て製品にまで装備する。それこそが、組み合わせイノベーションの真の実力なのである。

IoTの時代には、地球上に存在するすべてのものが、ある程度まではコンピューティング性能を備え、グローバルインターネットの一部としてネットワークにつながる。小型衛星から道路や橋、パーソナル機器、植物、ペット、人間のからだまでに、低価格の小さなセンサーが取りつけられる日もそう遠くないだろう。センサーがもたらす情報量と比べれば、今日の〝ビッグデータ〟も些細な量に思えるに違いない。

「ネットワーク効果」で進化は加速するばかり

IoTにおいて、情報をお互いにやりとりするための標準化が進むと、ビッグバン・イノベーションの別の重要な経済的要因を促す。すなわち〝ネットワーク効果〟と呼ばれる、規模に関する収穫逓増《ていぞう》（規模の増加に伴い、便益が増加する現象）である。原油や海岸沿いの土地のような希少財とは違って、標準やソフトウエア、デジタル情報などの無形財は、利用者が増えれば増えるほど価値が高まる。

では、どのくらい価値が高まるのだろうか。ネットワーク理論の草分けであるロバート・メトカーフの言葉を借りれば、「ネットワークの価値は利用者数の2乗に比例する」。

「メトカーフの法則」を理解するために、まずは電話機が1台の場合のネットワークを考えてみよう。電話機が1台のとき、誰も電話をかけてくる人がいないのだから、ネットワークの価値はゼロだ。ところが電話が2台になると、お互いに電話をかけ合える。つまり、電話機が1台増えれば、新しいつながりをふたつ増やすことができるのだ。それ以降は、電話機が1台増えるごとにネットワークの価値はさらに高まる。

メトカーフの法則の絶好の例と言えば、もちろんインターネットである。データ転送とアクセスプロトコルを統一したインターネットは、世界中のほぼすべてのコンピューティング機器を、ひとつのシームレスなネットワークに結びつけた。接続するコンピューティング機器の数が増えれば増えるほど、プロトコルの価値はますます高まり、有機的な標準化と集約を促し、かつてはバラバラだった電話やTV、データ通信のネットワークをひとつにまとめ上げていった。

小さなネットワークは、その価値も小さい。ところが、デジタル情報を共有する数十億もの機器が形成するネットワークは、莫大な価値を生み出す。世界最大のコンピュータ・ネットワーク機器開発会社であるシスコシステムズによれば、現在、インターネットの非プロプライエタリなオープン標準を用いて、情報を共有しているコンピューティング機器は、全世界で90億台にものぼるという。

将来的に、数十億、数兆もの機器がデータを共有し合うようになると、メトカーフの法則は、空前の規模と価値の〝ネットワーク効果〟を生み出すことになる。実際、「よりよく、より安い」というサイクルがこのまま続くならば、インターネット上のIPアドレスはやがて枯渇してしまう。

そこでその問題に対処するために、現在では2の128乗——340アンデシリオン（ゼロが36個続く単位）——ものIP機器の個数を識別できるようになった。

ネットワーク効果は別にしても、部品を組み合わせるのはそもそも安価なうえに、コストはますます低減する。既製部品は試験済みであり、規模の経済も働く。この数十年、モジュール設計を採用するメーカーが増え、ハイテク機器に限らず家電や耐久消費財においても、市場ごとにカスタマイズした製品を提供しやすくなった。

たとえば、モジュール設計の採用に積極的なシーメンスでは、中核要素を除いて、巨大な風力タービンの部品・部材をアウトソーシングで賄い、製造プロセスの大幅な簡略化を図った。そのため、完成品を組み立てる工場すら必要がなくなった。また家電メーカーのエレクトロラックスでは、2009年以降、製品ラインのモジュール化を進め、新製品の企画から発売までの期間を、3割がた短縮するという目標を掲げている。

組み合わせイノベーションを活用すれば、企業は生産パイプラインを早急に整備し、需要に応じた規模の製品を提供できる。しかも、組み合わせイノベーションの利益率は製造品の場合にも向上している。2013年にサムスンは1億台のギャラクシーS4を販売する計画を立て、世界中のディスプレイとチップの生産能力を押さえた。そのあおりを受けて、アップルや競合では、次世代製品の発売スケジュールに支障をきたすのではないかと思われた。部品の生産能力を押さえることが、新たな戦いになってきたのだ。

製薬、金融、エネルギー――規制に守られた産業は安全か？

とはいえ、すべての産業が指数関数的技術と密接な関係にあるわけではない。研究コストが劇的に低減しない企業では、組み合わせイノベーションの可能性はほとんど探られていない。既存企業も起業家も、設計イノベーションにどっぷり浸かったままなのだ。

医薬品やバイオテック産業も、取引コストの低減によって他の産業と同様に恩恵に浴している。技術要素のコストが低減し、シンジケート型の研究開発も盛んだからだ。それでも、注文設計や治験、あるいは新薬や治療法、薬物療法の承認に比較的莫大なコストがかかるため、生産性の向上は、新しい市販薬の価格にはほとんど反映されてこなかった。

これらの産業では、破壊的イノベーションは「よりよい」という古いかたちで現れ、新製品や新サービスは決して「より安く」はない。研究開発の効率性を新薬の承認数で測る医薬品業界では、1950年代以降、研究開発に投じた10億ドル当たりの新薬数が、9年ごとに半減する傾向が見られる。この傾向を「イールーム（Eroom）の法則」と呼ぶ者もいる。〝文字通り〟、そして実際の意味において「ムーア（Moore）の法則」の逆さまである（図7）。

イールームの法則が当てはまる産業で、組み合わせイノベーションが起きない理由は、技術的な問題というよりも規制の問題と関係が深い。

規制は消費財やサービスの開発において一定の役割を果たすが、家電やハイテク製品が消費者に届くのを法的ルールが妨げた、という話はまず聞かない。ところが、規制でがんじがらめの産業で

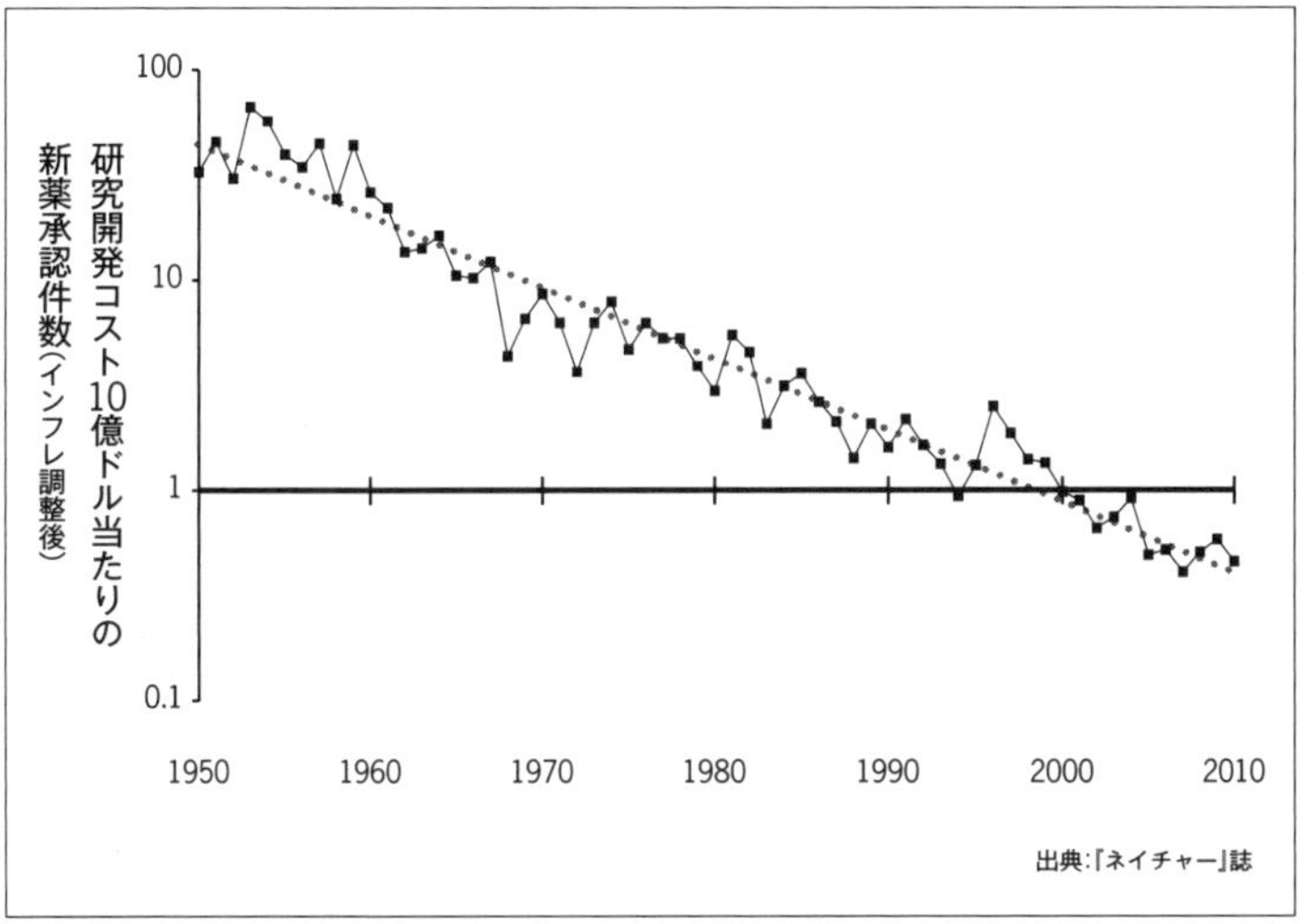

図表7：イールームの法則

はそうはいかない。規制が課すコストやその他の制限が、イノベーションの開発や製品テスト、市場投入の前に大きく立ちはだかる。食品、医薬品、自動車などのメーカーや、エネルギー関連企業、あるいは教育、医療、法律などの専門的サービスは、規制当局の承認を〝得てからでなければ〟新製品や新サービスを市場に投入したり、既存製品やサービスに大幅な変更を加えたりはできない。

極端な話、公益事業とみなされる産業（民間企業というよりも政府機関に近い）の場合、許可を取らない限り、新技術を実験することすらできない。研究開発プロジェクトのコストを公共料金に転嫁する場合にも、まずは承認が必要だ。

このプロセスが複雑を極めるのは、新製品に埋め込まれたものか、研究開発で利用されたものかを問わず、政府が破壊的技術の重要性を、さまざまな歴史的、政治的な理由によって、なかなか認めようとしないからである。

こうして政府が技術の真価を見抜けないと、規制に縛られた産業が破壊的イノベーションを生むための手段が限られてしまう。たとえば、医薬品産業を取り巻く現在の規制環境は、19世紀の研究手法をそのままに受け継いでいる。入念な計画と実験、厳密な観察と詳細な報告、対照群を使った比較実験、動物実験……。これらを積み重ねた後でようやく、人間を対象にした治験の許可が下りる。しかも治験は、政府の承認するプロトコルに従わなければならない。そのため、治験の結果や専門家が査読した論文に規制当局が目を通すまでに、とてつもなく長い時間がかかってしまう。

安全で有効な新薬を開発するためには、ある程度の規制はやむを得ないにしろ、あまりに厳しい研究モデルは、意図せずして、より有効な選択肢をも排除してしまう。設計と実験をクラウドソーシングすれば、新薬の開発から発売までの期間を大幅に短縮できて、おおぜいの命を救えるだろうが、この業界ではそれが禁じられている。規制に縛られた産業では、望もうが望むまいが、今後も組み合わせではなく設計による技術革新を続けるしかない。

それに加えて、規制の厳しい業界はビッグバン・イノベーションから明らかに保護されている。イノベーションを規制する、その同じ法的ルールが参入障壁を築き、既存企業を守っているからだ。銀行には認可が、新薬には承認が必要であり、安全性を確認された新車だけが発売にこぎ着けられる。規制でかんじがらめの産業は、ある意味、破壊的技術が突然に登場しても、その影響を受けにくい。

ところが、規制コストという障壁に安心して、有効な研究開発に挑もうとしない企業の経営陣は危険なうたた寝に陥っている。ヘルスケア、金融、エネルギーなどの規制の厳しい産業において、ビッグバン・イノベーションを求める消費者の声は危険なレベルにまで高まっている。

そしてその声の高まりを受けて、研究開発コストがイールームの法則に従う分野でも、新たな動きが生まれはじめた。クラウドソースのツールと技術とを駆使し、ユーザーが資金を提供するオープンな実験が行われるようになったのだ。ハイテク製品やサービスの開発ではすでに一般的となっている実験が、規制の厳しい産業の周辺へも押し寄せてきたのである。医師が規制に縛られた職業であることは間違いない。だが、ヘルスケア産業の閉ざされた壁の周りでは、ヘルス&フィットネス管理技術が投入され、その新しい技術が破壊的製品やサービスを携えて、法的ルールの壁をこじ開ける裂け目を探しているところだ。

そのような実験は法を避けて通るか、公然と無視するかのどちらかである。AIDS（後天性免疫不全症）は、新薬の実験プロセスを効率化して、治験の早期実施を求める擁護者の活動を後押しした。寿命を延ばす効果が期待される、クローン作成や幹細胞などの破壊的技術もまた、プロセスの短縮と効率化が叫ばれている。

消費者はますます主導権を握り、さらにオープンなアプローチを求める。組み合わせイノベーションの経済学を、消費者が理解しているのかどうかにかかわらず、「技術は、ものごとを成し遂げる、より優れた方法を編み出してきた」という考えにユーザーは慣れてしまっている。「消費者を守るためにつくられたはずの規制が、イノベーションを妨げる不要な障壁になっている」という懸念も広がりはじめた。「よりよく、より安い製品は、組み合わせイノベーションから生まれる」と考える人も増えた。もし今はその考えが間違っているとしても、それはただ時間の問題にすぎない。

指数関数的技術が向上する、あと数サイクル後には、その考えの正しさも証明されるだろう。その間も、鬱積したユーザーの欲求は起業家の関心を引きつけ、タクシーやヘルスケア、代替燃料といった規制の厳しい市場の周辺で、スタートアップが盛んに実験を繰り返している。規制という障壁をものともせず、彼らが近い将来にビッグバン・イノベーションを起こすことは間違いない。

そしてそのときには、既存企業にとってすでに手遅れである。規制当局も経済的、社会的、政治的な根拠をもとに、もはや規制を課すことはできないはずだ。そのとき、打撃はいっそう破壊力を増して既存企業に襲いかかる。

次章でも詳しく紹介するように、ビッグバン・イノベーションを求める声が大きければ大きいほど、破壊の衝撃も大きいのである。

Chapter 3
The Shark Fin

第3章
シャークフィン

製品ライフサイクルは、
もはや「キャズム」に従わない

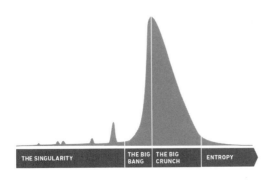

ビッグバン・イノベーションの「最初の被害者」ピンボールマシン

ビッグバン・イノベーションのライフサイクルを理解するために、本章では、その影響を最初に被った産業のひとつを例に挙げよう。ピンボールマシン産業である。ピンボールは、一定年齢以上の人間（私たちもそうだ）のノスタルジアを、強く刺激するアーケードゲームである。

ピンボールマシンが最初に登場したのは、1930年代のこと。1940年代に入ると、金属の球を打ち返すひれ足《フリッパー》が加わった。第2次世界大戦中には、メーカーが軍需産業への協力を余儀なくされたため、マシンの生産は一時的に中断する。だが戦後になっても、ピンボールマシン産業の受難は続いた。マシンが置かれたのが、世間が眉をひそめるような男女の出入りする、怪しげな酒場だったからである。

1940年代、ピンボールは他のエンターテインメントともども、撲滅運動の対象になった。コミックや映画、パルプマガジンと並んで、青少年犯罪を助長する娯楽とみなされたのだ。政治家はピンボールをギャンブルの一種と決めつけ、子どもに悪影響を及ぼすという理由で禁止にする自治体まで現れた。マシンを集めて叩き壊し、おおぜいの前で公開処刑にすることさえあった。194

0年代末には、全米中の大きな都市のほとんどでピンボールは禁止されてしまう。

だが、1960年代に入って世の中の倫理観がゆるみはじめると、徐々に法的規制を解かれるようになった。また1970年代後半には、ピンボールに対する理解も深まり、禁止条例が廃止になる。それまでピンボールマシンは、スロットマシンと同じように単に射幸心を煽るゲームと思われていたが、実際は、からだを使ったスキルを要するゲームだと認識されるようになったのだ。

こうして、ピンボール産業は長く幸せなルネッサンス期に入った。人口動態傾向の追い風を受け（ミドルクラスのベビーブーマーがたくさんいた）、技術の進歩にも恵まれ（アナログ式の時代が終わって、ソリッドステート化、すなわち電子制御の時代が訪れ、デジタルディスプレイや、電子効果音はもちろん合成音声までもが加わった）、新たな流通チャネルも生まれた。独立型のアーケード（ゲームセンター）が登場し、10代の若者がアルコールとは無縁の環境で、ピンボールを楽しめるようになったのである。

1970年代には、ピンボールマシンは戦前の勢いをはるかに凌ぐ成功を収めた。マシンの性能は向上し、ますます多くのファンを集めた。年間売上げは2桁の伸びを示し、1993年のピーク時には、5大メーカーが販売するマシンの総数は13万台にものぼった。アーケードの売上げは年間25億ドルを記録。これは、当時のアメリカ人が1年間に使った映画代の約半分に当たる数字だ。ピンボールマシンの伝説の設計者、ロジャー・C・シャープは述べている。「とにかくすごい人気で、卸売業者がトラック単位で注文してきたほどでしたね」

ところが、その絶頂期のさなかにピンボールマシン産業は崩壊していくのである。そもそもの始まりは、ほんの小さな電子音だった。１９７２年に、アタリ社がアーケード用の卓球ゲーム「ポン」を投入したのである。それを機にアーケードビデオゲームが続々と登場し、ピンボール人気に影が差しはじめる。そしてその後、家庭用ゲーム機が発売されると、凋落に拍車がかかった。

崩壊は突然訪れた。１９９３年にピークを迎えたほんの数年後、ピンボールマシン産業はほぼ消滅し、１社を残して全メーカーが市場から軒並み撤退したのだ。まさに〝ゲームオーバー〟である。

ビッグバン・イノベーションの製品ライフサイクル
——シャークフィン

もう「キャズム」も「釣り鐘曲線《ベル・カーブ》」も存在しない

ピンボールマシン産業を襲ったできごとは、ビッグバン・イノベーションの典型的な例であり、破壊的製品がもたらす劇的なライフサイクルを鮮明に物語っている。ピンボールマシン産業の〝フリッパー〟として長らく機能し、業界が目指す方向性や目的地、その速度までもコントロールしてきたピンボールマシンメーカーは、突然にコントロール力を失い、みずからがピンボールの球のように、外部の力に操られるままに、あちこちに跳ね返りながら無残にも落下していくのである。

同じような運命をたどらないためには、破壊的製品やサービスがどこから現れ、どのようにして登場して去っていくのか、そしてその後に何が残るのかを、よく理解しておかなければならない。

まずはその前に、お悔やみを述べるべきだろう。釣り鐘曲線は滅びたのだ。

エベレット・ロジャーズが提唱した、有名な釣り鐘曲線はもはや当てはまらない。新技術は、ロジャーズが考えたように5つの市場セグメント――「革新者」「初期導入者」「初期多数導入者」「後期多数導入者」「導入遅延者」――を順番に攻略して普及してはいかなくなったのだ。

ロジャーズの考えを踏襲して、1991年にコンサルタントのジェフリー・ムーアが『キャズム』を著した。そのなかでムーアは、「大ヒットを飛ばす新製品は、ロジャーズのいう5つの市場セグメントを順番に進むが、初期導入者と初期多数導入者とのあいだには深くて大きな溝、すなわちキャズムが横たわり、その溝を越えられない製品はその段階で消滅してしまう」と説いた。キャズムを挟んで、マーケティングメッセージは「目新しくて刺激的」から「なじみ深くて斬新的」に変わるとも述べた。

だが今日、新製品も新サービスも市場に投入された時点で、よりよく、より安い。それゆえ企業は、初期導入者からまずは充分な利益をあげて軍資金を確保し、メインストリーム市場に対するマーケティング資金に回すという、かつての戦略を取れなくなった。市場にあるほぼ完全な情報のせいで、消費者がその戦略に気づいてしまったからだ。

ソーシャルメディア、レビューサイト、あるいは最新のガジェット情報を扱うニュースサイトやその他の情報ソースが爆発的に増えたおかげで、新製品や新サービスが本当に優れたものか、そうでないのかについて、誰でもすぐに情報を手に入れられる時代になった。製品は急激に売れ出すか、まったく売れないかのどちらかしかない。ろくに動きもしないような、法外な価格のプロトタイプに愛着を感じる者はいなくなった。

ところが、既存技術の絶妙な組み合わせとビジネスモデルとがうまく合わさったときには、一気に顧客が殺到する。２０１２年に爆発的ヒットを飛ばしたモバイルゲームのアングリー・バードは、リリース後わずか３日間で１０００万ダウンロードを記録した。また、男性用グルーミング用品を通販するダラー・シェイブ・クラブが、販促用の動画をユーチューブに投稿したところ、若き創業者みずから〝はしたない言葉〟を口走る場面が大きな話題を呼び、１週間で２万５０００件もの注文が殺到し、ウェブサイトが何度もクラッシュしてしまった。

市場にほぼ完全な情報があることは、企業にとって恩恵と言えるだろう。キャズムを越えて、ゆっくりとマスマーケットに向かう必要がなくなったからだ――もちろん、〝破滅的な成功〟を生き延びる準備ができていれば、の話である。

だが、もしその準備ができていなかったときには？　そのときには、売上げとカスタマーサービスが大打撃を受け、将来を決する損害を被ることになる。たとえば、メイドインＵＳＡにこだわるアパレル関係のスタートアップ、アメリカンジャイアントは、時事問題やカルチャーを扱うオンラインマガジンの「スレート」に好意的に取り上げられたことから、大きな注目を集めた。あるとき、コットン100%のフードつきスウェットシャツを売り出したところ、たったの1日で5000着の注文を受けた。ところがその注文数は、デザインのディテールとカスタマーサービスにこだわる、アメリカンジャイアントの生産能力をはるかに超えていた。「4日後には、何も残ってはいませんでした」。BBCのインタビューに答えてそう語る、創業者のバイヤード・ウィンスロップの顔には、困惑の表情が浮かんでいた。「倉庫がすっかり空《から》になってしまったんです」

製品やサービスは一気に売れるか、まったく売れないかのどちらかしかない。爆発的に売れた場合、市場はたちまち飽和状態に達する。だからこそ、ビッグバン・イノベーションを起こした者であっても、準備を怠ってはならない。急激な売上げの後には、必ず急激な落ち込みがやって来る。すかさず次の破壊的製品かサービスを投入するか、その市場を後にして、手元の資産を別の産業に投じる準備をしておかなければならない。

釣り鐘曲線モデルは、計画ツールとしての価値を失った。型破りなライフサイクルを持つビッグバン・イノベーションの場合、マーケティング、販売、製品強化、次世代製品やサービスの投入において、従来の方法はもはや当てはまらなくなったからだ。

どの破壊的製品やサービスも、それぞれのかたちを描いて普及する。だが、私たちのリサーチによれば、よりよく、より安いイノベーションの普及モデルは、エベレット・ロジャーズやジェフリー・ムーアが唱えた従来のモデルとはかけ離れている。図表8を見てほしい。新しい普及モデルは、穏やかな曲線を描く釣り鐘型とは似ても似つかない、屹立した崖のようなかたちを描く。のぼる傾

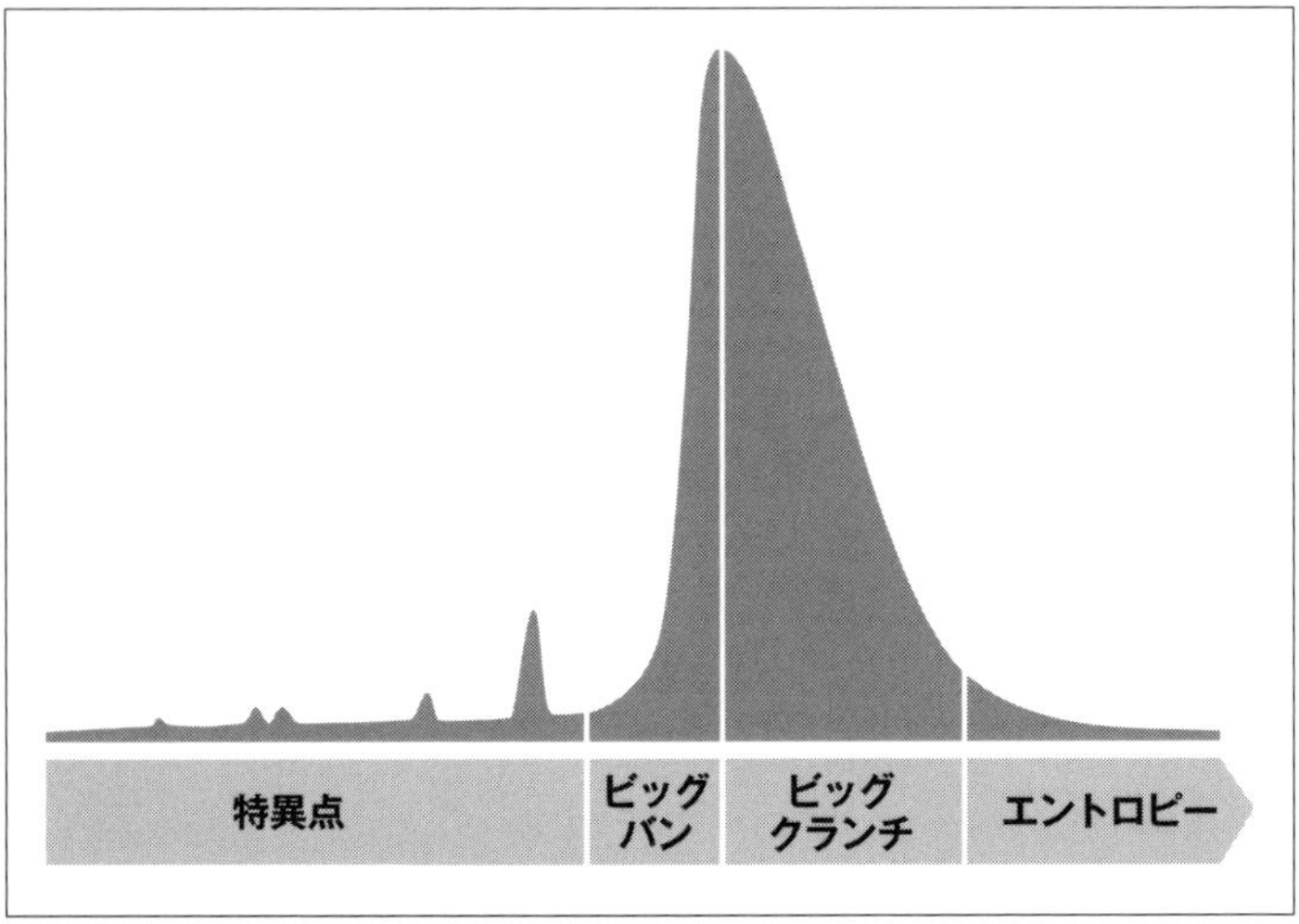

図表8：シャークフィンと4つのステージ

斜は既存企業にとって危険であり、落ちる傾斜は破壊的製品やサービスを放ったイノベーター企業にとって危険である。

図表8を見てもらえば納得するだろうが、私たちはこの普及モデルを「シャークフィン（サメのひれ）」と名づけた。シャークフィンは4つのステージ――「特異点《シンギュラリティ》」「ビッグバン」「ビッグクランチ」「エントロピー」――からなる。それぞれのステージについては本章でも述べるが、第2部でさらに詳しく説明し、シャークフィンの4つのステージをうまく生き延びるためのルールを探っていこう。

マイクロソフト「キネクト」の栄華と早すぎる転落

ビッグバン・イノベーションのプロセスは、さまざまな技術を組み合わせた実験で幕を開ける。市場で行われる実験はどれもお互いに関係がなく、実験自体のレベルもあまり高くない。そのため、この比較的平穏な状態を見た既存企業は、新しいことは何も起きていないと錯覚するか、たとえ起きていたとしても、事態はそう急激に動くはずもないから、慌てて対処する必要はないと勘違いしてしまう。

ところが、技術の絶妙な組み合わせと優れたビジネスモデルとが一体になったとたん、マスマーケットを含む幅広い市場セグメントが一斉に破壊的製品やサービスに殺到する。企業の供給は追いつかなくなり、製品やサービスはほぼ瞬間的に市場に浸透する。

こうして市場がたちまち飽和状態に陥ると、今度は、ほぼ同じ速さで売上げの急落が始まる。この時期にあって、「早期警報システム」「入念な計画」「急激な売上げと落ち込みに対する即座の対応」の3つは、ビッグバン・イノベーションから最大の利益を引き出すためだけでなく、市場飽和後の混乱を生き延びるためにも欠かせない。

次ページの図表9は、Xbox360用キネクトのライフサイクルを示したものだ。

当時150ドルで発売されたキネクトは、家庭用ゲームに革命を起こし、熱烈なゲームファンはもちろん、もっとゲームを気軽に楽しみたい人の心までもとらえた。プレイヤーのジェスチャーや音声、顔を認識するキネクトは、突然登場した、まったく新しいゲーム体験のように思えるだろう。

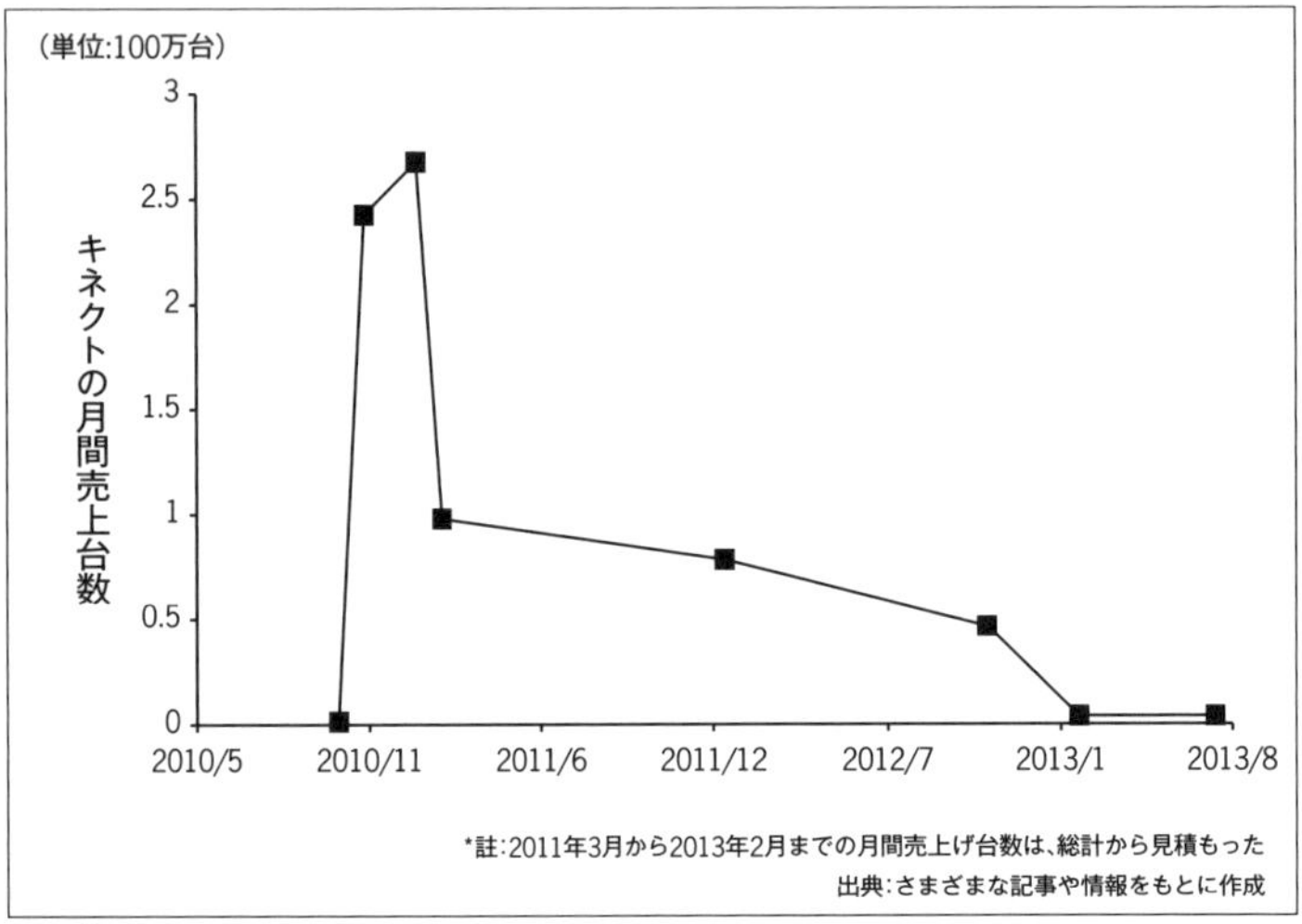

図表9：キネクトのシャークフィン

ところが、他の産業で開発された技術を、ゲーム業界が活用するケースは実はそう珍しくはない。たとえば、モーションセンサーやいろいろなセンサーと顔認識技術との組み合わせは、セキュリティシステムなどの幅広い産業で、すでにおなじみだった。

音声認識も、ハンズフリー機能を持つ製品やサービスで活用が進んでいた。自動電話サポートや、ＧＭのＯｎＳｔａｒシステム（車載情報ネットワークシステム）、あるいは２０１０年にアップルが買収して一躍有名になったＳｉｒｉ（秘書機能アプリ）などがわかりやすい例だろう。顔認識技術も、かなり前からハイエンドの軍事用途で活用が進み、広告業界もさまざまな実験を積み重ねてきた。

ソニーもモーションセンサーを搭載した、プレイステーション３用のコントローラーを発売している。実際、プレイステーションムーブは、発売後の2年間で1500万台を売り上げるヒット作となった。

だが、これらの技術をひとつにまとめ上げるか、新しいゲームに統合させた者はいなかった。そしてマイクロソフトが、優れたハードウエアとソフトウエアとをうまく活用して、それまでのゲームの概念を覆すようなキネクトを開発したのである。

キネクトは、すでに存在する家庭用ゲーム機の発展型というよりも、まるで未来からやって来た技術のように見えた。最も近い〝先駆者〟は、SF映画『マイノリティ・リポート』で、主演のトム・クルーズが駆使するコンピュータ・インターフェースだろう。トム・クルーズ演じる犯罪予防局の刑事が、ディスプレイ上に投影されたデータや仮想アイテムを手で滑らせたり、つかんだり、落としたりして操作する、あの有名なシーンである。

キネクトは、発売わずか60日で800万台を売り上げる空前の大ヒットとなった。『ギネスブック』もキネクトを、史上最速の売上げを記録したコンシューマー・エレクトロニクス機器に認定している。発売から1年ちょっとで2400万台を販売し、Xbox360本体とゲームソフトの売上げも押し上げた。激しい競争を繰り広げるゲーム機市場で、2001年にアメリカでXboxを発売して以来、マイクロソフトは2010年に初めて販売台数でトップの座に輝いたのだった。

だが、ビッグバン・イノベーションの破滅的な成功はすなわち、急速な市場飽和と急速な落ち込みとを意味する。発売から半年もしないうちに、キネクトの売上げペースは急落した。ブームに乗り遅れ、翌年になってもまだ買い求めようとする者がいるなか、発売から10か月でキネクトはほぼその使命を終えた（図表9）。マイクロソフトと競合にとって、次のイノベーションを投入する時期が来たのである。

しかしながらキネクトのような破壊的製品は、いったん寿命を終えた後でも、〝第2の人生〟を用意されている場合が多い。他のイノベーター企業が破壊的製品を解体して、その技術を用いて、新たな製品やサービスを生み出すからである。キネクトも、ゲーム産業以外への思わぬ転用が続いた。その理由のひとつは、開発者用のツールやインターフェースを他のイノベーター企業が利用することを、マイクロソフトが積極的に促しているからだ。たとえば英国の遠隔医療研究者はキネクトを活用して、脳卒中に襲われた患者の手や指の動きを遠隔で追跡し、リハビリに役立てている。キネクトの技術は小型衛星の建設や、ドッキング操作にも用いられている。

規模の経済が働くにつれ、キネクトの部品はヘルスケアやフィットネス、モニタリング機器などの分野にも活発に転用されはじめた。フィットビットやジョウボーン、ナイキといった既存企業に加えて、アミイゴ、ベイシス、ラーク・テクノロジーズ、ストリイブといったスタートアップは、低価格のウェアラブルフィットネス機器を開発し、加速度計やいろいろなセンサー技術を用いて、歩数や消費カロリー、心拍数、体温、睡眠パターンなどを測定し、記録する機能を充実させている。

ビッグバン・イノベーションの4つのステージ

ロジャーズが提唱した釣り鐘曲線の普及モデルは、技術の漸進的な進歩に伴って、事業を戦略的に変化させる必要性を表わしていた。ところが、ビッグバン・イノベーションのシャークフィンモデルが表すのは、指数関数的技術が生み出す破壊的製品やサービスのすさまじい破壊力である。その異様なかたちは、ビッグバン・イノベーションを支える3つの経済的要因――前章で紹介した「製造コストの低減」「情報コストの低減」「実験コストの低減」――の表れである。この3つのコスト低減によって、製品やサービスのライフサイクルは短縮し、釣り鐘曲線は左右非対称に変わり、産業に破滅的な影響を及ぼしてきた。

私たちは、ビッグバン・イノベーションの4つのステージを発見した。そして、ビッグバン宇宙論を踏まえて、宇宙の誕生から終焉までの重要な事象にちなんで4つのステージを名づけた。本書の第2部ではそれぞれのステージに1章ずつを割き、各ステージの特徴はもちろん、未知の領域を泳ぎ渡り、生き延びるための戦略やルール、テクニックを紹介していく。

まずはその前に、4つのステージの概要を簡単に整理する。そして再びピンボールマシン産業の事例に戻って、その凋落と崩壊のプロセスを、家庭用ゲーム機との関係から、４つのステージごとに詳しく見ていこう。

ステージ１：特異点

ビッグバン宇宙論において「特異点」は、「物質と熱とエネルギーとが超密度に圧縮されて、ブラックホールをつくる」と考えられている宇宙空間の仮説上の点を指す。このステージでは産業はほぼ成熟した状態にあり、破壊的な技術を駆使する新規参入者の猛烈な攻撃を受けて、安定したサプライチェーンは徐々に脅かされていく。熱とエネルギーを供給するのは、起業家と、独創的な資金調達方法と、新たな重力の中心を見つけ出す非凡な才能である。イノベーター企業は市場でじかに実験を行い、何度も失敗する。彼らが同じ産業のスタートアップとは限らない。行き当たりばったりに見えても、失敗した実験はその実、間もなく訪れる変化のシグナルでもある。

ステージ２：ビッグバン

特異点は最初、直径ほんの数ミリだったかもしれない。ところが、内部の熱と圧力の増大によって物質が爆発して宇宙を創造し、今も宇宙は膨張しつづけている。同じように、初期の実験が技術の絶妙な組み合わせとビジネスモデルとをもたらすとき、実験は新たな市場を創出し、あらゆるセグメントの顧客が破壊的製品やサービスに殺到する。ユーザーは古い製品やサービスやブランドに背を向け、既存産業を崩壊に導く。そして代わりに、ダイナミックで新しいエコシステムが誕生する。古い産業が内破すると、一気に刷新が起きて、新しいが不安定な産業が生まれる。

ステージ3：ビッグクランチ

ビッグバンの後、宇宙のエネルギーは四散する。物質はさらに拡散するが、やがて膨張は減速する。最近のビッグバン宇宙論によれば、宇宙の膨張はいずれ反転して収縮へと向かい、宇宙は加速度的に崩壊するという。ビッグバン・イノベーションの内破は、早い時期に訪れる。あらゆるセグメントの顧客が一斉に雪崩を打つため、市場は記録的なスピードで飽和に達する。破壊的製品やサービスは成熟期を迎え、イノベーションは漸進的になり、成長速度も落ちる。このステージで産業は一種の死を迎える。ビッグバンのステージで手に入れた価値は消失する。自社の資産にいつまでもしがみつく企業は、その価値を急落させてしまう。

ステージ4：エントロピー

ビッグバン宇宙論によれば、崩壊する宇宙の物質とエネルギーは再び集まり、新たなかたちを形成する。ビッグバン・イノベーションにおいて、エントロピーは滅びゆく産業の最終局面である。手元に残った、ほとんどがかたちのない資産は、砕け散って新たな特異点をつくり出す。古い製品の市場が生き残ったとしても、もはや大きな市場ではない。そこに集うのは、過去を棄てきれない、ちょっと変わった顧客たちだからだ。知的財産を含めて手元に残った資産は、他のエコシステムで新たなユーザーを見つけ出すか、次の事業へと移行して復活を遂げるための基盤となる。つまりこのステージは、次のビッグバン・イノベーションを生み出すための土台なのだ。

「ピンボール」はなぜ最高益を出した数年後に壊滅したのか？
——4つのステージで振り返る

本章でゲーム産業やエンターテインメント産業の例を数多く紹介することには、ちゃんとした理由がある。それは、エンターテインメント産業が極めて不安定な条件の上に成り立っているからだ。顧客の中心を成すのは、好みや自己の世界に強いこだわりを持つ若者層である。彼らはブランドや製品に対するロイヤルティが低いうえに、製品ライフサイクルの短さも手伝って、移り気で興味の対象がころころと変わる。

その一方、エンターテインメント産業の新製品や新サービスは、指数関数的技術の最先端を走り、次々に登場するデジタルなハードウエアとソフトウエアの可能性を、最大限に活用している。コンピューティング機器メーカーや、家電メーカーが躊躇《ちゅうちょ》する限界にも好んで挑む。最新の映画製作技法や写真技術を駆使して、ユーザーインターフェースの可能性を押し広げ、リアリズムとインタラクティブ性の新たな地平を切り拓こうとする。独立型のゲーム機からパソコン、タブレット、スマートフォンまでの多様なプラットフォーム上で、市場シェアをめぐって激しく争う。厳しい価格圧力にもさらされる。

ビデオゲームほど、熾烈な競争を強いられる産業はない。公開インターフェースとソフトウエアのコンポーネント化が進んだために、参入障壁は低い。実際、新規参入者が後を立たず、ユーザーの資金提供を受けた参入者も増える一方だ（キックスターターをはじめとするクラウドファンディングサイトでは、「ゲーム」という独立のカテゴリーを設けている）。他のエンターテインメント製品がそうであるように、新作ゲームソフトや発売直後のゲーム機も、爆発的にヒットするか、まったく見向きもされないか、そのどちらかしかない。ひとり勝ち市場の特徴が最たる産業のひとつでもある。

そしてそのような環境が、破壊的なイノベーションを生み出す。よりよく、より安い新製品を新規参入者が加速度的に投入しては、古い製品を駆逐する。破壊的製品やサービスでさえ、短命に終わることは珍しくない。

というわけで、ビッグバン・イノベーションの多くが、コンシューマー・エレクトロニクス製品であったとしても不思議ではない。もっとも、ビッグバン・イノベーションの破壊的影響を免れる産業はない。その到来は、今日ではないかもしれない。だがそう遠くない将来に、どんな産業であっても、十代の若者が突きつけるような容赦ない要求を顧客から突きつけられる日は、必ずやって来るのだ。

本書の第2部では、ゲームやエンターテインメント以外の産業についても詳しく取り上げる。だがまずはその前に、シャークフィンの4つのステージを理解するために、家庭用ゲーム機の興隆とピンボールマシンの衰亡について見ていこう。絶頂期にあった産業は、なぜ突然に崩壊の危機に瀕したのだろうか。そしてまた、破壊的な新技術の波に呑み込まれて壊滅状態に陥りながらも、どのようにして今日まで生き延びてきたのだろうか。

1 特異点──「スペースインベーダー」の静かなる侵攻

1世紀近いピンボールマシンの歴史に突然とどめを刺したのは、家庭用ゲーム機だった。ところが当初、家庭用ゲーム機はあまり当てにならない代物だった。デジタルコンピュータ時代が幕を開けたときから、電子ゲームには明らかな魅力があったものの、家庭用ゲーム機はたびたび失敗をやらかした。またアーケードビデオゲームは、出だしでつまずき、失敗を重ねたために、ピンボールマシンメーカーはアーケードビデオゲームがもたらす脅威を侮ることとなった。

アーケードビデオゲームが黄金期を迎えるのは、1970年代末。だがその前にも後にも、家庭用ゲーム市場は、無茶な事業拡大とお粗末なマネジメントが原因で、激しい浮き沈みを繰り返した。

1972年、電気機器メーカーのマグナボックスは、世界初の家庭用ゲーム機となるオデッセイを発売する。あまりにも稚拙なつくりで、ただ新奇というしかない代物だったが、これに刺激を受けたノーラン・ブッシュネルは、アタリを創業する。そして、オデッセイのなかでも特に人気の高いゲームを真似て、アーケード用の卓球ゲーム「ポン」を開発した。

アタリはポンのプロトタイプを、まずはカリフォルニア州サニーベールの酒場に設置する。ところが、行列ができるほどの人気が出たにもかかわらず、設置後わずか数日で故障してしまった。エンジニアが駆けつけて原因を調べたところ、致命的なミスが見つかった。投入した硬貨を貯めるスペースを、設計者が充分に確保しておかなかったせいで、25セント硬貨が溢れかえり、投入口が詰まってしまっていたのだ。

明らかな大失態だった。とはいえ、当時はまだ、アーケードビデオゲームや家庭用ゲーム機が、ピンボールの存在を脅かすと予想した者は誰ひとりとしていなかった。ビデオゲームは洗練されているとは言いがたく、単純で、しかも高価だったからである。だが、ビデオゲームは指数関数的な成長を遂げるデジタル技術を利用していた。漸進的に成長するピンボールマシンとは対照的に、ビデオゲームは劇的な進化を遂げ、リアルさも一段と増した。ポンの後にはスーパーポンが、続いてクアドラポンが、さらにはブレイクアウトが投入されると、クローン化と競合の登場によって市場は供給過剰になった。

ピンボールマシン産業を破壊するビッグバン・イノベーションの最初の兆しが見えたのは、1978年にスペースインベーダーが登場したときである。タイトーが開発したこのゲームは、簡単そうに見えて実はなかなか難しい（対戦用のポンを、ひとり用にしたようなゲームだ）。大雑把なかたちのインベーダーがリズミカルな電子音とともに、隊列を組んで画面を横移動する。そうして画面の端にたどり着くと、隊列は一段降りて、今度は逆方向に横移動する。このようにして一段下がるごとに、速度を上げながら攻めてくる。プレイヤーは画面手前の陣地を占領される前に、インベーダーをレーザーで撃ち落とさなければならない。だが、プレイヤーは絶対に勝つことはできず、少しでも長くインベーダーと戦って得点を稼ぎ、ゲームオーバー後に画面に表示される、これまでの最高得点者と点数を競うという仕組みである。

スペースインベーダーは若者を魅了した。あまりの人気ぶりに、日本では深刻な１００円玉不足が起きたほどである。そして、わずか数年で20億ドルを稼ぎ出した。１９８０年にアタリがスペースインベーダーのライセンスを取得して、家庭用ゲーム機「アタリ２６００」のロムカートリッジを発売すると、最初の1年で、２００万個以上を売り上げる大ヒットとなった。これは、１００万個以上を売った最初のゲームタイトルである。アタリ２６００本体の売上げも4倍に跳ね上がった。

密かに進んでいた〝侵攻《インベージョン》〟は、この頃には〝猛攻〟に発展していた。１９８０年代以降に、ミュータント・タートルズやストリートファイター、ＮＢＡジャムといった新世代のアーケードビデオゲームが投入されると、そのたびに、グラフィックやインタラクティブ性、高度で複雑なプレイなどのあらゆる点で、大きな進化が見られた。

初期のアーケードビデオゲーム機はピンボールマシンと比べて、よりよくも、より安くもなかった。バリーやミッドウェイといった大手ピンボールマシンメーカーは、１９７０年代に、ポンのライセンスを与えるというアタリの申し出に、まともに耳も傾けなかった。アーケードゲームの主流がピンボールからビデオゲームに変わったときでさえ、彼らは2次元のスペースインベーダーを競合とは認めなかったのである。先述した伝説のピンボールマシン設計者のロジャー・C・シャープは、１９７７年にこんなふうに書いている。「ピンボールがビデオゲームにやられるはずがない」

なぜなら、ビデオゲームと違って、ピンボールはからだを使うゲームだからだ。ピンボールの達人は、ちょっとした身のひねりや、それぞれの台のわずかな癖や状態をうまく読み取って、「エキストラボール」を稼いだり、「リプレイ」を獲得したりする。「ピンボールのからだを使って楽しむ点が、ビデオゲームとは大きく違うところだ」と、シャープも書いている。ビデオゲームは、いわば〝お子様向け〟のゲームというわけだ。

ピンボールマシンメーカーは、市場環境の好転を受けて油断と自己満足に陥っていた。アーケードゲームの人気に火がつき、アーケード自体の数と規模が劇的に増加したために、期せずして、ピンボールゲームの復活に拍車をかけることになったからだ。１９８０年にはアーケードの数が1年で倍加し、年間30億ドルだったアーケード全体の売上げは70億ドルに急増する。ピーク時には、アメリカだけで1万３０００か所もの独立型アーケードがあったという。それぞれが数台ずつしか新しいマシンを購入しなかったとしても、全体で見れば、相当な売上げ増が期待できる。そしてそのために、業界は迫り来る危機を見過ごしたのだった。

2 ビッグバン――任天堂、セガによる家庭用ゲーム機投入

1980年代も終わりに近づき、ピンボール産業は空前の繁栄を謳歌していた。1992年、アメリカ人がピンボールマシンに投入した総額はおよそ25億ドル。この数字が、同じ年にアメリカ人が映画館で使った総額の約半分に当たるのは、すでに見た通り。1993年にピンボールマシンメーカーが販売した新品のマシンは13万台。産業が復活を遂げてから、この年、最高の販売台数を記録していた。

ところが、当時、最高と謳われた技術力や創造力と、バリー社の「アダムズファミリー」やウィリアムズ社の「中世の狂気」といった最新マシンをもってしても、迫り来るビデオゲームの波を押しとどめることはできなかった。ビデオゲームとピンボールはともに売上げを伸ばしたものの、アーケードの経営者は次第に、より実入りのいいビデオゲームを目立つ場所に置くようになった。スペースインベーダーの猛攻は止まらず、その勢いを遅らせることもできなかったのだ。

そして、まったく別の銀河《ギャラクシー》から、真のビッグバン・イノベーションが突如として姿を現すのである。優れた技術と優れたビジネスモデルを持つそのイノベーションは、はるかによく、はるかに安く、ずっとカスタマイズされた選択肢をユーザーに提供した。しかも、その破壊的製品は、ピンボールマシンメーカーが不安げに動向を見守っていたアーケードゲーム世界から登場したのではない。それはゲーム産業が、これまで歯牙にもかけなかった家庭用ゲーム機市場から現れたのである。

長く低迷を続けていた家庭用ゲーム機も、改良を重ねてようやく1990年代初旬に真価を発揮

し、質、価格、イノベーションの面で大いに価値を高めた。まずは１９８５年に、任天堂がアメリカで8ビットの家庭用ゲーム機ＮＥＳ（ニンテンドーエンターテインメントシステム）を発売する。そしてチップの価格が下がったのを受けて、16ビット、さらには64ビットのゲーム機を立て続けに投入した。セガも後に続いた。「スーパーマリオブラザーズ」のようなキラーソフトは、新世代のゲーム機の売れ行きを大きく押し上げた。

それでもまだ、家庭用ゲーム機が、ハイエンドのアーケードビデオゲームやピンボールと張り合うとか、ましてや、どちらかを絶滅の淵に追いやると予想した者はいなかった。何と言っても、家庭用ゲーム機はローエンドのコンピュータにすぎないのだ。ゲーム体験を楽しむためには、自宅のＴＶをディプレイ画面として使わなければならない。しかもゲームソフトは、当時人気のアーケードビデオゲームを真似たものしかない。とはいえ、音やグラフィック、コントローラーの反応性は、アーケードビデオゲームとは比べ物にならないほど優れていた。

そして、ソニーのプレイステーション発売を機にすべてが変わった。１９９４年に鳴り物入りで登場したプレイステーションの最大の売りは、「エモーション・エンジン」と呼ばれる、１２８ビットのマイクロプロセッサだった。この特注設計のプロセッサは、当時の業務用コンピュータを凌ぐ処理能力を備えていたのである。またハードウエアは、リアルタイムグラフィックスとシミュレーションに最適化されていた。ＣＤドライブ内蔵のため、データ容量の大きな、複雑なゲームにも対応できた。そのうえ、音楽プレイヤーとしても利用できたのである。

プレイステーションはたちまち世界中で爆発的なヒットとなり、すぐに数百万台を売り上げた。「クラッシュ・バンディクー」や「モータルコンバット」、「鉄拳」シリーズなどの人気ソフトも、それぞれ数百万本単位で売れた。自宅にアーケードビデオゲームがほしい、と願う10代の若者の夢がとうとう叶ったのである。

家庭用ゲーム機において、ソニーはついにおおぜいの心を惹きつける〝暗号を解読した〟のだった。最終的にソニーが販売したプレイステーションは、累計1億台以上を数えた。一方、長年の競合だったセガは、家庭用ゲーム機市場から完全に撤退した。

3 ビッグクランチ――〝真の破壊者〟プレイステーション

プレイステーションのせいで大きな損害を被ったのは、セガだけではない。プレイステーションの発売当時、ニューヨーク市には数百か所のアーケードがあった。たとえば、ブロードウェイ・アーケードはセレブの常連客も多く、ロックミュージシャンのルー・リードや俳優のマシュー・ブロデリックといった、ピンボールファン行きつけの場所だった。ところが、そのアーケードもプレイステーションの爆発的人気に押されて、１９９７年に突然、閉鎖に追い込まれてしまう。２００５年まで営業を続けていたニューヨーク市内のアーケードはわずか25か所だったが、それも２０１１年にはついに10か所にまで減ってしまった。

プレイステーションが起こしたビッグバンは、ピンボールマシン産業にビッグクランチを引き起

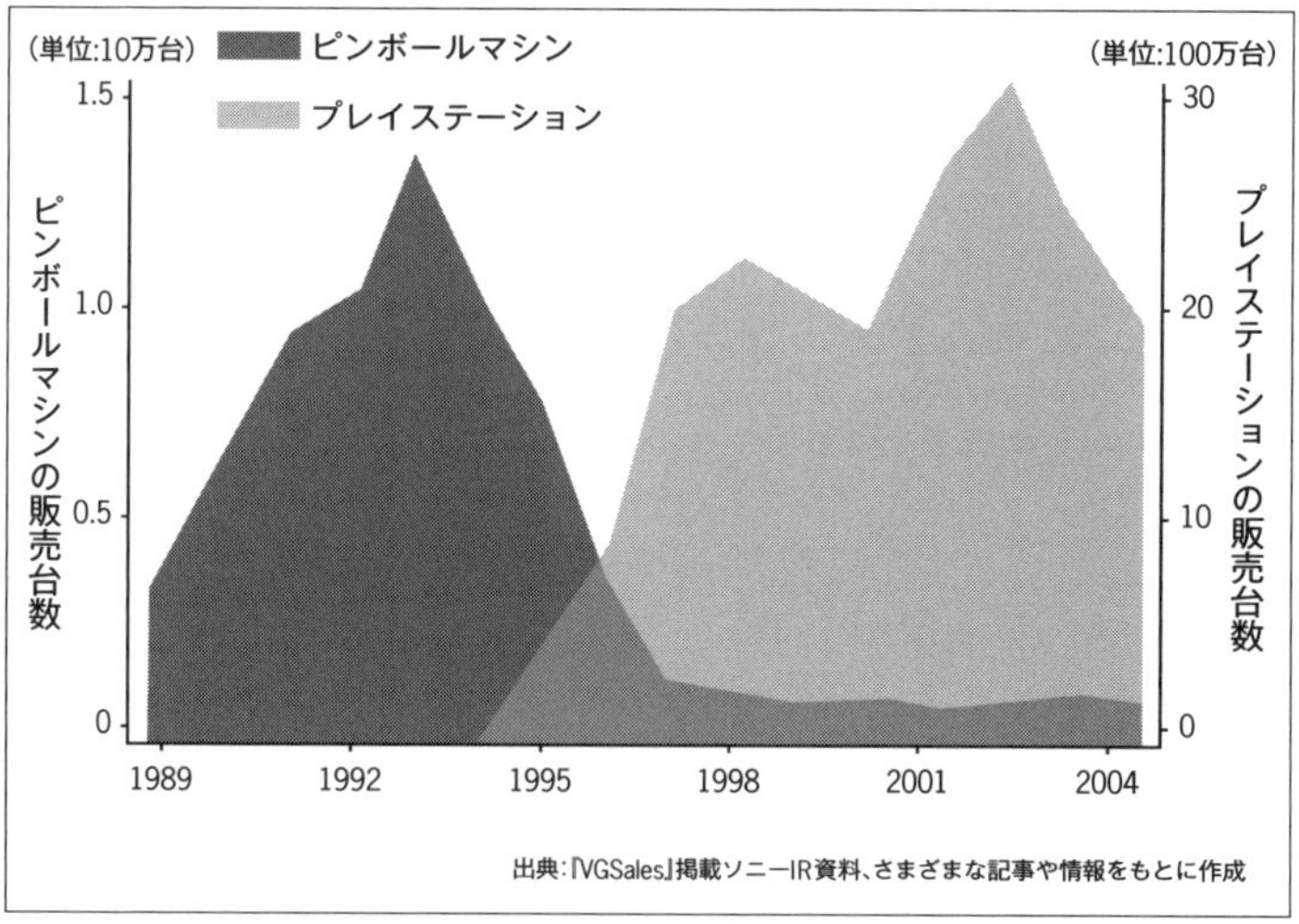

図表10:ピンボールマシンを駆逐したソニーの「プレイステーション」

こしたのだ（クランチは英語で「危機」や「土壇場」などの意味）。

みずからの命運を、アーケードビデオゲームとの不安定な連携に託していたピンボールマシン産業は、アーケードの突然の閉鎖という事態に見舞われ、プレイヤーとマシンとをつなぐ唯一の流通チャネルを唐突に失ってしまった。プレイステーションが発売される前年の１９９３年に、年間13万台という空前の売上げを誇ったピンボールマシンは、その翌年から売上げ台数の激減を体験し、わずか5年後の１９９８年には、販売台数が1万５０００台にまで落ち込む。そして90年代末には、ついに年間1万台を切ってしまうのである（図表10）。

ピンボール産業を破滅の淵に追い込んだ〝真の破壊者〟は、プレイステーションだった。指数関数的技術を駆使したこの破壊的製品は、よりよく、より安い選択肢を顧客に提供し、古いゲーム産業のコア製品を駆逐したのである。

１台７５００ドルもするピンボールマシンに対して、プレイステーションはたったの２９９ドル。家庭用ゲーム機はユーザーの自宅に置けて、しかもネットワークでつながっている。そのうえ、１台で数百種類ものゲームが楽しめる。機械設計から電子設計に変わったとはいえ、１台でひとつのゲームしか提供できないピンボールマシンとは、そこが大きく違う。ピンボールマシンは、メンテナンスもアップデートも高くつく。何マイルもの配線と数百もの可動部品を内蔵するため、専門家でなければメンテナンスや修理を施すのは無理である。旧型式の機械を改良するか改造して、新型式にする〝レトロフィッティング〟にも向かない。特殊な部品が使われているために、ソフトウエア以外には他の製品への流用も難しい。

一方の家庭用ゲーム機には可動部品がほとんどなく、ほぼすべてのゲームデザインをソフトウエア上で処理できる。カスタマイゼーションが簡単にでき、以前であれば専用の機器かサービスが必要だった、楽曲や映画の再生やインターネットの閲覧といった機能も利用可能だ。

２０１２年、家庭用ゲーム機とゲームソフトの世界全体の市場規模は６５０億ドルに達し、ピーク時のピンボール市場の10倍を上回った。ピンボールマシンは突如、ビッグバン・イノベーションによって決定的に、そして永久に駆逐されてしまったのである。しかも家庭用ゲーム機の開発者には、ピンボールマシンと張り合う意図すらなかった。ピンボール産業は、ただ〝とばっちり〟を受けただけにすぎない。滅び行く運命と格闘した末、ピンボールマシン産業に次のチャンスを与える

〝エキストラボール〟は、もはや残ってはいなかった。

ところが、プレイステーションの登場で始まったゲーム産業のビッグクランチは、ピンボール産業を崩壊に導いただけでは終わらなかった。他の家庭用ゲーム機が、ソニーに真の競争をもたらしたからである。新世代の家庭用ゲーム機が、次々とムーアの法則の速度で現れた。そして、さらに刺激的なゲーム体験や新機能を提供し、旧世代のゲーム機をすぐに陳腐化させていった。

実のところ、プレイステーションに取って代わったのは、プレイステーション２とプレイステーション３だった。それ以外にも、マイクロソフトや任天堂という、新旧の競合が投入するゲーム機とも張り合わなければならなかった。どの新世代も新たな機能を加えて、よりよく、より安いゲーム機として登場し、旧世代をまたたく間に凌駕《りょうが》した。たとえば、インターネット接続のおかげで、ユーザーはより多くの情報をクラウドに保存できるようになった。また、多人数参加型のゲーム機能が加わり、ワールド・オブ・ウォークラフトやエバークエストなどのＭＭＯＲＰＧ（大規模多人数同時参加型オンラインＲＰＧ）や、セカンドライフ（３Ｄ仮想世界）も楽しめるようになった。

家庭用ゲーム機は、アーケードビデオゲーム機とも激しく戦ったが、さらに安価で手軽な家庭用ゲーム機がアーケードビデオゲーム市場をも破壊した。

だが何といっても、最大の打撃を被ったのはピンボールマシン産業である。彼らには、もはや反撃のための手段すら残っていなかった。１９９０年代も半ばになると、撤退するメーカーまで現れた。ウィリアムズは、バリーとミッドウェイを買収する。ゴットリーブとカプコンはピンボールマシンの製造を中止し、手元に残った資産を、存続を決めたメーカーに二束三文で売り払った。

バリーとミッドウェイを吸収したウィリアムズは、ピンボールマシン産業を救うために窮余の一策を講じ、ピンボール２０００と名づけた、高額でハイブリッドなマシンを市場に投入した。伝統的なピンボールマシンに、コンピュータモニターと高度なソフトウエアを組み込んで、ビデオゲームの要素を加えたのだ。ところが、「火星の復讐」と銘打った最初のマシンこそ売れたものの、第２弾は収支を合わせることさえできなかった。

ウィリアムズはピンボール２０００のプロジェクトを急遽《きゅうきょ》中止し、半世紀あまり続いたピンボールマシンの製造に終止符を打ち、市場から完全に撤退する。そして残った資産を、ビデオスロットマシンにつぎ込んだ。オンラインギャンブルを禁じる法的規制のおかげで、その市場では家庭用ゲーム機と張り合わずに済んだからである。ウィリアムズの賭けは当たった。１９９６年からの14年間、収益は急増し、２０１０年には8億ドルの売上げを記録する。これは、市場の２割以上を占める数字である。２０１３年、ウィリアムズは、サイエンティフィック・ゲームズ（宝くじ産業向けサービス）に15億ドルで買収された。

4　エントロピー――生き残ったのはわずか1社

長年、市場実験に失敗しつづけた末に、家庭用ゲーム機がピンボール産業を崩壊させるまでには、ほんの数年しかかからなかった。いったん理想的なゲーム機が誕生すると、それは「よりよく、より安く」を満たしており、「価格」「イノベーション」「利便性」の3つの戦略軸でピンボールマシンを打ち破った。ローエンド市場だけでなく、サプライチェーン全体にその影響が及んだのである。最後のピンボールマシンメーカーとなったスターンは、数少ないアーケードのために今もマシンをつくりつづけている。だが、この斜陽産業にも新たな市場が登場した。今日、スターンの売上げの70％を支えるのは、以前は存在しなかった顧客セグメントだ。一般ユーザーの、それも年配のベビーブーマー世代である。彼らは、アーケードで楽しんだ青春時代のノスタルジーに誘われて、ピンボールマシンを家庭用に購入する。自宅の地下に娯楽室をしつらえて、フルサイズのマシンを設置するのだ。スターンによれば、年間３０００万ドル規模の市場だという。

さらに近年、ピンボールは皮肉な復活を果たした。家庭用ゲーム機を大型ハイビジョンＴＶに接続すると、実際のピンボールマシンさながらの画像と迫力を体験できるのだ。

ソフトウエアが再現する〝バーチャルな〟ピンボールゲームは一躍、家庭用ゲーム機やパソコン、スマートフォンで楽しめるゲームの人気カテゴリーになり、数百万人のユーザーを引きつけている。たとえばゼン・スタジオでは、スター・ウォーズやマーベル・コミックの登場人物をモチーフにしたソフトウエアを開発し、フリッパーや球のリアルな動きと、３Ｄアニメーションで登場するヒーローとを組み合わせて、実際のピンボールマシンでは不可能なバーチャル体験を提供する。

あるいは、ファーサイト・スタジオはさらに徹底している。このデジタル・ピンボールゲーム開発会社では、ピンボールマシンの細部にまでこだわり、音や音楽、声までも忠実に再現する。ファーサイトのデジタルマシンは、シミュレーターを用いて、オリジナル機で使われたオリジナルのソフトウエアを動かしているのだ。

数十種類の伝統的なマシンを含むファーサイトのピンボールを、ユーザーはさまざまなゲームのプラットフォームやモバイル機器にダウンロードする。数千ドルもする高価なマシンを購入する必要も、25セント硬貨を投入する必要もない。約5ドルのソフトウエアをいったんダウンロードすれば、半永久的に楽しめる。

1993年に人気を博したピンボールマシンに、「トワイライト・ゾーン」がある。そのバーチャルな復活を望む声に応えて、ファーサイトでは2012年に5万5000ドルの資金をキックスターターで募った。オリジナルデザインやトレードマークのライセンス料を賄うためである。資金調達は大成功し、ほんの数週間で、2300人を超える賛同者から7万5000ドルもの資金を集めた。ファーサイトはその数か月後、トワイライト・ゾーンのバーチャル・ピンボールマシンをリリースし、残った資金を、ファンが復活を望む別のピンボールマシンのライセンス料に回したという。

こうして、20世紀に消滅したピンボールマシンメーカーは、知的財産を通してだけにしろ、今も生きている。滅んだ後にでも何かしらの価値があるのは、もはや知的財産だけなのだ。

任天堂が共食い覚悟で新商品を投入しつづけた理由とは？

ファミコンからＷｉｉＦｉｔまで――破壊的製品の連続投入

家庭用ゲーム機との戦いに敗れて崩壊したピンボール産業の例は、ビッグバン・イノベーションの型破りなライフサイクルを鮮明に描き出している。

とはいえ、これで話が終わったわけではない。崩壊の衝撃波はやがて、ピンボールマシン市場を超えて広まった。続々と投入される新世代の家庭用ゲーム機が、思わぬ犠牲者を生んだのである。安価で優れた処理能力を持ち、インターネットにも接続する家庭用ゲーム機は、ケーブル・セットトップボックスやパソコン、ＤＶＤプレイヤーなどの、他の産業の他の製品に取って代わったのだ。

ネットフリックスやアマゾンインスタント・ビデオ、フーループラスといった、オンデマンドの映画・ＴＶ番組配信サービスが登場すると、家庭用ゲーム機はケーブルＴＶサービスやビデオレンタル、ＤＶＲの役割も奪った。マイクロソフトが２０１３年末に放ったＸｂｏｘＯｎｅは、子会社であるスカイプのビデオ通話機能を搭載し、各家庭に有線電話のない暮らしを促した（アメリカではすでに全世帯の約半数以上が、有線電話サービスに加入していない）。

驚くこともないだろうが、破壊的イノベーションを生み出す豊かな〝原始のスープ〟のなかでは、新世代の家庭用ゲーム機を次々に投入するゲーム機メーカーが破滅的なダメージを与えるのは、競合他社のゲーム機以上に、自社の現行製品に対してだ。

図表11は、任天堂がこれまでに投入してきたビッグバン・イノベーションである。1982年から2012年までの30年間、どの破壊的製品もシャークフィンを描いてきた。たったひとつの企業が、これほど多くの破壊的製品を連続して投入してきたのである。

新世代のゲーム機が発売されると、現行製品の市場が崩壊する現象、すなわちビッグクランチが起きる点に注目してほしい。自社製品を破滅に陥れているのは、他でもない任天堂自身のように見える。このような共食い現象は、以前なら「販売計画上の失策」として大きな非難を浴びたに違いない。ところが、指数関数的技術の世界では共食い現象が不可避であることは、任天堂だけでなく、どの家電メーカーも承知している。新製品が爆発的な売れ行きを示したら、大急ぎで次世代の投入に取りかからなければならない――さもなければ、競合に先を越されてしまうからだ。

図表11のビッグバン・イノベーションのなかには、Ｗｉｉのように桁外れに売れたものがあるとはいえ、どの製品も独自のシャークフィンを描いている。どのゲーム機も事実上、次世代の市場実験の役割を担い、さらに大きな特異点を築く。新世代が爆発的に売れて破壊的製品になると、ひとり勝ち現象が生じ、自社の現行製品を駆逐する。

市場飽和が起きるスピードは加速し、急激なビッグバンの後には、同じように急激なビッグクラ

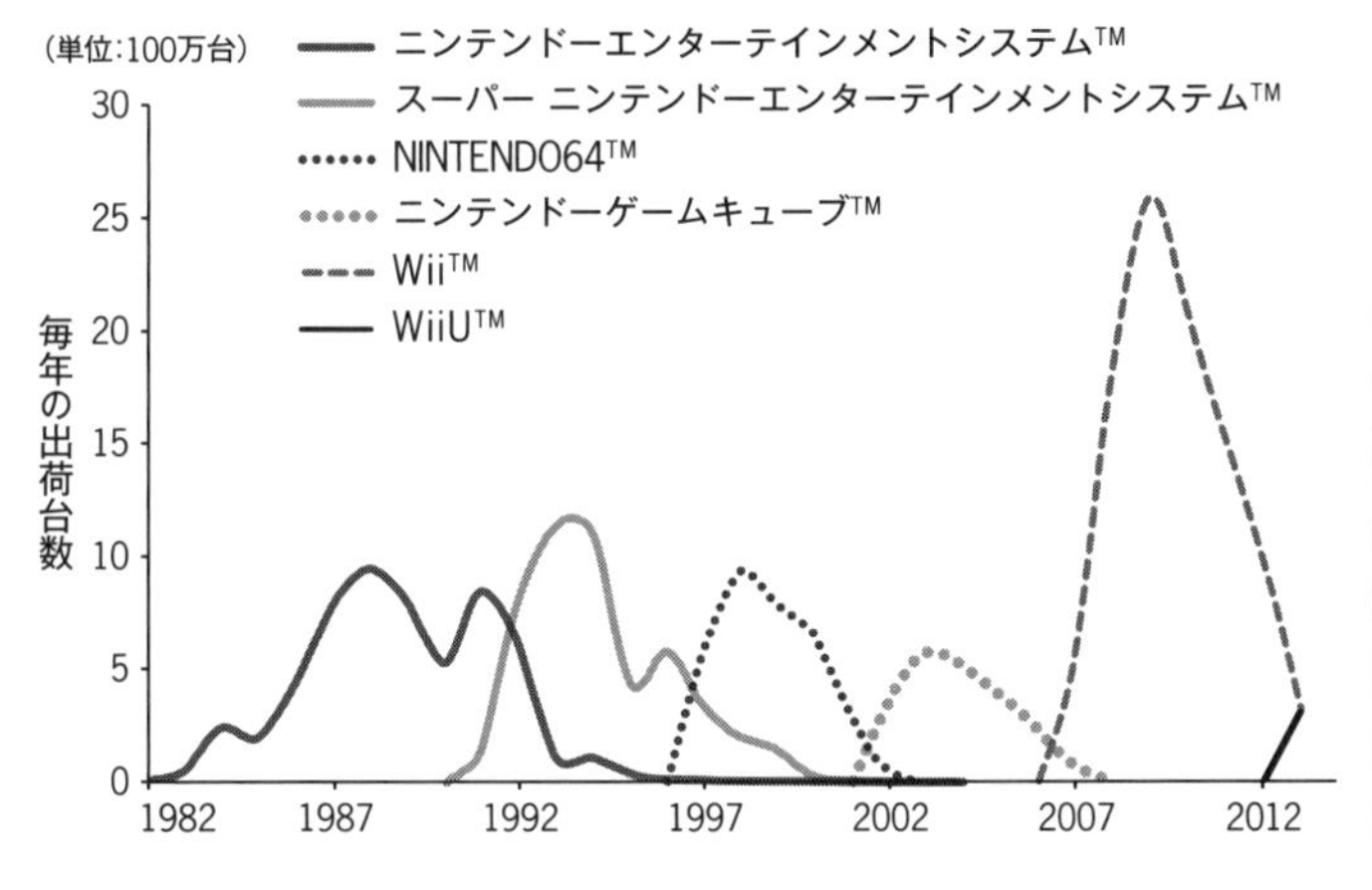

出典:任天堂年次報告書

図表11:6世代続いた任天堂のビッグバン・イノベーション

ンチが続く。やがてエントロピーのステージに入って、ブームに乗り遅れた消費者が旧世代の製品を買おうとしたときには、かつての革新的な技術は、さらに進化を遂げた次の指数関数的技術のなかに引き継がれてしまっている。

　とはいえ、Ｗｉｉの最も破壊的な特徴が現れたのはビデオゲームの世界ではなかった。その爆発的ヒットを支えたのは、ゲーム以外の専用ソフトだった。ＷｉｉＦｉｔである。この健康管理ソフト（キャッチフレーズは「家族で健康。」）は、バランスボードとの組み合わせによって、ユーザーの体重とからだのバランスを測り、インタラクティブなエクササイズ体験を提供した。トレーニングの進歩を追跡し、その進歩に合わせて選択できるトレーニングの数が増えたり、トレーニングを長くサボりすぎると、家族の他のメンバーに忠告したりするという機能までが備わっていた。

Ｗｉｉ Ｆｉｔは、理学療法士、フィットネスクラブ、介護施設などの新たな市場を開拓して累計２３００万本もの売上げを記録し、史上３番目によく売れた、家庭用ゲーム機用の〝ゲーム〟になったのである。

タイミングを決めるのは、いつも顧客

任天堂の歴代シャークフィンはまた、他の重要な特徴も指摘している。「共食い現象は、次世代製品の投入と同時に起きるのではない」という点である。ビッグクランチは、次世代の製品が市場に登場する1、2年も〝前〟に始まっているのだ。

消費者はまるで、次世代のゲーム機がいつ市場に投入されるのか、その時期を知っていて、発売を待っているかのようだ。Ｗｉｉの場合にも、もちろんその現象が見られた。

だが市場はどうやって、よりよく、より安い製品の発売が明らかになる前に、その製品の投入をあらかじめ知るのだろうか。熱心なゲームファンであれば、あちこちの人気サイトを読み漁って詳細な噂やプレスリリースを調べたり、携帯電話で撮った展示会のプレゼンテーション動画を見たり、他の業界で囁かれるゴシップを確かめたりするのだろう。だから、一部の〝専門家〟――以前なら「初期導入者」と呼ばれた――が、「新製品はただ今開発中で、1、2年後に発売される」という情報をつかんでいたとしてもおかしくはない。

ところが、図表11が示しているのは、ビッグバン・イノベーションのもっと革命的な点である。つまり、任天堂が次のゲーム機を発売する計画を知っていたのは、専門家だけではなく、市場全体――あらゆるカテゴリーの顧客――だという点だ。さらに不穏なことに、彼らはまるで〝ひとつのグループ〟のように行動して、各製品が衰退する時期を決めたかのように見える。

任天堂としてはもちろん、次世代ゲーム機へのスムーズな移行と、現行製品のもっと長い売れ行きを望んだに違いない。そして以前であれば、各製品の衰退時期を決めたのは、現行のゲーム機の値下げと、従来の競合である他の家庭用ゲーム機メーカーの反応や動向だったはずだ。

ところがビッグバン・イノベーションの時代に、ビッグバンからビッグクランチへの移行時期を決めるのは、企業ではなく顧客である。しかも、新世代の製品が発売されるたびに、企業と顧客の関係も一から始まる。発売のかなり前から、手厳しい評価を下される製品やサービスもある。ひとつのシャークフィンの勝者が、次のシャークフィンの敗者になるのは簡単だ。

その原因は、市場にほぼ完全な情報があるからだ。ソーシャルメディアやレビューサイトなどのデジタル情報源を通して、情報はまたたく間に世界を駆けめぐる。

かつて、情報の優位性を握っていたのは企業だった。ところが現在では、その優位性が消えたばかりか、関係が逆転してしまったという事実を、任天堂も学ばなければならなかった。価格、製品、ブランド、クオリティ、めまぐるしく変化する市場状況をより詳しく知っているのは、今や企業ではなく顧客のほうなのだ。インターネットは、情報を共有するツールを顧客に与えた。そして、まるでひとつのグループのように情報を駆使して、取引コストの高かった市場を設計し直す方法を、彼らに教えたのである。

他の家電業界がそうであるように、家庭用ゲーム機の世界でも、圧倒的な情報量が企業側に有利に働く時代は終わった。危機にさらされているのは、ハイテク産業だけではない。どんな製品やサービスについても、ほぼ完全な情報がすでに手に入るか、近い将来に手に入るようになる。そしてそのとき、消費者はひとつのグループにまとまり、大きな力を持った競合として、エコシステムのなかで機能していく。やがてどの市場でも、よい意味と悪い意味の両方で、効率化が進むことは間違いない。

みずから死と再生を繰り返せる企業だけが生き残る

ピクセルで簡単に表現されたビデオゲームに始まり、ＷｉｉＦｉｔの爆発的なヒットで地位を確立した任天堂は、ホームエンターテインメント産業の巨大企業へと進化した。その30年にわたる歩みは、ビッグバン・イノベーションの中央に君臨する企業の〝生涯〟について多くを物語っている。

新世代の製品を市場に送り出すたびに、任天堂はみずからを新たに構築し直さなければならなかった。エンジニアの技術的な専門知識や考え方を大きく転換させ、販売とマーケティングの新たなかたちをつくり出し、ゲームソフト開発業者との協力関係を育み、コンテンツを持つサードパーティとの関係も新たに築かなければならなかったのだ。

インターネット接続という、比較的単純な——いずれにしろ、ユーザー側から見れば単純な——機能を家庭用ゲーム機につけ加えただけでも、任天堂にしてみれば、世界中に散らばる1億人近い消費者と頻繁に接触することになった。このひとつの機能によって、任天堂は長いサプライチェーンを通して製品を販売する企業から、大手サービスプロバイダーへの転身を図ったのだ。

その関係は、ゲーム産業の世界を超えてさらに拡大しつつある。意図したにしろ、しなかったにしろ、任天堂はエンターテインメントエコシステムの中心に位置するのだ。

ＮＥＳ（ニンテンドーエンターテインメントシステム）からＷｉｉへの歩みによって、今日の任天堂は内部的にも外部的にも、１９８２年の頃の任天堂とはまったく異なる企業である。指数関数的技術が支配する世界ではそれがルールであって、例外はない。どの破壊的製品やサービスも、たとえ副次的な影響だけにしろ、企業のひとつのかたちの死と新たなかたちの誕生とをもたらす。

ビッグバン・イノベーション時代のイノベーター企業にとって、破滅的な成功を生き延びることは、破滅的な失敗を生き延びることと同じくらい難しい。だからこそ手遅れになる前に、大企業か中小企業かを問わず、既存企業もスタートアップも、シャークフィンの各ステージにおいて成功をつかむ組織に変わらなければならない。第2部では、そのための12のルールを探っていこう。

Part 2

Strategy in the Age of Devastating Innovation

第2部

ビッグバン・イノベーションを生き延びる戦略

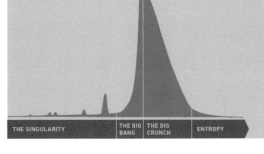

「シャークフィン」4つのステージを生き抜く有効な戦略はあるか？

イノベーションの本質は変化した。より速く、よりオープンに、より破壊的になった。成功をつかむためには、どんな組織もイノベーター企業に生まれ変わらなければならない。そうでなければ、シャークフィンの４つのステージを生き延びることはできない。それも一度や二度ではなく、何度も生き延びなければならない時代がやって来たのだ。

ただ、ものごとに速く対処する方法を見つければいいのではない。企業活動のどのステップにおいても、ルールなしには戦えない。特徴も経済学もライフサイクルも型破りなビッグバン・イノベーションを生き延びるためには、これまでとは抜本的に異なるアプローチで戦い、計画を立てる必要がある。単に程度の問題ではない。従来の常識では測れないアプローチが必要なのだ。競合や顧客、サプライヤー、投資家との関係も大きく変わる。その関係の変化は、研究開発から製造、マーケティング、販売、さらにはカスタマーサービスまでの、どのプロセスにも影響を与える。

第2部では、シャークフィンの４つのステージに1章ずつをあてる。そして、規模の大小にかかわらず、既存企業かスタートアップかを問わず、イノベーター企業がビッグバン・イノベーションを生み出すときにも、その脅威を生き抜くときにも実践している12のルールを紹介しよう。ビッグバン・イノベーションは、そのスピードをますます加速させているのだ。

まずは、各ステージにおいて重要なルールの概要を次に整理する。

ステージ1：特異点

将来を明確に見通す。別の産業から現れる破壊的変化の予兆を見逃さない。新製品や新サービスを投入するタイミングをピンポイントの精度で見抜く目を持ち、サプライヤーや顧客と協業する新たな方法に取り組む。

ステージ2：ビッグバン

破壊的製品の爆発的普及とひとり勝ち市場に備える。独自のイノベーションを引っさげて新たな競合が現れたときには、持てる力を最大限に発揮して相手の活動の進行を遅らせ、できるだけ長く戦うか、場合によっては相手を買収してしまう。

ステージ3：ビッグクランチ

破壊的製品やサービスによって市場が飽和状態になったときに、生産と流通を即座に停止できる態勢を整えておく。急激に価値を失う可能性のある在庫や資産、知的財産を処分する準備を怠らない。破壊的変化を読み取り、市場から撤退するタイミングを見極める術を身につけておくこと。製品やサービスがまだ充分な利益を生み出しているときに、撤退のタイミングを計るのは難しい。

ステージ4：エントロピー

このステージに入ってもまだ現行製品やサービスを提供している企業は、「規制」と「レガシーコスト（負の遺産）」という、ふたつの足枷にうまく対処しなければならない。その一方で、

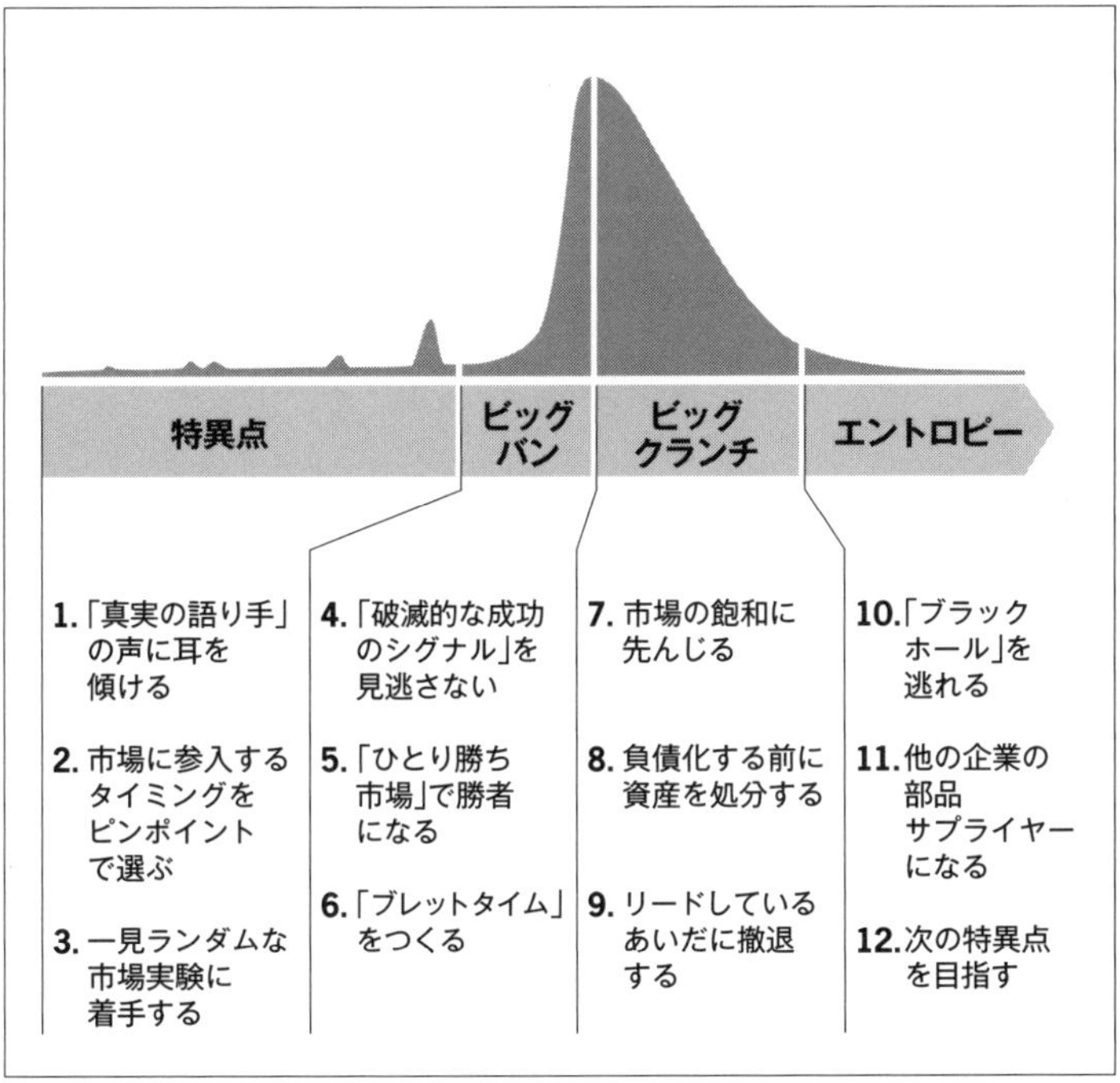

図表12：ビッグバン・イノベーションの12のルール

古くなった技術の新たな活用法を探る。その技術が、別の分野のイノベーター企業にとっては、まだ価値を持つ場合も多いからだ。もっと有望な市場に移行するためのロードマップを作成し、新たな市場を創出するために必要な技術を確認して、次の特異点をつくり出す。

図表12に、ビッグバン・イノベーションの12のルールをまとめた。破壊的イノベーションの時代に役立つ、戦略と実行の新たなアプローチである。

12のルールは、私たちが、30を超える産業の既存企業とスタートアップの成功事例を調査した末に見つけ出したものだ。この数年間、あらゆる業種のあらゆる部門の責任者を対象に行ってきたリサーチの結果である。大企業もあれば中小企業もある。世界的企業だけでなく、スタートアップも含まれる。小売業からエネルギー、ヘルスケア、金融サービス、教育、天然資源までと幅広い業種に及ぶ。

これらのルールは、CEOや経営陣だけに当てはまるのではない。従来の常識とは相容れない内容もあるにしろ、12のルールが指摘するのは、「ビッグバン・イノベーションを生み出すか、そのすさまじい破壊力を生き延びるためには、企業全体が相当な変化を遂げなければならない」という点である。戦略的計画からマーケティング、販売、設計、製造、財務、技術、研究開発、人事まで――あるいは法務も含めて――、ビッグバン・イノベーションの影響を受けない企業活動は、何ひとつとしてないのだ。

つまり12のルールは、企業や組織のすべてのリーダーとすべての従業員に当てはまる。

イノベーションの「短命化」がもたらしたもの

新しい戦略アプローチを取り入れたからと言って、必ずしもビッグバン・イノベーションを生み出せるわけではない。だが少なくとも、すぐそこに迫った破壊的変化を生き抜くために役立つことは間違いない。

いずれにしろ、私たちの目的は、ビッグバン・イノベーションを一度だけ起こすか、その破壊的な影響を一度だけ切り抜ける手伝いをすることではない。「指数関数的な技術」と「取引コストの低減」が生み出すイノベーションの宇宙において、破壊的イノベーションのライフサイクルは、よくも悪くも短命化した。一度ビッグバン・イノベーションを起こした企業は、次の破壊的製品を、そしてさらに次の破壊的製品を投入しなければならない。新技術の成熟に伴い、その成功を超える次の方法を見つけ出さなければ、競合に先を越されてしまう。彼らは独自のイノベーションを携えて、こちらを引きずり降ろそうと必死の戦いを挑んでくるのだ。

本書で紹介する12のルールと事例は、おもに既存企業の経営陣に向けたものではあるが、その教訓はスタートアップにも当てはまる――大きな成功を収めれば、彼らもすぐに既存企業の仲間入りをするからだ。スタートアップと既存企業との区別は、曖昧になりつつある。規模の大小に関係なく、ビッグバン・イノベーションを起こす者はみな、イノベーター企業だからだ。

実際、ビッグバン・イノベーションの12のルールは、従来型の企業だけに役立つわけではない。ビッグバン・イノベーションのエコシステムのなかでは、一人ひとりがイノベーションのプロセスに参加でき、実際に参加する。あらゆる規模の投資家が、破壊的製品とサービスの創出に重要な役割を果たす。それはまたサプライヤーや外部のサービスプロバイダーも同じであり、近年では消費者の果たす役割も大きくなる一方だ。

イノベーターになるためには、起業家である必要すらない。本書で紹介する12のルールは、利益を――少なくとも伝統的な意味での利益を――求めない者にとっても、同じように価値がある。次章の冒頭で、ふたりの美術教師が行った実験を紹介しよう。その実験は、シャークフィンの第1ステージである「特異点」において、ビッグバン・イノベーションの大きな特徴である速度と破壊力とを簡単に証明したのだった。

Chapter 4
The Singularity

第4章

特異点

市場に投入するための期間が、市場に投入してからの期間よりも長い

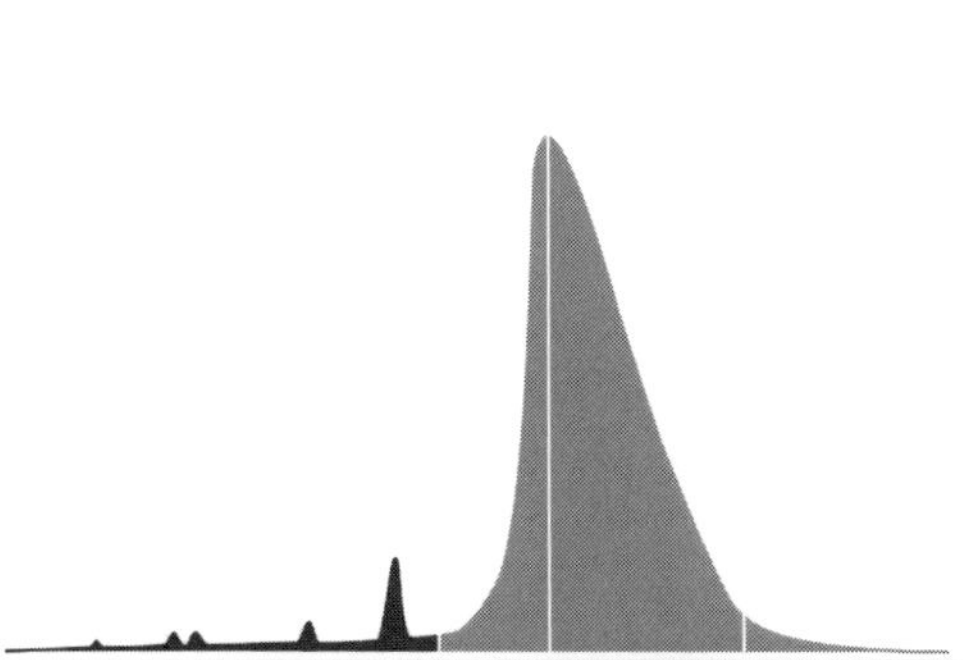

美術教師が1世紀ぶりに復活させた「ある装置」

カメラ・ルシダは、なぜ市場から消えたのか――ビッグバン・イノベーションは、1世紀に及ぶ謎に迫ろうとしていた。

光学分野で技術的イノベーションの大きな波が起きた1800年代初旬、英国の物理学者であるウィリアム・ハイド・ウォラストンは、優れた光学装置を発明し、カメラ・ルシダと名づけた（ラテン語で「光の部屋」の意味）。その装置は、机に固定できるスタンド型の柄の先にプリズムを取りつけ、そのプリズムを覗くと、目の前の人物の姿が手元の紙に映し出される仕組みだった。画家がプリズムを覗きながら、紙に映し出された人物の姿をペンでなぞることで、実物そっくりの正確な絵を描き出せたのだ。

1800年代中頃には、カメラ・ルシダは高価にしろ、デッサンに不可欠な装置として重宝され、ジャン・オーギュスト・ドミニク・アングルのような著名な肖像画家も積極的に活用した。ところが写真技術が発明されると、カメラ・ルシダはその姿を消したばかりか、歴史からも抹殺された。そして、生き写しのような素描や絵画は、ひとえに美術界の巨匠の人間離れしたデッサン力によるものだという神話が生まれた。カメラ・ルシダのような技術的補助装置は、まったく必要がなかったことにされてしまったのだ。

カメラ・ルシダは忘れられ、1世紀ものあいだ、つくる者も現れなかった。だが、2013年に復活を遂げる。ネオ・ルシダと名づけられた製品は、手作業でつくられたために脆かったオリジナル品と比べて、軽くてコンパクトなうえにフレキシブルに曲がり、耐久性が高く、しかも安価だった。1880年に発売された初心者向けのカメラ・ルシダは50フラン（現在の価格に換算して約120ドル）だったが、復活したネオ・ルシダはたったの30ドル。二度にわたって生産された累計8500個は、1週間を待たずして売り切れた。

ただし、ネオ・ルシダを売り出したのはカメラ業界や光学産業の大企業ではなかった。ベンチャーキャピタルから資金提供を受けた起業家でもない。それはパブロ・ガルシアとゴーラン・レヴンという、ふたりの美術教師だったのである。ふたりがカメラ・ルシダの存在を知ったのは、巨匠の絵画制作の秘密に迫った、画家のデイヴィッド・ホックニーの著書を読んだときだという。

だが彼らはどのようにして、オリジナル品と比べてもよりよく、より安い製品を設計・生産して販売できたのだろうか。それは、ふたりがビッグバン・イノベーションのルールに従ったからに他ならない。

ふたりはまず、最新の設計ソフトを用いてデザインし、ほとんど既製部品だけを使ってネオ・ルシダをこしらえることにした。クランプやプリズム、フレキシブルに曲がる柄はどれも、B2Bの取引サイト「アリババ」で見つけた中国の製造元から調達した。組み立てと出荷は、あちこちの国の最低入札者にアウトソーシングした。

ガルシアたちは、ベンチャーキャピタルから資金を調達することも、銀行から金を借りることもしなかった。顧客から直接、資金を調達したのである。2013年5月、ふたりはキックスターターのサイトにプレゼンテーションビデオを投稿し、500個の生産に対して1500ドルの支援金を募った。口コミ効果は絶大だった。たったの5日間で1万人以上の賛同者から、40万ドルを超える資金を調達できたのだ。部品をただのひとつも購入していないうちに、すべての生産工程のアウトソーシング先も決まった。

さらに驚くことに、ふたりはこの成功にもかかわらず、ネオ・ルシダで儲けるつもりはないという。会社を設立して、市場のニーズに応える計画もない。それどころか、彼らは設計やCADファイル、サプライヤーのデータなど、今回のプロジェクトにまつわるすべての情報を公開し、非営利団体の「クリエイティブ・コモンズ」と「オープンソース・ハードウエア協会」から自由に入手できるようにした。

ふたりがネオ・ルシダをつくった真の目的は、金儲けのためではなく教育のためであり、絵を描くことに対する生徒の考え方を変えたかったからだという。当時は巨匠でさえ、精巧なデッサンを描く際に最先端の補助装置を用いていたのである。「僕たちがネオ・ルシダをつくるのは」ふたりは賛同者に向かって率直に訴えた。「〝挑発〟のためであって、お金儲けのためではありません」

初回の生産が終了した時点で、ガルシアとレヴンは全データを公開し、誰でも使いたい人が活用できるようにした。「個人であろうがメーカーであろうが、誰でもこのプロジェクトを引き継いでもらっていいんです」。ふたりはそう語る。その結果、誰かが大きな利益を手にしようと構わない。このプロジェクトを引き継いだ誰かが、現代の美術界に一石を投じ、巨匠の絵画制作に対する認識に何らかの変化をもたらす日が来るのかもしれない。

「挑発的な実験者」が闊歩するステージ1「特異点」

ビッグバン・イノベーションの第1ステージ「特異点《シンギュラリティ》」へようこそ。破壊的イノベーションは伝統的な競合からは生まれない。それは、お金を稼ごうとか、会社を立ち上げようとすら思わない〝挑発者〟から生まれる。彼らは、世界中の最低入札者から購入した安価な既製部品を使って製品を設計し、熱心な初期ユーザーが提供する資金を使って、またたく間に市場に新製品を投入する。

ネオ・ルシダが、数十億ドルを稼ぐ企業を生むことはないかもしれない。だが、アイデアを市場に送り出すためにふたりが取ったアプローチこそは、ビッグバン・イノベーションの世界において、あらゆる規模の企業が従うべき「イノベーションの新ルール」なのだ――そして、それこそが本章のテーマである。

特異点は、破壊的製品やサービスを生み出す〝原始のスープ〟だ。そこで見られるのは、型破りな実験や、それ以上に〝個性的な〟実験者たちである。彼らは、既製部品をさまざまに組み合わせた奇抜な製品を市場に投入し、サービスプロバイダーと緩やかに結びついて新たな事業に乗り出す。ビジネスモデルもなければ、採算を見込むための戦略的プランもない。設計も製品テストも、資金調達でさえ顧客の協力を得る。彼らの顧客ではない――既存企業の顧客である。

特異点では、ビッグバン・イノベーションの第3の特徴である「自由奔放な開発」が活発に行われる。破壊的製品やサービスは突然、爆発的に普及するため、市場に投入するための期間は一般的に、市場に投入されてからの期間よりも長い。特異点のステージで破壊的製品やサービスの醸造を促すのは、ハッカソン、オープンソースの部品、ベンチャーキャピタルの支援を受けたインキュベーターである。初期ユーザーから資金の提供を受けることが多くなった開発者は、クラウドソースを通じて、製品の修正点を洗い出し、ユーザーの意見をじかに取り入れて製品づくりに活かす。

実験は安価に行え、失敗したときに被るリスクも低いために、今この瞬間にも、既存企業を破滅に追いやる実験が盛んに行われている。ネオ・ルシダのように、ささやかな成功の末に消えていくものもある。ほとんどの実験は失敗に終わる。だが、既存企業を破壊するためには、たった一度の爆発的成功で充分なのだ。

それでは、どの実験が成功して、どの実験が失敗に終わるのかを、どうやって見分ければいいのだろう。どのタイミングで、実験に踏み切り、協業体制を築くか、相手を買収して新たなエコシステムにうまく溶け込めばいいのだろう。以上のような疑問に答えるために、このステージで重要となる3つのルールを紹介する。

ルール1：「真実の語り手」の声に耳を傾ける

業界の〝ビジョナリー〟を探し出す。彼らは未来を明晰に見通す力を持ち、たとえこちらが望むときでさえ、口当たりのいい言葉で真実を覆い隠そうとはしない。

ルール2：市場に参入するタイミングをピンポイントで選ぶ

ビッグバンに発展するものと、リトルバンプ（小さなコブ）で終わるものとを見分ける方法を学び、新たなエコシステムに参入する絶好のタイミングを選ぶ（リトルバンプとは、「ビッグバン・イノベーションの製品ライフサイクル図」の特異点のステージにおいて、小さなコブのかたちで表され、ビッグバンには発展せずに、小さな隆起のままで終わってしまう実験。バンプは「コブ」「隆起」などの意味）。

ルール3：一見ランダムな市場実験に着手する

組み合わせイノベーションを市場でじかに行い、サプライヤー、顧客、資金提供者——この3者が同じである場合も多い――と協業する。

既存企業にとって、特異点はシャークフィンのなかでも特に危険なステージだ。行き当たりばったりに見える実験が失敗したとわかると、既存企業の経営陣は「その製品やサービスは、ビッグバンを起こす準備がまだ整っていないのだ」という誤ったシグナルを読み取り、つい油断してしまう。だが市場でじかに行われる実験は、危険を知らせる最善の兆候である場合が多い。それは、技術の絶妙な組み合わせとビジネスモデルとを備えた破壊的製品やサービスが、一歩一歩、確実に迫り来るシグナルかもしれないのだ。

市場実験に失敗すると、不安に駆られた投資家が即座に反応するため、業界の整理統合が進み、業績の悪い企業は消える。それゆえ、既存企業はまたも状況を見誤りやすい。時代遅れの製品やサービスやビジネスモデルから顧客がそっぽを向きはじめているにもかかわらず、業界再編を生き延びた企業は市場シェアを延ばし、一時的に売上げも向上するからだ。そして、その心強い数字が、崩壊が迫っているという事実を見えなくしてしまう。

「どうやって破産したんだい?」ヘミングウェイの小説『日はまた昇る』で、ある登場人物がこう訊ねる。「二段構えで」と友人は答える。「徐々に、そして突然に、だ」

既存企業は〝徐々に、そして突然に〟崩壊する。

ルール1：「真実の語り手」の声に耳を傾ける

P&Gが抱える至高のビジョナリー、ケビン・アシュトン

私たちが初めてケビン・アシュトンに会ったのは、彼がまだベルキンのＷｅＭｏを開発する前の、若くしてＰ＆Ｇの幹部に上り詰めた頃だった。

アシュトンがＰ＆Ｇでその存在を知られるようになったのは、ＴＶなどで広告を流す商品が頻繁に在庫切れを起こすという問題に、彼が気づいたときだった。スキャナーデータ（99％の在庫情報が上がってくる）では読み切れない在庫問題が発生していたのだ。こうしてサマリー情報の価値に疑いを抱いたアシュトンは、代表的なサンプル店舗に定期的に足を運ぶようになった。

みずから現場に足を運ぶという彼のやり方が、Ｐ＆Ｇの経営陣の目にとまり、アシュトンは有効なソリューションを提案する機会を得た。そしてそのときにこそ、アシュトンの使命を果たす旅が始まったのである。彼の使命とは、「現物のデータをリアルタイムに収集して通信する最先端の技術を見つけ出して、そのデータを活用し――彼が言うところの――〝あらゆるもの〟の効率を改善するツールを開発する」ことである。アシュトンには、生涯にわたるモットーがある。「天才は要

らない」

アシュトンこそは、私たちの言う〝真実の語り手〟である。ぼんやりと霞む未来を鋭く見通すビジョナリーだ。アシュトンは、業界の行方を変える技術やツールや戦略の未来を明晰に読み解く。初期の市場実験と、めまぐるしく変わる顧客ニーズとを見極める。彼の才能は、目の前に迫ったビッグバン・イノベーションという津波の前兆を、誰よりも的確に捉える。

真実の語り手は必ずしも世界有数の金持ちか、成功者とは限らない。だが、並外れた好奇心の持ち主であることには違いない。アシュトンは、ＲＦＩＤ（ＩＣタグのデータを、無線通信を使って非接触で読み書きする自動認識システム）の開発と運用に深くかかわってきた。もっと最近では、未来のエネルギーマネジメントのキー・テクノロジーと謳われる、スマートメーターを用いた電力負荷監視システムの開発に携わり、ロンドンのＰ＆Ｇからオハイオ州シンシナティの本社へと異動した。その後、ＭＩＴ（マサチューセッツ工科大学）でオートＩＤセンターを創設したかと思えば、テック系のスタートアップを何社か立ち上げた後、シリコン・ビーチ（ＩＴ起業の新しい拠点として注目を浴びる、南カリフォルニアのサンタモニカなどをこう呼ぶ）にたどり着いた。

オートＩＤセンターではオープン標準のＲＦＩＤタグを開発し、「ＩｏＴ（モノのインターネット）」という言葉もつくり出した。その後、立ち上げたスタートアップがベルキンに買収されたのを機に、ＷｅＭｏの開発に携わり、さらに最近では、電気や水道、天然ガスの使用を管理する「エコー」システムの開発・試験運用も行った。

アシュトンは、謙遜というよりもむしろ誇らしげな口調で言う。「今まで、いい勤務評定をもらったことは一度もありませんね」

かつて炭坑労働者は、カナリアの入った鳥かごを提げて坑道に入った。坑道に一酸化炭素などの有毒ガスが充満していると、敏感なカナリアがすぐに騒ぎ出すため、カナリアを使って有毒ガスによる中毒を防いだのである。真実の語り手は、業界のカナリアの役目を果たす。アシュトンのような存在を探し出して、彼らのように何かひとつに賭ける能力を活用する方法を身につけることは、特異点を生き抜くうえで欠かせない。

〝真実の語り手〟という言葉は、ＴＶのソープオペラの世界から借用した。この手の連続ドラマではたいてい、あらすじを前に進める人物がひとり登場する。ドラマが始まって数週間が経ち、人物の相関関係と筋が複雑を極めたところで、真実の語り手が登場する。彼らが〝魔法の言葉〟を唱えると、登場人物の悩みや難問は解決し、長らく謎だった秘密は解き明かされ、愛憎や確執や複雑に絡み合った誤解は一気に解ける。

ＢＢＣの人気連続ドラマ『ダウントン・アビー』に登場する、家政婦長ヒューズのことを考えてみればいい。彼女は、屋敷の貴族と使用人の両方によく助言する。重要な決断を促す場合もあれば、間違った道に進まないよう忠告する場合もある。

産業界の真実の語り手にも、同じような物語がある。彼らのなかには、一癖も二癖もあるエキセントリックな人物が多い。トーマス・エジソン、ニコラ・テスラ（電気技師、発明家）、アルフレッド・P・スローン（GM元社長）がそうだろう。最近の例で言えば、スティーブ・ジョブズやアタリのノーラン・ブッシュネルの名前が挙がる。

私たちが一緒に仕事をしたことのある人のなかにも、真実の語り手がいた。たとえば、コンピュータ・サイエンティストのアラン・ケイ。コンピュータを使った教育改革に1980年代から根気よく取り組み、パロアルト研究所の設立に加わり、アタリを経て、アップルとウォルト・ディズニー・イマジニアリングではフェローを務めた。

同じくコンピュータ・サイエンティストのニコラス・ネグロポンテ。世界中の子どもたちに、ネットワークに接続したコンピュータを与えるという、そのひとつの目的のために10年以上も活動を続けている。

あるいは、コンピュータ・エンジニアのゴードン・ベルは、数十億台のモバイル機器が接続する未来が及ぼす影響を、すでに1990年代に予見していた。近年はマイクロソフトのリサーチャーとして活躍し、個人データの収集と保管の限界に挑みつづけている。

ジョージ・ルーカスの「予言」が技術を進化させた？

エンターテインメント業界に目を向ければ、伝説的な映画監督であるジョージ・ルーカスの名前を挙げないわけにはいかない。彼は「将来は特殊効果（SFX）だけでなく撮影、ポストプロダクション、配給、さらには映写までの何もかもがデジタルになる」と予測して、ハリウッドを激怒させたことがある。

ルーカスは自分の信じるところにしか、資金を投下しなかった。「自分が求めるレベルに技術が追いつくまで、『スター・ウォーズ』の第4作目を製作しない」と宣言したのだ。そして約20年後、ようやくそのときが〝徐々に、そして突然に〟訪れた。その間にデジタルは、既存のエンターテインメント業界には大打撃を与え、新世代の独立系映画製作会社やオンラインの配給チャネルには大きな力を与えた。

映画評論家のロジャー・イーバートは、スター・ウォーズの第1作目公開から実に22年の月日を経て、1999年にシリーズ第4作目が公開されたことについて、次のように書いている。

私は1990年に、スカイウォーカー・ランチ(ルーカスフィルム本社が入るスタジオの総称)に彼を訪ねたときのことを覚えている。ルーカスはそのとき、「コンピュータが発達して、自分が思い描くイメージを速く、安く実現できるまでは、『スター・ウォーズ』の製作には取りかからない」と答えた。そしてその時代は、ルーカスだけに訪れたのではない――一般のコンピュータユーザーにも、ワープのスピードで近づきつつある……たいていの映画監督は、技術を自分の物語を語るための手段と考える。ところがルーカスは、自分の物語を、技術の飛躍的発展《ブレークスルー》を促す手段と捉えているように、私には思えた。

真実の語り手は、難しい問題の解決に全力を傾ける。自分のビジョンを熱心に説く。ひとつの会社に長くとどまらない。間違っても理想的な従業員ではない。彼らが重視するのは、四半期の利益ではなく未来なのだ。真実の語り手のアドバイスは現実的なものではないかもしれず、そもそもアドバイスと言えない場合も多い。彼らが語るのは「次に何が起こるか」であって、必ずしも「いつ」や「どのように」ではないからだ。

「本来そうあるべきようにものごとが運んでないと、イライラしますね」。ケビン・アシュトンは続ける。「できるはずだという確信があるとき、私は放っておけない性分なのです」

誰かが「無理だ」と言うのを聞くと、アシュトンは嬉しくなってしまう――「RFIDタグを5セントでつくるのは無理だ」とか、「自宅の一つひとつの家電がどのくらいの電力を消費しているのかを、一括で検出する装置をつくるのは無理だ」と、誰かが言うのを聞くと、アシュトンはその間違いを証明してやろうと、俄然やる気が湧くらしい。優れたエンジニアを集めれば、不可能なことは何もないと学んだからだ。

真実の語り手を見つけるのは難しい。たいていは、既存企業や組織の外にいる。顧客やサプライヤー、もしくは業界アナリストかもしれない。SF作家の場合もあるだろう。彼らは伝言板やトレードショーやカンファレンスに頻繁に姿を現し、耳を傾ける者になら誰にでも真実を語る。

だが彼らを見つけ出す以上に難しいのは、彼らを理解して、その真価を認めることだ。「ほとんどの経営者はクビにするか、彼らにうんざりしますね」。アシュトンは、自分の仲間についてそう述べる。だが、アシュトンの上司だったチェット・ピプキンの考えは違う。それは、ベルキンの創業者でありCEOでもあるピプキン自身が、テック系の異端児だからだろう。かつて彼はよく「誰も聞いたことがない、最も裕福なテック系起業家」と呼ばれていた。そのピプキンは、私たちにこう語った。

今日の経営陣にとって最大の障害は、周囲の人間が本心を語らないか、あるいは、彼らが自分の発言にフィルターを掛けすぎることです。私が周囲にほしいのは〝ポジティブな攪乱者《かくらん》〟です。トラブルメーカーと言い換えてもいいかもしれません。私自身、トラブルメーカーになることがあります。ケビンは思索家で挑戦者です。彼に刺激されて、私も大きなことを考えますね。私がそういう気分ではなくて、彼が伝えようとしていることに耳を傾けないときもあります。でも、そんなときに結局、損をするのは私のほうです。

データもまた、「真実の語り手」である

ピプキンの言う〝ポジティブな攪乱者〟、すなわち真実の語り手を企業がうまく扱えないときには、データが彼らの代わりになる。的を射た質問をすれば、市場はすぐにでも「技術の激変が迫っている」という強いシグナルを送ってくるはずだ。ところが、そのシグナルをたいていの経営者は見過ごしてしまう。企業は有り余るほどのデータを集め、ビジネスインテリジェンスとデータ分析の最

新ツールも備えている。だが、それらが焦点を合わせているのは企業内の活動である。業績を漸進的に向上させるために不可欠なデータやツールであって、迫り来るビッグバン・イノベーションを予測する役には立たない。

だからこそ、新しい分析ツールが必要だ。しかもそれは、市場にあるほぼ完全な情報という、外部のデータソースに基づいていなければならない。言い換えれば、健全に見せかけたプロプライエタリなデータを用いて、市場行動を計画しても何の意味もないのだ。重要なのは、実際の顧客やレビュアー、批評家、開発者が、新技術や新製品、その業界が抱える長年の問題について、時には厳しい口調で話している証言を探し出すことである。そうすれば、取引コストを削減する新たな方法が見つかるかもしれない。

最近、イノベーションが盛んに行われているパーソナル・ヘルスケア産業を例に取ろう。世界人口の高齢化が進むなか、ヘルスケア産業は非効率という長年の問題を抱えている。その問題を指数関数的技術で解決できるという可能性を考えれば、ビッグバン・イノベーションが間近に迫っていることは、誰の目にも明らかだ――もちろん〝注意を怠らない誰の目にも〟という意味である。

ヘルスケア産業の内外のイノベーター企業は、活発な実験を繰り返している。そのほとんどが、既製部品を使ってバイタルサイン（心拍数や体温など）や日常活動、健康状態を監視・報告する製品である。毎月のように投入される新たな種類のセンサーやユーザーインターフェースと、データを収集して分析・報告する新たな方法とを使った製品がたくさん生まれ、自分で自分の健康状態を積極的に管理するアスリートやシニア層、子を持つ親といった一般ユーザーも増えた。

前章で、ウェアラブル型の活動量計について述べた。フィットビットなどの実験中の活動量計は二十数種にのぼり、少しずつ違う技術やビジネスモデルやアプローチを組み合わせて、ユーザーが自分のからだを管理する方法を変えてきた。

ジョウボーンやナイキ、アンダーアーマーなどの既存企業もスタートアップも、日々の活動や睡眠パターン、心拍数、体温、血圧、体重を測定し、その変化を記録する活動量計を発売している。ムーアの法則によってセンサーの価格とサイズが低減すると、活動量計はずっと小さく軽くなった。スタートアップのヴァレンセルは、センサーを埋め込んだイヤホン型の装置で、アスリートのデータを収集できる技術の開発に成功した。

クラウドコンピューティングとワイヤレスネットワークとを活用して、離れた場所から乳幼児やお年寄りを見守る、双方向型のモニター装置を開発したグループもある。この装置を使えば、カメラとスピーカーを通して養育者が子を見守り、その声を確かめ、双方向に通話もできる。乳幼児の場合には歌も唄って聞かせられる。また、スタートアップのアドヒヤテックはスマート・ピルボトルの特許を取得した。ボトルに残った錠剤の数や液体の量を自動的に測定して、患者の服用状況をリアルタイムに監視し、薬を飲み忘れると本体が光るなどして服用を促すボトルである。

つまり、これらの製品は、現代医療の非効率性に対する反抗のシグナルといっても過言ではない。患者のデータを収集・解釈することは、医師や看護師、ヘルスケア分野の専門家にしか許されていない。そのため、わざわざ予約を取って病院まで足を運び、何十分も待たされなければ、専門家に基礎的な健康データを収集して、報告してもらうことができない。その取引コストは膨れ上がり、医療専門家と直接顔をつき合わせるやりとりは、ますます不便で、金銭的な負担になりつつある。

そして、その問題を解決するのが技術というわけである。まだ今のところ、イノベーションは控えめだ。いずれにしろ、年間3兆ドルというアメリカの総医療費を根本的に揺るがすまでにはいたっていない。だが新製品や新サービスの市場実験が盛んに行われているという事実は、ヘルスケア事業者、規制当局、保険業者、製薬会社、サプライヤーにとって、「ユーザーがより多くの情報や管理や予防ケアを求めている」というシグナルに他ならない。そして、そのシグナルこそが、やがてヘルスケア産業を襲う大激変のかたちや方向性、その激しさを物語る、これ以上ない「真実の語り手」なのである。

ウーバーとエアビーアンドビーから、どんなシグナルを読み取るべきか?

ユーザーの不満が高まっているのは、ヘルスケア分野だけではない。長いあいだ、効率の改善が叫ばれてきた産業においても、さまざまな種類の市場実験が増え、ビッグバン・イノベーションが間近に迫っている兆しがあるのは一目瞭然である。ウーバーやリフト、ヘイローなどのタクシーやリムジンの配車サービスは、規制の厳しい業界において、技術を活用して顧客インターフェースを向上させようという試みだろう。エアビーアンドビーやウィムドゥは、個人宅を宿泊場所として旅行者に貸し出す実験を行っている。スタートアップのエクスペンシファイは、出張の多いビジネスパーソンが面倒な経費精算を簡単に、無料で行えるアプリを開発した。

これらの実験のどれもが、顧客が激しい苛立ちを感じている旅行やホスピタリティ産業の周辺で生まれ、破壊的技術の計り知れない可能性を示している。どの実験が強調するのも、真実を語ることの重要性だ。既存企業にとって、危機を早期に検知する手段のひとつは、まずはサプライチェーンの課題——顧客かサプライヤーにとっての、あるいはその両方にとっての問題点——を、厳格かつ率直に評価することである。次に、モバイル機器とクラウドサービスを使って、どの情報ソースを組み合わせれば、その問題を解決できるのかを考える。

そこまで終えたら次に、顧客が抱える問題を解決するために、すでに市場で進行中の実験を探そう。同様の問題を解決するために、別の産業で行われている実験の場合もあるだろう。それが探し出せたら、市場戦略情報を収集するにはどこを狙えばいいのかがわかるはずだ。だが、もしそれが見つけ出せなければ、そのとき代わりに見つかるのは、ビッグバン・イノベーションに見舞われる危険性と言えるだろう。

間近に迫るビッグバン・イノベーションを知らせるシグナルは、他にもある。新しい技術プラットフォームを禁止するか、その成長を失速させようとして、訴訟やロビー活動が突然、活発になることである。指数関数的技術は、それまでのビジネスのやり方を突然退け、既存企業の隙をつく。不意打ちを食らった企業はたいてい、市場の支配力や財力に物を言わせて、訴訟や他の法的手段を使って相手を圧倒し、既得権益を守ろうとする(これらの戦略については、次章で詳しく述べよう)。

エンターテインメントを含むコンテンツの配信が、メディアからクラウドへと移行するにつれ、国際著作権法の範囲拡大を求める動きが目立ちはじめた。既存企業は、デジタル著作権の管理システムを免れようとする新技術の禁止を求め、コンテンツを無許可で複製・配信するスタートアップに、民事罰と刑事罰を科すように主張する。

媒体コストと配信コストが高かった時代には、保護期間が長く、二次的著作物や二次使用の余地を与えない著作権法は経済的に大きな意味があった。ところが、クラウドが全面的に情報を作成し、ユーザーが欲しがっている情報に加工し直して配信する現代では、著作権システムのコストが利益を上回ると考える者は多い。著作権所有者にさらなる法的保護を与えることに多くの消費者が反発し、著作権の範囲と期間を見直す抜本的な改革を求めている。デジタル配信が安価で、作品のライフサイクルが短いという、今の時代に合った改革が必要だからだ。

双方の主張はさておき、時代遅れで非生産的と考える法律に、消費者はますます反抗的な態度を取りはじめた。そして市場だけでなく、法廷や立法機関で繰り広げられる戦いにおいても、消費者は、起業家やベンチャー投資家という強力なパートナーを見つけ出した。彼らは、強大な影響力を持つ家電業界のロビー団体とともに、相対するエンターテインメント、ニュース、ソフトウエア産業のコンテンツ制作者と激しく対立している。

アエレオTVの例を紹介しよう。バリー・ディラーは、アメリカメディア界の大物である。その大物の後援を受け、スタートアップのアエレオは、地上波の番組をストリーミング配信するインターネットTVサービスを提供していた。ストリーミングとは、インターネットなどのネットワークを通じて、動画や音声データをダウンロードするのと同時に再生する方法であり、消費者はパソコンやモバイル機器を使って番組を楽しむことができる。アエレオでは著作権法に抵触しないよう、各加入者のアンテナ――ムーアの法則のおかげで、硬貨ほどのサイズしかない――を、アエレオのデータセンターに設置していた（個々の消費者がTV番組を録画・再生することを、アメリカの著作権法は違法と見なさない）。

ところが、大手ネットワーク局はアエレオを提訴し、各加入者のアンテナは再送信料を逃れようとする苦肉の策にすぎないと主張した。最初は、どの地区裁判所でもアエレオが勝訴した。消費者の強い支持を得たサービスは、彼らがフレキシブルな選択肢を求めている証拠でもある。だが結局のところ、2014年6月に最高裁が「著作権侵害にあたる」という逆転判決を下したために、アエレオは経営破綻を余儀なくされた。

著作権をめぐる争いは、古くは自動ピアノやコピー機が発明された時代にまでさかのぼる。近年の戦いも、複製と配信の破壊的技術をめぐって争った、初期の頃の戦いと本質的に変わらない。何と言っても有名なのは、1984年にアメリカの法廷で争われた、ソニーのベータマックス（家庭用ビデオ機器）裁判だろう。「消費者がベータマックスを用いて、自宅で映画を録画することは著作権の侵害だ」として、映画会社のユニバーサル・スタジオがソニーを訴えたのだ。結果はソニーが勝訴。家庭では通常、昼間に映画を録画して夜に鑑賞する。これは「タイムシフティング」しているだけであって、公正使用《フェアユース》にあたり、著作権の侵害ではないという判断が下ったのである。

また、2001年のナップスター裁判では、情報を共有する初のP2P技術が敗訴した（ナップスターについては第1章を参照のこと）。音楽ファイル共有サービスを展開していたナップスターは、「ユーザーが著作権を侵害しているのを知りながら、黙認していた」と判断されたのだ。そして2012年には、SOPA（オンライン海賊行為防止法案）とPIPA（知的財産保護法案）のふたつの著作権法案が提出され、英語版ウィキペディアが、サービスを一時停止する抗議行動に踏み切った。

既存企業側が勝訴する場合も敗訴する場合もあるにしろ、最終的に結果を決めるのは、指数関数的な技術――すなわち従来の法律ではなく、ムーアの法則なのである。

ルール2：市場に参入するタイミングをピンポイントで選ぶ

ジェフ・ベゾスはキンドルのためにどれだけ待ったのか？

ビッグバン・イノベーションは、偶然に生まれるのではない。それは、冷徹な計算者から生まれる。行き当たりばったりに行って失敗したように見える市場実験から、彼らは多くを学び取る。あの技術ではまだ力不足だったのか。価格が高すぎたのか。不充分だったのはパートナーか、プラットフォームか、それともビジネスモデルか。あの成功した実験は果たしてビッグバンだったのか、あるいはリトルバンプ（小さなコブ）にすぎず、近いうちに大爆発が起きる前兆なのか……。市場に参入するタイミングが早すぎても遅すぎても、ビッグバン・イノベーションは生まれない。

アマゾンのジェフ・ベゾスは、真実の語り手であるとともに、タイミングを見極める天才でもある。

1994年、彼はオンライン・ブックストアを立ち上げ、シアトルに本拠地を置くことにした。有名な話によれば、そう思いついたのは、アメリカをあちこちドライブしている最中だったという。ロナルド・コースの取引コストの考えに強い感銘を受けたベゾスは、アマゾンで最初に取り扱う商品を絞り込むために、徹底した市場調査を行い、それぞれの産業が非効率である原因を考えた。その結果、事業の柱に選んだのが書籍だった。書籍は最小管理単位（SKU）が膨大なためにサプライチェーンの取引コストは高いが、配送する商品のサイズは小さく、しかも取次業者の数が限られていたからだ。

その後の10年間、アマゾンは絶好のタイミングをとらえては、破壊的なサービスを次々に投入した。まずは取り扱い品目を増やし、サードパーティの小売業者を取り込んだ（アマゾン・マーケットプレイス）。当日配達や日時指定便が利用できる会員制サービス（アマゾンプライム）を開始し、

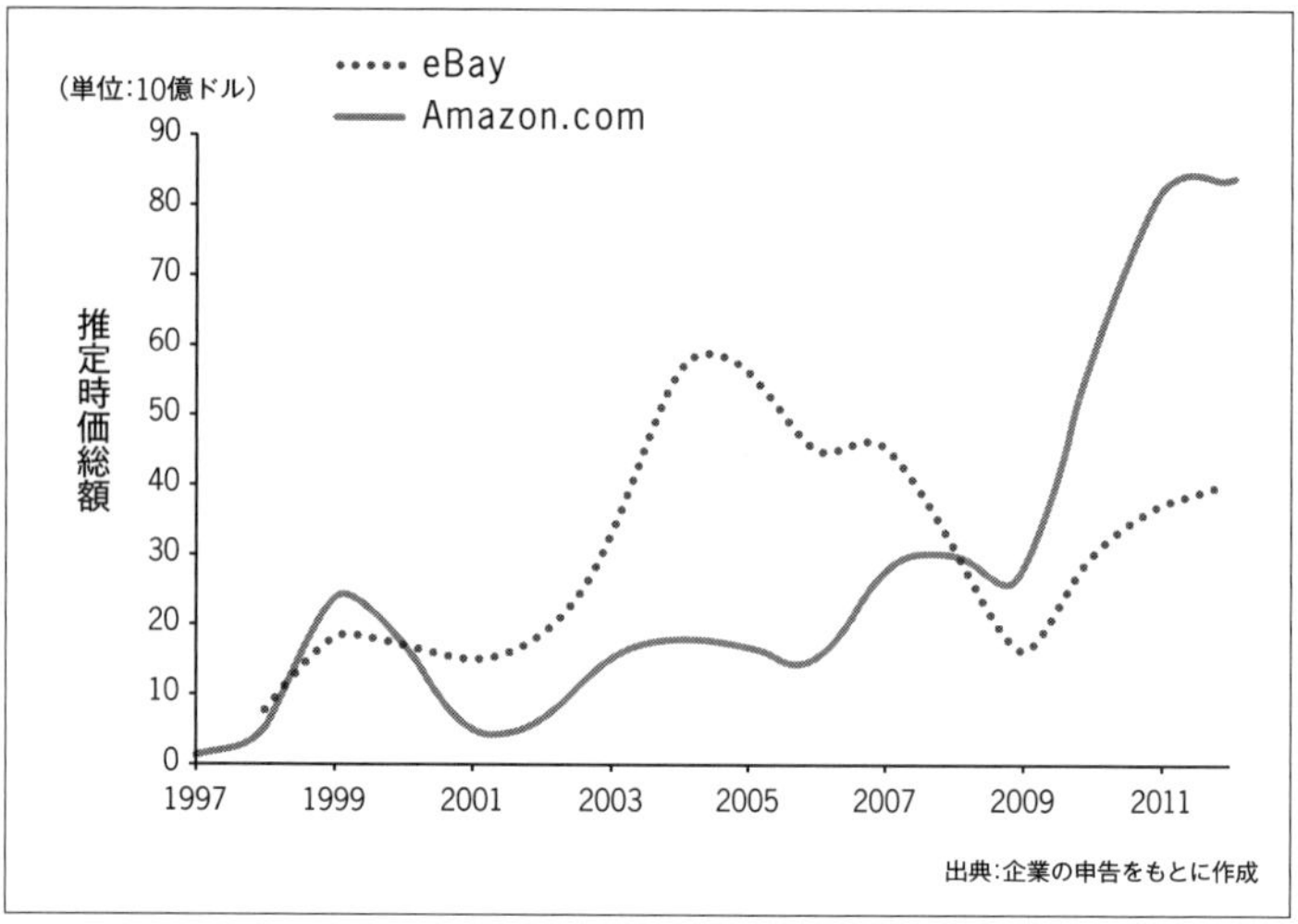

図表13:アマゾンとイーベイの時価総額の比較

ウェブ事業者や開発者向けのクラウドサービス（アマゾン・ウェブサービス）にも乗り出した。

　ベゾスはこれらのサービスを、テック系の最大手を含む競合に先駆けて手がけたのだ。この10年というもの、アマゾンは常に絶好のタイミングをとらえた事業展開で、オンライン小売店の大手競合14社の業績を上回ってきた。２０１２年、アマゾンの売上げは６１０億ドルを記録する。２０００年から２０１３年のあいだに、時価総額はおよそ4倍に膨れ上がった。一方、数歩の差で後を追うイーベイの場合、同じ時期の時価総額は１８０億ドルから４００億ドルへの約2倍増にとどまっている（図表13）。

　しかしながら、タイミングを見極めるアマゾンの能力が最大限に発揮されたのは、２００７年のキンドル発売だろう。３９９ドルで売り出された第1世代のキンドルは、たったの5時間半で売り切れた。５世代後のベーシックモデルはオリジナルモデルの機能を上回りながら、わずか69ドルである。

キンドルは、最初のビッグバン・イノベーションになった電子書籍リーダーであるにしろ、最初に投入された製品ではない。他社が市場実験に失敗しつづけるのを、アマゾンは10年ものあいだ、注視してきた。ロケットeブック、エブリブック・リーダー、ライブリアス・ミレニアム・リーダー、ソフト・リーダー……。そのどれもビッグバン・イノベーションを起こせず、紙の書籍の販売にたいした影響も与えなかった（図表14）。だがこれらは、キンドル発売が突然に引き起こす破壊の前兆だったのである。

ベゾスは非凡な才能を発揮して、初期の実験に足りない要素を見極めた。それまでの電子書籍リーダーは記憶容量が不充分で、バッテリーの寿命も短かった。ディスプレイ技術も、紙の読みやすさには遠く及ばない。だから、彼は待った。指数関数的な進化が起きて、優れた技術が主流となる時期を待ちつづけた。

たとえば、Ｅインク（電気泳動インク）の性能が改善するのを辛抱強く待った。Ｅインクは、髪の毛の幅ほどしかないマイクロカプセルを用いて、カプセルのなかで帯電した黒と白の粒子に電圧をかけて、その強弱でグレースケール表示を行う技術である（ＥインクはＭＩＴの研究プロジェクトから生まれた）。この技術を用いた最初のキンドルディスプレイは、液晶ディスプレイと比べて、長時間使用しても目に優しく、消費電力も少なかった。

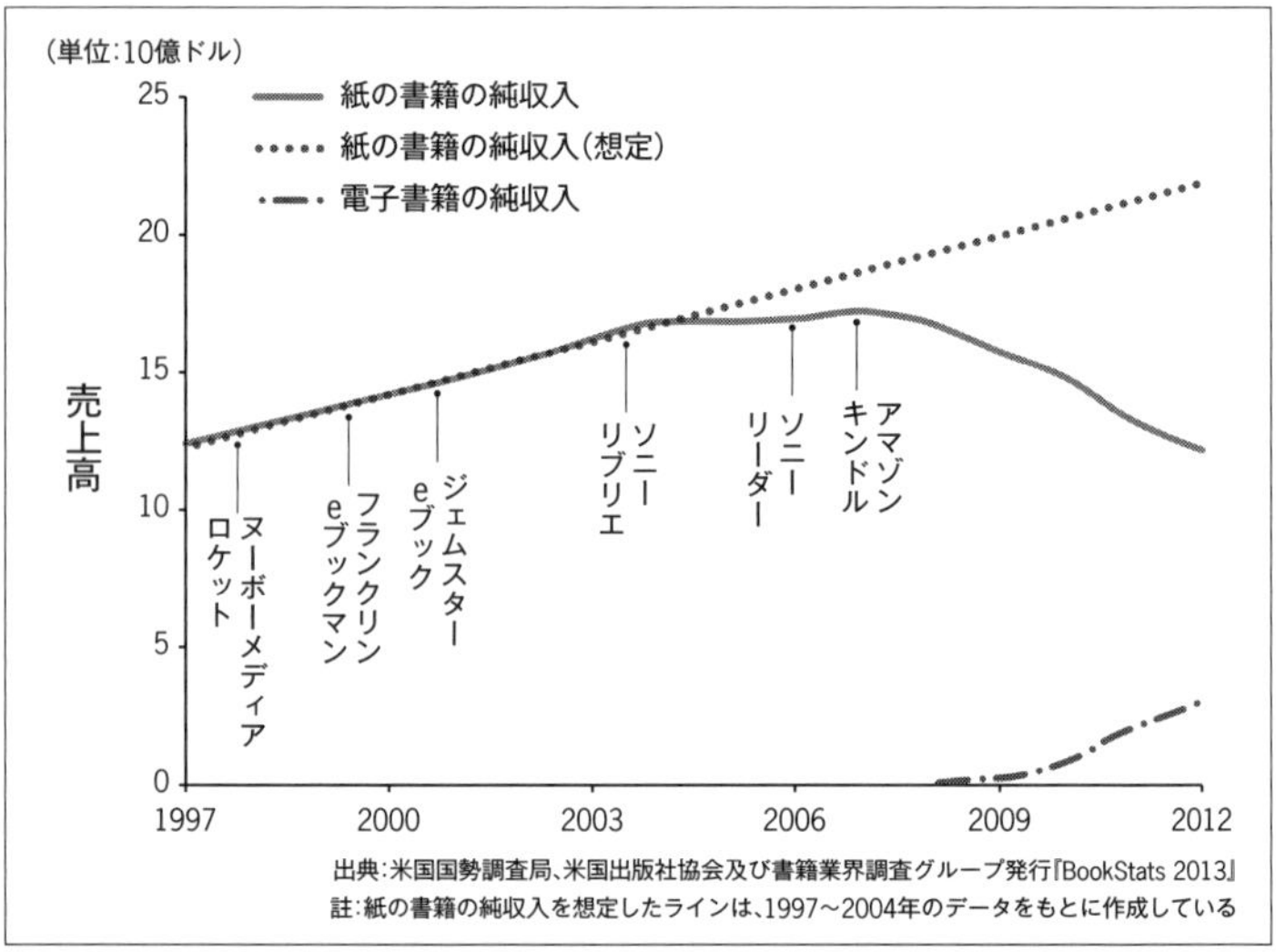

図表14:失敗に終わった電子書籍の初期の市場実験と、紙の書籍市場の崩壊

だが、最適なタイミングで、最適な技術を採用することと同じくらい重要なのは、最適なプラットフォームやネットワーク、ビジネスモデルを築くことである。キンドルでは、無料のインターネット接続サービス「ウィスパーネット」を通じて、ユーザーがダウンロード購入した書籍を、個人用の仮想ライブラリに保存できるシステムを整えた。

アマゾンはただ最後の段階になって、おいしいところを横取りしたのではない。それどころか、7年もの月日をかけてキンドル開発に取り組み、満を持して発売に踏み切ったのだ。

ベゾスは、投資を未来に対する賭けと捉える。「たくさん、しかも早くから賭けていれば、社運を賭けなければならない状況に追い込まれることはありません」。キンドル発売に際して、彼は言った。「社運を賭ける状況に追い込まれるということは、あまり長くは投資して来なかったという意味です」

2011年にアマゾンでは、電子書籍の売上げが紙の書籍の売上げを上回った。それ以降、その傾向には拍車がかかる一方である。だがそのせいで、出版業界のサプライチェーンの連係は断たれ、iPad用に電子書籍アプリiBooksを提供するアップルは司法省に訴えられてもいる。アップルが大手出版社とのあいだで結んだ契約内容が、電子書籍の価格操作にあたり、独占禁止法に抵触するという理由からである。

iPodの市場投入を決断させた「最後のピース」

iPodは、アップルにとって、コンピュータ以外で初めてビッグバン・イノベーションになった破壊的製品である。そのiPodにとっても、市場投入のタイミングをピンポイントの精度で見極めることは非常に重要だった。

2000年頃、携帯用のデジタル端末はすでに、ウォークマンのようなCDプレイヤーをほぼ完全に駆逐していた。もっとも、新市場を実質的に支配するか、市場を拡大する製品はまだ登場していなかった。2000年には、シンガポールのクリエイティブテクノロジーがノマド・ジュークボックスを発売する。だが、当時は最先端だったそのデジタル音楽プレイヤーでさえ、携帯用CDプレイヤーの2倍もの重さがあり、音楽ファイルの転送スピードは遅く、インターフェースの使い勝手が悪いうえに、連続再生時間は限られていた。

すでにその頃、iＴｕｎｅｓストアの大成功によって、アップルは音楽産業でかなりの影響力を持つようになっていた。アップルは、20万曲以上ものデジタル音楽を取り揃え、世界一流のソフトウエアデザイナーを抱え、「ＦｉｒｅＷｉｒｅ」という高速ファイル転送技術も有していた。しかも、安価なバッテリーやディスプレイを、成長著しい携帯電話市場からいくらでも転用できたのだ。ところが、それでも「最後の問題」が残っていた。

ジョン・ルビンスタインは「iＰｏｄの父」と呼ばれる、アップルを代表するエンジニアである。そのルビンスタインが東京で、東芝の関係者と偶然に話をする機会を得たことから、最後の問題が一気に解決した。東芝の関係者はこう洩らしたのだという。「最近、１・８インチのＨＤＤの開発に成功したばかりだ」と。これは、ノマドのＨＤＤよりも格段に小さい。

ところが、東芝にはその超小型ＨＤＤの使い途《みち》がなかった。「彼らは、それをどう利用したものかわからない、と言ったんです」。のちにルビンスタインは、『ワイアード』誌にそう語った。「小型のノートブックにでも使う他ない、というふうに考えていました」

だが、ルビンスタインにはまったく違う考えがあった。そしてアメリカに戻ると、スティーブ・ジョブズに提案した。「スティーブに言いました。『やり方がわかりました。部品も全部揃いました』と。すると、彼はこう言ったんです。『よし、それで行け』」

ルビンスタインは、東芝のＨＤＤを使ってiＰｏｄの開発に成功した。２００１年末の発売と同時にｉＰｏｄは爆発的な人気を呼び、ノマドなどのデジタル音楽プレイヤーの売上げを凌駕したばかりか、ハイテク好きに限らず、ほぼあらゆる年代の消費者に受け入れられた。発売から1年で、ｉＰｏｄは60万台の売上げを突破する。そして、新世代が投入されるたびに記憶容量と機能が充実し、接続性も高まった。アップルがこれまでに売り上げたｉＰｏｄは、累計3億5000万台にも及ぶ。

だがｉＰｏｄの功績は、その紛れもない成功を超えて、エンターテインメント業界とアップル自体に触媒効果をもたらしたことだろう。デジタル音楽の売上げを独占したアップルは、ｉＰｏｄの経験を活かして、さらに完璧なタイミングでｉＰｈｏｎｅとｉＰａｄを発売したのである。２０１２年には、アップルはすでにコンピュータ会社というアイデンティティを脱却していた。Ｍａｃ以外の売上げが、全収益の85％を占めたのである。

その間も、２００１年に最初のアップルストアを開店して、電子機器の販売ルートの改革に乗り出すと、量販店はおおいに困惑し、やがてその店舗数を劇的に減らしていった。

クラウドファンディングがスタートアップとVCの関係を変える

アマゾンやアップルの例が示すように、特異点のステージにおいて、絶妙のタイミングで市場に参入できるかどうかは、「真実の語り手の言葉を正確に読み取れるかどうか」だけではなく、「ビッグバン・イノベーションがつくり出す新たなエコシステムのなかで、自身が果たす最適な役割を正確に読み取れるかどうか」にもよる。

市場実験がランダムに行われるように見える世界で、コンバイナー（組み合わせる者）、サプライヤー、投資家が取るべき方向性が、私たちの調査によって明らかになってきた。アマゾンやアップルのようなコンバイナーは、優れた技術と優れたビジネスモデルとを〝組み合わせて〟成功を手に入れた。だが、キンドルとｉＰｏｄ用に部品やプラットフォーム、ソフトウエア、ネットワークインフラを提供するサプライヤーもまた、重要な参加者であることに違いない。彼らの協力なしには、コンバイナーは手軽に、安価に市場実験を行えないからだ。

投資家のなかでも、とりわけベンチャーキャピタリストと〝エンジェル投資家〟（裕福な個人投資家）は、実験の資金調達に重要な役割を担う。最近、その役割を補うようになったのが、クラウドファンディングサービスである。

コンバイナー、サプライヤー、投資家はそれぞれ、「真実の語り手」と「市場に参入する完璧なタイミング」のふたつが揃って初めて成功を手にできるが、３者のアプローチはまったく異なる。コンバイナーはビジョンの実現を猛烈に追求し、どの市場実験においてもビッグバン・イノベーションを生み出そうとする。サプライヤーの狙いは、実験に参加することで、新製品や新サービスが市場に投入される際に、優先的か専属のサプライヤーに選ばれることだ。そして、投資家は市場実験のポートフォリオに幅広く賭ける。しかも、いち早く賭けなければ、大きな利益を逃がしてしまう。

安価な実験が増え、誰もかれもが同じ部品を使って製品やサービスを組み立てるとなると、従来のベンチャー投資モデルには大きな重圧がかかる。ベンチャーキャピタリストは、どんな企業も成功する製品を市場に投入できるとは思っておらず、ましてや大きな利益を生むとも思っていない。優れた投資家は、たった1社の成功で莫大な利益を生むように資金を運用する。彼らは破壊的製品やサービスに賭けて、市場でますますひとり勝ちを収めるようになった。

だが、ビッグバン・イノベーションの第3の特徴である「自由奔放な開発」を支える「実験コストの低減」ゆえに、辣腕ベンチャーキャピタリストでさえ、投資の絶妙なタイミングを見極めるのは難しい。実験を安価に行えるために、製品やみずから立ち上げた企業にかかる初期段階のコストを自力で賄おうとする起業家が増えたからだ。あるいは、クラウドファンディングや有志の資金提供を活用すれば、株式の希薄化を防げる。つまり、ベンチャーキャピタルの資金やアドバイスを必要としないスタートアップが増えた。あるいは少なくとも、製品を実際に市場に投入して、外部の投資家に対してある程度の影響力を及ぼせるようになるまで、ベンチャーキャピタルとの接触を控えるケースが増えたのだ。

外部資金を必要とする破壊的製品やサービスに対して、投資家は目もくらむほど膨大な選択肢のなかから、投資先を検討しなければならない。どのプロジェクトも似たり寄ったりだ。最後に1社が生き残ることに賭けて、どのプロジェクトも過剰に資金を提供されている可能性が高い。たとえば今日のベンチャー投資家が狙いを定めているのは、デジタル支払い処理技術のイノベーター企業である。彼らは、現金や小切手、クレジットカード決済に代わる、モバイル技術をうまく組み合わせた決済サービスを探している。よりよく、より安い技術の絶妙な組み合わせが実現すれば、金融サービス業界において、既存企業のサプライチェーンを根本的に破壊する日が訪れるかもしれない。

だが、銀行、支払い処理業者、小売店という3者間の複雑な取引に挑む市場実験は、まだ今のところ失敗続きである。それでも爆発的な成功がもたらす利益の大きさを考えれば、ベンチャーキャピタリストにとって、圧倒的な魅力を放つ投資対象であることに違いはない。ベンチャー投資会社オーガスト・キャピタルのパートナーを務めるデイヴィド・ホーニックは言う。「今はまだ盛んに泡が湧き出ている状態ですが、優秀な人間が無数のソリューションを試せば、不可能なことなど何もありません」

技術の絶妙な組み合わせが生む莫大な利益を見越して、おおぜいの投資家が大きく賭け、ホーニックの言葉を借りれば〝大きな勝者と思われる企業に不合理な額〟を投じる。モバイル決済の破壊的サービスを生み出した者は誰であれ、フェイスブックやリンクトイン（ビジネス特化型ＳＮＳ）のように、数十億ドル規模で投資を回収できるはずだ。勝者が価値をひとり占めする。後で振り返ってみれば、失敗した実験への投資額は法外に、それどころか〝馬鹿げているように〟見えてしまう。

「初期の投資家は、〝ベンチャー企業の仲間殺し〟に参加しているようなものですよ」と、ホーニックは言う。たったひとりが勝者となり、残りはみな息絶える。ある意味、誰が勝とうと、投資業界全体としては大きな損失を被ることになるだろう。

実験段階で買収してしまう――ニュース要約アプリ「サムリー」

ところが、私たちがリサーチを続けるうちに、外部から資金提供を受ける前の実験段階で、起業家が破壊的製品やサービスを売却する傾向が目立ちはじめた。そのタイミングに必要なのは、市場を読み取る鋭い感度と図太い神経である。

だが、経験はあまり必要ではない。2013年に大きな話題をさらったニック・ダロイシオの例を考えてみればいい。彼が開発した、ニュース記事を要約するアプリ「サムリー」を、ヤフーは3000万ドルで買収した。さらに驚くことに、買収時、サムリーはサービス開始からわずか数か月しか経っておらず、しかもダロイシオはロンドン在住の若干17歳の高校生だったのだ。「ぼくは、まだあと1年半もハイスクールに通わなくちゃいけないんです」。彼は『ニューヨーク・タイムズ』紙のインタビューに答えて、そう言った。その後、ダロイシオは、オックスフォード大学に進学してコンピュータサイエンスと哲学を学ぶかたわら、サムリーを進化させた「ヤフー・ニュース・ダイジェスト」のプロダクトマネジャーも務めている。

特異点のステージで新製品やスタートアップを売却するという決断は、将来の破壊的製品やサービスを、数百万人の消費者に利用してもらうという希望を棄てて、たったひとりの顧客に売るということに他ならない。その決断はもちろん、買収される側だけでなく、買収する側にとっても大きなリスクを伴う。サムリーに投資した金額を、ヤフーが必ず回収できるとは限らないからだ。

とはいっても、実験が成功する証拠をじっと待っていては、すぐに莫大な金のかかるヘッジ戦略になってしまう。グーグルは、まだほんのスタートアップだったユーチューブを16億5000万ドルで買収した。マイクロソフトは、80億ドルを超す金額でスカイプの買収に踏み切った。サムリーの買収直後、ヤフーは11億ドルを投じてタンブラーを買収している。タンブラーはすでに1年間で、9000万人以上のビジター数を集めていたのだ。

ひとりの買収者か、数百万人の顧客か。そのどちらにすべきかを、どうやって判断すればいいのだろう。ビッグバン・イノベーションがひとり勝ちし、2位や3位のイノベーター企業の手にはほとんど何も入らない世界では、いち早く競争から抜け出すことが有利に働く。とりわけ、サムリーのように経験もインフラもなく、実験を突然の成功へと導く力もないスタートアップの場合はそうだ。業界と深い関係を築き、貸借対照表に何の問題もないがゆえ、いくらでも賭けをして成り行きを見守る余裕のある、アマゾンのような盤石な基盤を持つイノベーター企業とは、そこが違う点である。

ルール3：一見ランダムな市場実験に着手する

ドローン市場で起こっているありとあらゆる「実験」

真実の語り手を見つけ出し（ルール1）、絶好のタイミングをピンポイントで狙ったところで（ルール2）、ようやくこのステージで本当に為すべきことに取りかかれる——実際の顧客相手に矢継ぎ早に実験を行うのだ。特異点の特徴はその「束の間性」にある。開発者と初期ユーザーとの協業関係が、たったの1、2日で終わる場合も多い。ただ実験に着手するためだけの協業体制、というわけである。

実験ではさまざまな資源を活用する。既製部品や既存のインフラ（クラウドコンピューティングなど）を用いれば、実験を安価に手軽に行え、リスクも抑えられる。実験はリアルタイムに、そしてリアルユーザー相手に行う——他の製品やサービスのユーザーであれば、なおさら望ましい。初期の実験が、特定市場に向けた完璧な製品を生み出すことはないが、拡張可能な既存の開発プラットフォームを活用すれば、外部とのオープンな協業体制が可能になる。

ビッグバン・イノベーションにおいては、幅広い種類の新しいユーザーと協業することが重要になるが、そのユーザーが果たして顧客になるのかどうかはわからない。だからこそ、どんな種類と規模の起業家にとっても難しいのは、これまで内部で行ってきた研究開発を、外部へと転換する方法を学ぶことである。これは、どの起業家も避けては通れない試練だ。ビッグバン・イノベーションの世界では、設計コストよりも組み立てコストのほうが安いからである。

たとえば個人用ドローンの新しい市場では、愛好家はすでにＤＩＹ用のオプションを提供するプラットフォームを利用して、ドローンを開発したり組み立てたりしている。軍事用途はさておき、商用や個人用ドローンは、警察の捜査活動、捜索救助、農薬散布、野生動物の保護、空中撮影、さらには配達などの幅広い分野で、ビッグバン・イノベーションの登場を待っている。アメリカ連邦航空局によれば、今後10年以内に、国内の個人用ドローン市場は１００億ドル規模を突破する見込みだという。

安い部品が選び放題で、考えや目的を同じくするイノベーター企業のエコシステムが設計情報を共有するとき、実験を行うのは簡単だ。スマートフォンやタブレットなどのモバイル機器で操縦できるドローンは、３００ドルを切った。１機４００万ドルもする軍事用ドローンとは比較にならないほど安い（個人用ドローンは兵器を搭載しない）。

細々と存在する市場で、なぜこれほど安いドローンがつくれるのだろうか。その答えは、再利用可能な部品にある。ドローンは、スマートフォンと同じ部品でつくられているからだ。ジャイロスコープ、加速度センサー、ＧＰＳチップにＣＰＵもそうだ。スマートフォン産業の成熟とともに規模の経済が働いて、発生期にあるドローン市場のコストを意図せずに押し下げたのである。

市場参入にかかるコストが安いと、愛好家——試験利用者というよりも共同開発者といったほうが近い——のコミュニティは活性化し、製品の新たな用途を促し、規制緩和を推し進める。たとえば愛好家に人気のサイト「DIYドローン」は、4万人近い登録メンバーを誇る。かつて『ワイアード』誌の編集長を務めたクリス・アンダーソンは、DIY業界の〝元祖〟真実の語り手である。その彼がジャーナリズムの世界を去った後に立ち上げ、CEOに就任したスタートアップの3Dロボティクスは、今では米国最大のドローンメーカーに成長した。3Dロボティクスが半年ごとに売り上げる一般ユーザー向けのドローンの数は、米陸軍の全航空機数を上回るという。「10年前、一般の人が自動操縦機をつくることは無理でした」。アンダーソンは先頃そう語った。「5年前は、高すぎて手が出ませんでした。ところが今は、家電量販店《ラジオシャック》に行けばいくらでも部品が買えるんです」

ハッカソンはもはやテック企業だけのものではない

よいアイデアを与えてくれるのは、初期ユーザーだけではない。3Mからピクサーやグーグルまで、最先端のテック系企業は、従業員が創造性を最大限に発揮できる仕組みづくりを行っている。ランダムな相互作用や協業、あるいは趣味やお楽しみを促す仕事環境を整えているのだ。アップルでは、50億ドルをかけて〝宇宙ステーション〟張りの外観を持つ新社屋を2016年末に完成予定だ。スティーブ・ジョブズが陣頭指揮を執った、最後のプロジェクトである。

組み合わせイノベーションを利用するときには、外部の開発者に扉を開け、ささやかな報酬を約束して「問題の解決に協力してほしい」と告げるだけでいい。そうすれば、彼らが頭を絞って、信じられないほどの短時間で有望な解決策を考え出してくれるからだ。

いずれにしろ、それこそが、最近盛んに行われているハッカソンのコンセプトである。ハッカソンとは、おもにソフトウエア分野において特定の開発テーマを設定し、ひと晩から1週間ほどの短い期間で、共同で開発作業を行うプロジェクトイベントを指す。参加者は市場が抱える問題のソリューションを、決まった時間内に開発して完成させ、その優劣を競う。もともとシリコンバレーで始まったイベントが、今では世界中に広まった。

ハッカソンに集うのは、最近、増加傾向にある〝コテージ産業（個人企業）〟と呼ばれる、フリーの設計者や〝ものづくり系〟の開発者などである。ハッカソンは開催しやすく、目覚ましい成果を生みやすい。たとえば、ブログサイトの「テッククランチ」では、全米のあちこちでハッカソンを定期的に運営している。アシュトン・カッチャーなどのハイテク通の俳優や著名なベンチャー投資家を、審査員として招くことも多い。ニューヨークで開催された「テッククランチ・ディスラプト（破壊）」と銘打ったイベントには、2万人を超える参加者が集結した。毎年ラスベガスで開かれる、家電製品と技術の見本市「コンシューマー・エレクトロニクス・ショー（CES）」では、数十ものハッカソンに加えて、企業主導ではなく、急遽その場で決まって開かれたイベントも多かった。

初期の市場実験の情報収集を兼ねて、私たちもよくハッカソンの審査員を務める。2013年には、AT&Tとエリクソンが主催するイベントに参加した。会場となったサンフランシスコのハッテリーは、テック系の起業家を育成するために、グーグルの元経営陣が創設したインキュベーション施設である。このときのハッカソンでは、AT&Tは会場とコードサンプルだけではなく、たっぷりの炭水化物も提供した。ベテラン開発者や幅広い分野の〝センセイ〟が会場を歩き回るなか、彼らの助けを得た各チームのメンバーは、協力し合い、アイデアに集中し、実用レベルのプロトタイプ開発に没頭した。

このときのテーマは、「自閉症を抱えた子どもや大人とその家族に役立つ、スマートフォンアプリの開発」である。自閉症患者に向き合う関係者やベテラン開発者、高校生などで構成された各チームは、金曜深夜までと翌日の1日をかけて、アプリ開発に取り組んだ。そして、自閉症の子どもがモノの名前を覚えるための単語帳アプリや、社会とのやりとりがシミュレーションでき、フィードバックも得られるアプリなどが出揃った。

最後に、20を超えるチームがそれぞれの成果をプレゼンテーションする。その多くが、完成形に近い力作である。最初はお互いに知らない者どうしだった優勝チームは、1万ドルの賞金をメンバー全員で分け合った。だが、彼らにとってそれ以上に貴重な体験となったのは、モバイル系のエコシステムで活躍する第一線のリーダーに出会えたことだろう。そのエコシステムでは、ビッグバン・イノベーションが加速度的なスピードで生まれ出ているのだ。

シリコンバレーを席巻する「リーン」はなぜやるべきのか？

ハッカソンと同様に最近、大きな注目を集めるのが、シリコンバレーで始まった「リーン・スタートアップ」という起業モデルである（リーンは英語で「贅肉のない」「簡潔な」などの意味）。

この無駄を削ぎ落した起業モデルに従えば、製品開発はもちろん、市場投入でさえ高い間接費なしに行える。取引コストが不連続的に低減したおかげで、自前の製造設備や販売網、ＩＴ能力を持たないスタートアップであっても、製造業者を世界中の市場から簡単に見つけ出せるようになったのだ。ビッグバン・イノベーションの経済学は、スタートアップの最適な規模をわずか数人にまで縮小したのである。

既存企業が特異点のステージで積極的な役割を果たそうとして、市場でじかに実験を行うとなると、企業文化を大きく転換しなければならない。破壊的な技術がよりよくも、より安くもなかった時代、その技術を次世代の製品に組み込むためには、高額な実験代を賄う方法を見つけ出さなければならなかった。そこで企業は、あまり性能のよくない製品をニッチ市場向けに高額で売り出した。その技術を試すためなら、被験者になることを厭《いと》わない顧客に対して〝より悪い〟製品やサービスを〝より高く〟売ったのである。

彼らのような顧客が実験に参加し、資金を提供してくれたからこそ、イノベーター企業は開発を続けて、破壊的製品やサービスを、メインストリーム市場に販売できる価格と性能にまで改善できたのである。そしてようやくその時点で、企業は市場と技術的な専門知識とを活かしてキャズムを越え、マスマーケットにアピールできたのだ。

ところが、製品やサービスが最初からよりよく、より安いとき、過去のアプローチは不要なだけではなく逆効果ですらある。特異点のステージでは、市場実験のインフラはすべて揃っている。既存企業はリーン・スタートアップの方法を学んで、既製部品を組み合わせて実用レベルの製品をつくり出し、誰が買い、彼らがそれをどう使うのかをただ見極めればいい。新たな協業スタイルと新たなツールが登場して、市場実験のコストが低減した今、組み合わせ価値が設計価値を急速に上回りはじめたのだ。

古参VSベンチャー——3Dプリンタの競争のカギを握るのは誰か

急成長を遂げる3Dプリンタ市場では、現在、古いアプローチと新しいアプローチとがお互いを試し合っているところである。

3Dプリンタ業界最大手の3Dシステムズは、もともと義肢やヘリコプター、医療機器メーカー向けに産業用プロトタイプを製造していたが、先頃、従来のビジネスモデルを踏襲しながらマスマーケット用のプリンタ市場に参入した。まずは、プレミアムな顧客にカスタムソリューションを提案するところから始めて、貴重な専門知識を蓄積し、信用を築き、金融資本を積み上げていった。

そして3Dプリンティング技術のコスト低減を受けて、消費者市場に参入するタイミングを慎重に見計らい、2012年に初の家庭用3Dプリンタとなるキューブを発売した。約6インチ角の3

Dプリントが可能なキューブの販売価格は、１２９９ドル。３Dシステムズが発売する、1台1万ドルから10万ドルもする産業用３Dプリンタとは桁違いの安さである。

その３Dシステムズと対照的なアプローチを取るのが、スタートアップのメイカーボットである。３Dプリンタを発売したとき、３Dプリンタメーカーとしても他のどんな点においても、メイカーボットにはほとんど何の経験もなかった。そもそも創業者は、元美術教師と、彼がブルックリンのハッカソンで知り合ったふたりの開発者である。当時も今も彼らの目標は、アート作品か実用品かにかかわらず、個人がそれぞれのイノベーションをつくり出し、共有できるツールを提供することにある。

アメリカでは２００６年以降、毎年、ものづくり系の参加者がそれぞれの作品を展示したり情報交換したりする、メイカーフェアというイベントを開催してきた。その参加者と密接なつながりを築いていたメイカーボットの創業者は、低価格の３Dプリンタをつくるための部品が市場で手に入ることに、２００９年の時点で気づいていた。それどころか、ものづくり系の愛好家たちはすでに３Dプリンタを自作し、熱心なファンどうしで設計図や情報を自由に共有し合っていたのである。メイカーボットは２００９年に消費者向けの３Dプリンタを発売し、数年で2万２０００台を売り上げた。

メイカーボットが強い競争力を誇る理由は、いち早く市場に参入したからだけではない。シンギバースというサイトを設けて、３Dプリンタの設計や知識を共有できる仕組みづくりを行ってきたからだ。このコミュニティを支援するために、メイカーボットでは標準部品とオープンソースのスペックを活用することを重視してきた。

２０１３年、３Ｄシステムズの最大の競合であるストラタシスが、メイカーボットを６億ドル超で買収する。３Ｄシステムズと同様にストラタシスも、専門技術と応用知識とを備えた３Ｄプリンタ業界の最大手である。だが、ユーザーコミュニティと緊密な関係を築いたメイカーボットのようなスタートアップを買収することで、ストラタシスは、消費者市場に参入する際のリスクを分散させる戦略を描いたのだろう。

メイカーボットを買収したストラタシスが、まったく異なるふたつの企業文化からうまくシナジー効果を生み出せれば、その自由奔放な開発が、迎え撃つ３Ｄシステムズの強みであるハイエンドな技術と事業に対して勝利を収めることになるだろう。一方の３Ｄシステムズが勝利を収めるためには、Ｂ２Ｂで培った経験をうまく活かしながらも、現在の顧客ニーズに合わせすぎないという、難しいバランスを維持しなければならない。

〝ステルスモード〟で開発する時代はもう終わり

特異点のステージでは、「顧客の要望に合わせて製品を製造し、利益をあげる」という、既存企業の従来の強みは弱みに変わる。ビッグバン・イノベーションでは、製品やサービスのライフサイクルが短縮するため、個々の市場セグメントに応じて、ハイエンドからマスマーケットへと慎重に市場を攻略していく暇はないのだ。

メイカーボットの例が示すように、リーンなスタートアップが市場実験で活用するのは、新たな種類の参加者だけではない。既製のハードウエア、再利用可能なソフトウエアや設計、ビジネスインフラなどの資源も活用する。しかも、実験を顧客と競合の前でオープンに行う。初期ユーザーを市場実験に巻き込んで生まれる価値が、製品やサービスを秘密裏に完成させて、競合を驚かせる価値を上回るからだ。新製品やサービスを〝ステルスモード〟で開発する時代は終わったのだ。

同じ教訓を学んだのが、スタートアップのオキュラスVRである。オキュラスVRは、没入型ビデオゲームに対応する低価格の3Dヘッドマウント・ディスプレイを、ユーザーにも競合にもまったく包み隠さずオープンに開発している。おそらく、創業者のパーマー・ラッキーがそれ以外の方法を知らないからだろう。つい最近まで、彼は起業家どころか、コミュニティカレッジの学生だったのだ。

熱狂的なゲーマーでもある彼は、最近のディスプレイに不満を抱いていた。そこで、軍用をはじめとするさまざまな業界の、古いバーチャルリアリティ器具をイーベイで買いあさり、ビデオゲームに流用できないかと片っ端から試してみた。ところが、特注の高価なディスプレイは、ビデオゲーム用にはまったく向かない。すると今度は、製品を分解して部品を取り出すという荒っぽい方法を試し、携帯電話のスクリーンふたつとスキーゴーグルなどを組み合わせて、3Dヘッドマウント・ディスプレイをつくってしまった。こうして誕生したのが、オキュラス・リフトである。

ゲーム業界のベテラン開発者に熱心に勧められ、ラッキーは数人の仲間とキックスターターで資金提供を呼びかけ、1か月で250万ドル近い資金を集める。当初、ラッキーは自分が手がけた初期の製品を数千ドルで販売していたが、開発キットをたったの300ドルで売り出した。2014年、オキュラスVRはフェイスブックに20億ドルで買収され、新製品の発売を2016年春に予定している。

ハードウエアの場合には、汎用コンピュータプロセッサ、センサー、ディスプレイやユーザーインターフェースを組み合わせて、ほとんどカスタマイズもせずに新たな機器をつくることができる。一方、ソフトウエアによって成り立つサービスやアプリも、この20年というもの、ソフトウエア・エンジニアリングの発達に伴い、ますますコードを再利用しやすくなった。共通機能をOSやミドルウエアに組み込む傾向も進んだ。コンピュータで読み取り可能なバーコードをつくったり、音声を認識したりするための特殊なアルゴリズムでさえ、オープンソースか格安のライセンス料で手に入るのだ。

ビッグデータの概念が登場したことによって、プロプライエタリなデータウエアハウスも、実験に使用できる、組み合わせ可能な製品へと急速に進化した。グーグルの地理データやEUのオープンデータといった、クラウド上の膨大なデータベースは、標準フォーマットと公開インターフェースに体系化され、無料かライセンス料を支払えば利用が可能だ。

データ共有が生み出すネットワーク効果を考えれば、研究コストがビジネス分野のみならず、ソフトウエアとは無関係な、物質化学や基礎化学の分野においても低減する理由がわかるだろう。米国国立ヒトゲノム研究所（ＮＨＧＲＩ）によると、２００1年には1万ドルだった、ＤＮＡ配列のメガ塩基対当たりの読み取りコストは、２０１３年にはわずか10セントに激減した。同じく２００1年には1億ドルだった、ヒトゲノムの配列決定に要するコスト――人間ひとり当たりの全遺伝子情報を解読するコスト――は、２０１３年には数千ドルにまで低減した。オープンソースのソフトウエア、標準データベース、クラウド上の記憶装置や処理を、あらゆる分野の研究者が利用しはじめた今、自由奔放な開発はますます加速するばかりである。

その大きな理由は、ソフトウエアやデータを含む〝デジタルな部品〟は使い尽くされることがなく、その部品のコストが――たとえ、完全になくなることはないにしろ――低減する一方だからだ。グーグルのチーフエコノミストであるハル・ヴァリアンは言う。「私たちが目にしているのは、インターネットの構成要素が揃った時代です。そして、ソフトウエアやプロトコル、言語を組み合わせて、まったく新しいイノベーションをつくり出す可能性を手に入れた時代なのです」

ヴァリアンは、さらに次のように説明する。

次々につくり出し、複製し、世界中に拡散させれば、何千、何万ものイノベーターが同じ部品を組み合わせ、再び組み合わせ直して、新たなイノベーションをつくり出すことができます。だから、部品が不足する心配はありません。在庫調整の遅れもありません。誰もが部品を手に入れられる状況にあって、私たちは今、イノベーションの大いなる爆発を目撃しているのです。

イノベーターの目には「業界の壁」は映らない

組み合わせイノベーションの利点は増える一方だ。そして、基礎研究のアプローチもまた、大きく変化しつつある。業界が抱える問題に莫大な資金を投じて、真正面から研究開発に取り組む時代は終わった。ビッグバン・イノベーションは、市場でじかに実験することから始まる。本章の冒頭で述べたネオ・ルシダのように、実験期間をあえて短くする場合も多い。期間限定の実験は格好の手段である。利益を生み出し、経験をもたらすうえに、再利用したり組み替えたりできるデータソースも手に入るからだ。

イノベーター企業とその投資家は、実験から学んだことを隣り合う市場で即座に実行する。規制当局が参入障壁を設けているヘルスケア産業や公益事業の既存企業は、新規参入の脅威に鈍感になってしまい、起業家が目の前で行う実験にも気づかない。そのため、その業界の大きな技術的障壁の周辺で、急激なイノベーションが起きやすい。同じくらい重要なことに、破壊的製品やサービスが大々的に登場すると、訴訟が急増し、政治の場を舞台に激しい戦いが勃発する。

このところ目につくのは、使い捨ての化学電池や低価格の発電方法を模索する市場実験である。2013年にはスウェーデンの小型燃料電池メーカーが、パワートレックという手のひらサイズの充電器を発売した。パワートレックではハイドロゲン燃料電池の基本原理を利用して、付属の小さなタンクに少量の水を入れ、化学物質の入った使い捨てカートリッジ（充電パック）をセットするだけで、化学反応が起きて発電し、スマートフォン用の充電器を即席でつくることができる。

エネルギー部門ではもう何年も前から、発電と再充電が可能なクルマ用の電池を中心に、ハイエンドのハイドロゲン燃料電池の開発が盛んに行われてきた。ところが、開発コストが高いために、製品化は遅々として進まず、環境問題への懸念もなかなか払拭できなかった。パワートレックはその同じ基礎技術を提案しつつ、小さな規模に見合った、より単純な化学作用と不活性物質を利用している。

このアプローチは消費者向けの製品を生んだばかりか、エネルギー産業が抱える最も困難な問題のソリューションをも指摘しているように思える。たとえ自社では行わないにしろ、このような自由奔放な開発こそを、既存のエネルギー企業は注意深く見守るべきなのだ。

ところが、エネルギー部門などの規制の厳しい産業では、中央からだけでなく、業界の周辺からも大規模なビッグバン・イノベーションが起きやすい。なぜならこの手の産業は規模の大きさゆえ、効率性や価格がわずかに改善されただけでも、勢力と利益の均衡が変化するからだ。規制に縛られた産業の既存企業は法的制約を受けるため、よりよく、より安い技術は、規制を受けない外部のイノベーター企業から生まれやすい。彼らは、新しいデータソースやネットワーク、機器を駆使して情報サービスを提供し、既存企業と顧客とを分断する。そして、その産業が抱える根本的な問題を何ら解決することなく、新たなツールを駆使して効率性をもたらし、専門技術や知識を積み上げて、将来の破壊的製品やサービスを生み出すのである。

たとえば電力産業では、スマートグリッドと呼ばれる電力網の開発によって、かなりの効率化が進んでいる。スマートグリッドでは、発電所や配電ネットワーク、電力メーター、あるいは個々のソケットが、さまざまなセンサーや要素技術を用いて、電力使用と需要のデータをリアルタイムに収集する。その情報を分析・報告することで、発電による負荷を分散させ、事業所と家庭の無駄な電力使用を抑制して、効率化につなげるという仕組みである。

こうして集めた情報を活用すれば、多様な価格設定を実現し、再生可能と非再生可能なエネルギー源を効率的に組み合わせたり、盗電防止につなげたりでき、発電所や機器の設計も改善できる。より優れた情報ツールとインターフェースによって、今後20年間で見込まれる経費節減額は約１０００億ドルにものぼるという。２０１４年には、世界のスマートエネルギー製品市場は２０００億ドルに達する見通しだ。

発電事業者や配電事業者、その他の既存事業者は、スマートグリッド技術市場のおもな参加者として大きな利益を得ることになるが、スマートエネルギー製品市場が生み出す莫大な利益は起業家や投資家にとっても抗いがたい魅力を持つ。この数年で、ベンチャーキャピタルの資金提供を受けたスタートアップが数十社も誕生し、チャンスをものにしようとしてきた。スマートホームやビルの監視ソフトウエアを開発した起業家もあれば、送電網に取りつける最先端のセンサーを設計したイノベーター企業もある。組み合わせイノベーションをもとに、ランダムな実験が活発に行われているところだ。

「特許」は組み合わせイノベーションから守ってくれるのか？

創造性を開花させ、経済的な利益を生み出す組み合わせイノベーションには、強力な対抗勢力となって働く要素もある。国際特許である。特許では、優れた発明を行った者がその内容を公開する代わりに、一定期間、みずからの発明を独占的に使用する権利を国が保護する。その際に前提となるのは、組み合わせによる発明ではなく〝設計による〟発明だ。著作権の場合と同じく、発明に対する法的保護も産業革命とともに発達し、開発、製造、流通コストの高い製品の利益を最適化するために活用されてきた。

特許権保護の目的は、破壊的イノベーションを刺激することにあるが、今日、特許権の保護は利益よりも害をもたらすと考える開発者は多い。世界各国の議会や特許庁も、ソフトウエアのような組み合わせ可能なイノベーションに、特許システムをどう適用したものか、苦慮してきた。特許システムが危機に陥っていることは間違いない。

世界的な企業でさえ、特許問題の泥沼から抜け出す方法を探っている。特許プールと呼ぶ一種のカルテルを結成し、競合がそれぞれの特許を手頃なライセンス料で許諾し合う方法もある。莫大なカネと時間のかかる訴訟を避けるためだ。

各国政府が特許問題の解決策を模索するなか、知的財産を、既存企業が起業家と協業する際の一種の〝通貨〟として活用する企業が現れた。

たとえばゼネラルエレクトリック（GE）では、特許権の保護と「自由奔放な開発」とのバランスを取るクリエイティブな方法を編み出した。クワーキーという、クラウドソーシングサービスのベンチャー企業とのあいだで提携関係を結んだのである。「発明家のコミュニティ」を謳い、40万人近いユーザー数を誇るクワーキーでは、オンライン登録したユーザーが投稿した開発アイデアを吸い上げて、市場でじかに実験を行い、最終的に売れる製品をつくり出す。

GEの狙いは、自社が持つ数千に及ぶ特許の使用許可をクワーキーのユーザー会員に与えて、IoTを支える技術の開発を加速させることにある。〝世界最強のインフラ企業〟を目指すGEでは、IoTを、未来の製品やサービスのカギを握る分野と位置づけている。GEの特許を用いてクワーキーが開発した製品がヒットした場合には、GEはクワーキーとのあいだで収益を分配する。自社の知的財産を、クワーキーの登録ユーザーのエネルギッシュな創造力を手に入れるための〝交換手段〟と捉えているのだ。

GEの最高マーケティング責任者（CMO）は、『ニューヨーク・タイムズ』紙にこう述べた。「我が社には、消費者向け製品に活用できる技術がたくさんありますが、コア事業ではないために充分に活かしきれてはいないのです」

それでも、GEの〝コア事業〟はこれまでも現在も、新製品と新サービスとをつくり出し、新しい市場と新しい産業を生み出し、GEに驚くような新しい価値をもたらすことに変わりはない。つまりGEのコア事業とは、ビッグバン・イノベーションの上に築かれた市場をつくり出すことなのだ。言い換えれば、GEをはじめ破壊的なイノベーター企業に取って代わったのは使命ではない。ただ、ツールが変わっただけなのだ。

そして、そのツールはごくシンプルなのかもしれない——あまりにシンプルすぎて、文章にもならないくらいに。さて、第5章では、シャークフィンの第2ステージである「ビッグバン」について詳しく見ていこう。

Chapter 5
The Big Bang

第5章

ビッグバン

「破滅的な成功」そのものが
イノベーターを追い詰める

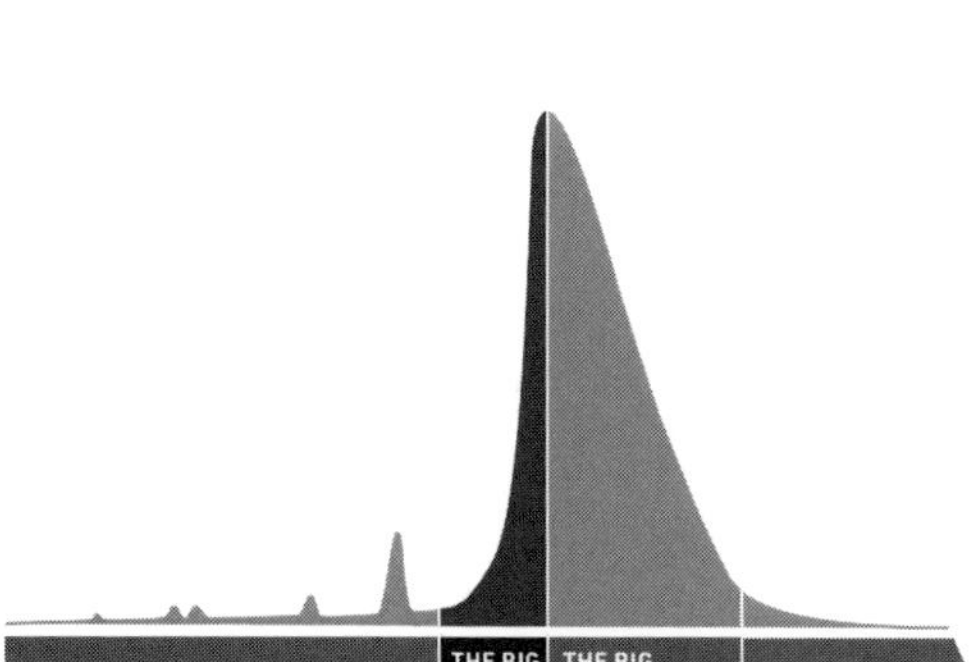

ツイッターと〝フェイル・ホエール〟

ツイッターは一見したところ、ごくシンプルだ。複数ユーザー向けのテキストメッセージサービスと、たいして変わらないように見える。140文字以内の〝ツイート〟をフォロワーに発信し、他のユーザーのツイートをフォローする。リツイートもでき、検索機能を使えばキーワードを含む投稿を世界中から探し出せる。外部ユーザーにとっては、携帯電話のショートメッセージサービス（SMS）を、ほんのちょっと進化させただけに見えるだろう。

2006年にツイッターを利用していたのは、ごく少数の内部ユーザーだった。ところが7年後の2013年には、全世界で2億人が利用していた。となると、そのあいだに何か革命的なことが起きたに違いない。毎日のツイート数は、5億回近くにものぼる。レディー・ガガ、クリスティアーノ・ロナウド、オバマ大統領といったセレブやアスリート、政治家には、数千万人ものフォロワーが存在する。

ビヨンセの懐妊からUEFA欧州選手権の優勝決定戦、あるいは2011年に日本を襲った大地震や津波まで、大きなできごとが起きたときには、世界中のユーザーが毎秒数千ものツイートを投稿する。どんなＴＶ番組も視聴者に、「ツイッターでフォローして、会話に参加しましょう」と呼びかける。

シンプルに見えるツイッターのユーザーインターフェースの裏には、複雑なシステムが隠されている。成長著しいこの巨大企業の舞台裏では、１０００人を超す、ほとんどがエンジニアの従業員が、ネットワーク設計と最適化の限界に挑みつづけている。ツイッターでは、トラフィック（通信量）の大幅な増加を見越して、毎秒３万回超というピーク容量に合わせて、数千台のサーバーやルーターやスイッチを設計してきた。そうでなければ、２０１０年末に始まった、アラブの春のような世界を揺るがす大事件が起きたときには、とても対応しきれないからだ。

「ショートメッセージを、リアルタイムの世界的なソーシャルネットワークに変える」という、ツイッターの基本的なイノベーションは、国や地域や関心事も違う、あらゆる種類のユーザーの心を強くとらえてきた。２０１３年末の新規株式公開（ＩＰＯ）を前にして、ツイッターの企業価値を１００億ドルと見積もった専門家もいたほどだ。

だが、ビッグバン・イノベーションを起こした他の企業と同じように、ツイッターも創業後の数年間は、突然の成功に呑み込まれて危うく破滅するところだった。想像をはるかに超える数のユーザーが殺到したために、インフラも人手もまったく足りず、安定したサービスを提供できなくなってしまったのだ。

２００７年のサービス開始当時、ツイッターは商用サービスというよりも、まだ実験段階にあると言ったほうが近かった。事業と呼ぶには心もとなく、ましてや世界で最も認知度の高いブランドに成長するとは思いも寄らなかった。

　とりわけ深刻だったのは技術的な問題である。もともと設計において、拡張性に難があったのだ。必死の努力にもかかわらず、２００８年に入ってしばらく経った後でも、まだ毎月十数時間もサービスが停止した。その間、エラー画面には〝フェイル・ホエール〟と呼ばれる、静止画のクジラのキャラクターが現れる。〝役に立たないクジラ《フェイル・ホエール》〟が、小さな鳥たちに紐で吊り下げられて、海の上を運ばれていくイラストである。あまりにしょっちゅう画面に登場するため、ユーザーは「ツイッターは現在キャパオーバーです」という、エラーメッセージを読む必要もなかった。

　不手際をさらに悪化させたのが、〝役に立たない《フェイル》経営陣〟である。ツイッターを創業したのは、まだ若い３人の起業家だった。そのうちのひとりは創業当時も大学生であり、３人揃って、世界的な企業を築くという経験もなければその自覚すらなかった。若い創業者の不手際に苛立つ投資家は、ベテランの登用を強く求めた。

　そしてついに２０１０年、ＣＯＯ（最高執行責任者）のディック・コストロがＣＥＯに昇格する。グーグルの経営陣という地位を棄てて、前年９月にツイッターに参加したばかりのコストロは、豊富な経験を活かして、いまだ実験段階にあるスタートアップを、機能する巨大企業へと育て上げたのである。

　その後、ツイッターは企業としても技術的にも安定した基盤を築いた。コストロはパートナーシップを推し進め、収益の新たな柱づくりを強化し、広告主向けの「スポンサード・ツイート」プログラムや、動画を撮影し、編集して投稿できる「ビデオ・オン・ツイッター」サービスを開始した（コストロは、2015年6月にCEOを辞任する）。

ツイッターは〝破滅的な成功〟に苦しみ、その苦難を乗り越えた。破滅的な成功こそは、ビッグバンのステージにおいて最も危険な特徴のひとつなのだ。

スタートアップも既存企業もお構いなしに呑み込むステージ2「ビッグバン」

ビッグバン・イノベーションは、既存市場を二段構えで崩壊させる――「徐々に」、そして「突然に」。特異点のステージでは、崩壊は徐々に起きる。そしてビッグバンのステージに入ると、成功も失敗も何もかもが突然に起きる。顧客は殺到するか、しないかのどちらかだ。エベレット・ロジャーズの普及モデルでは、製品やサービスは5つの市場セグメントを通して、ゆっくりと市場に浸透していった。だがビッグバン・イノベーションの場合、顧客は「試験利用者」と「市場の大多数」の2種類しかない。特異点のステージでは試験利用者に焦点を絞ったが、本章では、もうひとつの顧客セグメントである市場の大多数について詳しく探っていこう。

ビッグバン市場は、本質的に「ひとり勝ち市場」である。シャークフィンのこのステージにおいて、起業家も顧客も、ものごとが加速度的なペースで進むのを感じる。だがとりわけ既存企業は、「ある朝、目が覚めたら、自社のコア製品やコア技術が、よりよく、より安い製品や技術に駆逐されていた」ことに気づくのである。ほんの数か月、いや、たった数週間の差が、大きな勝利か不名誉な撤退かを分ける。

市場で手に入るほぼ完全な情報によって、破壊的製品やサービスがとめどない成長を遂げると、ビッグバン・イノベーションはウイルスのように広まる。顧客は破壊的製品やサービスに殺到し、企業は投資対効果検討書を何度も書き直すはめに陥る。スタートアップか既存企業かを問わず、イノベーター企業は突然訪れる成功のシグナルをとらえ、激しい加速の嵐を生き延びる術を学んでおかなければならない。

ビッグバンのステージを生き抜くためには、タイムマシンに乗ったときのように未来を読み解き、先手を打つ戦略が必要だ。めまぐるしく変化する市場をどうすばやく読み取り、空前の需要を満たすのか。ひとり勝ち市場で、どうすれば勝者になれるのか。次の破壊的製品やサービスを投入する準備ができていないときには、どうやって競合の動きを遅らせ、時間稼ぎをすればいいのか。

以上のような問いに答えるために、たっぷりと事例を取り上げよう。本章で紹介するビッグバン・イノベーションを生んだ企業は、次の3つのルールに従って、短いが嵐のようなステージを生き延びたか――ルールを活用できずに、生き延びることができなかった。

ルール4：「破滅的な成功のシグナル」を見逃さない

数週間とは言わないまでも、数か月のうちに、市場実験が世界的なブランドへと成長する準備を整えておく。忙しすぎてそんな余裕がないときでも、技術アーキテクチャとビジネスアーキテクチャとを設計し直す準備は欠かせない。新たな標準規格が登場しつつあることを、見逃さないこと。新たな「標準」の登場は、勝利を収める技術が成熟するシグナルである。

ルール5：「ひとり勝ち市場」で勝者になる

目先の利益も含めて何もかもを犠牲にしなければ、ひとり勝ち市場で勝利をつかみ取ることはできない。特に、破壊的製品の成功を梃子《てこ》に、次世代の製品をさらに速いスピードで開発し、市場に投入する際には、すべてを犠牲にする覚悟が必要だ。

ルール6：「ブレットタイム」をつくる

訴訟や規制などの手段に訴えて、イノベーター企業の破壊的製品やサービスが利益を生まない状況に追い込む。そのあいだに、実験を進めて自社製品やサービスの開発を加速させ、戦略的な提携を行い、タイミングを見計らった買収を進める。

ルール4：「破滅的な成功のシグナル」を見逃さない

ベータマックスと蒸気自動車には共通する失敗がある

実験を安価に行えるうえに、安定したプラットフォームのおかげで情報を簡単に発信でき、市場からのフィードバックも直接戻ってくるため、特異点からビッグバンへの移行はすばやく、時には突然に起きる。技術の絶妙な組み合わせと優れたビジネスモデルとが一体になったとき、破壊的製品やサービスはたちまち普及する。失敗続きの実験を目撃し、またみずから体験もしてきた顧客は、自分がどんな製品やサービスを求め、それがどんなかたちをして現れるのかも知っている。

ビッグバン・イノベーションの破滅的な成功は、市場にあるほぼ完全な情報から生まれる。企業が、慎重に選んだ情報を潜在的顧客に向けて、一方的にTVで流す時代は終わった。今は顧客が、価格やクオリティやカスタマーサービスについて、いつでもどこにいても、他の顧客から情報を引き出せる時代なのだ。広告はカスタマイズされ、絶好のタイミングで、たいてい信頼できる紹介や推薦のかたちで届く。

市場でほぼどんな情報でも手に入るようになると、消費者が失敗する回数は減る。「派手に宣伝している」という理由だけでは、かろうじて合格点の製品を買う者はいない。3Dテレビや電気自動車にしても、太陽光発電サービスにしても、〝これは〟と思うものが登場するまで買い控える。〝あともうちょっと〟の製品やサービスは、ほとんど売れない。いや、まったく売れないのだ。

従来の釣り鐘曲線の普及モデルをもとに、ハイテク製品のマーケティング計画を立ててきた既存企業は、厳しい転換を迫られる。最善のマーケティングをもたらすのは初期ユーザーである。ネットワーク効果が働くのに伴い、その価値はますます高まる。既存企業はマーケティングキャンペーンを計画する代わりに、顧客の情報ネットワーク力をうまく活用する方法を学ぶべきである。

破滅的な成功を生き延びるためには、失敗続きの実験が破壊的な製品やサービスへと変化する瞬間を先読みし、変化に対応する準備ができていなければならない。その瞬間を逃せば、成功も逃してしまう。

価格やクオリティ、性能面で優れていたかもしれないのに、ユーザーが殺到する瞬間に必要な勢いをつくり出せずに、ビッグバン・イノベーションになり損ねた失敗例は多い。

たとえば、ソニーのベータマックス（家庭用ビデオ機器）がそうである。1980年代、ソニーのベータ方式は、日本ビクター（現JVCケンウッド）のVHS方式との規格争いに敗れた。その約20年後には、第3世代光ディスクの規格をめぐって、ブルーレイがHD‐DVDとの争いを制した。必ずしも勝者が技術的に優れていたわけではない。勝敗を分けたのは、必要なときに必要な場所に居て、市場の成熟に応じて事業を拡大する準備ができていたかどうかなのだ。

1890年代にまで時代をさかのぼろう。当時、蒸気か電気かガソリンかをめぐって、自動車は熱い戦いを繰り広げていた。自動車がメインストリーム市場の顧客にも手の届くようになったこの頃、まず優勢に立ったのは蒸気自動車だった。1909年には、スタンレー・スチーマーという蒸気自動車が、時速196キロメートルという世界記録を打ち立てる。

ところが、スタンレー社は蒸気自動車を〝贅沢品〟と位置づけ、高額な価格設定を行うという失敗を犯した。そのうえ、売上げを伸ばすために重要な時期の1914年に、口蹄疫《こうていえき》が発生する。そのあおりで、馬用の公共の飼い葉桶――スタンレーの蒸気自動車は、タンクに頻繁に水を補給する必要があり、当時、公共の飼い葉桶の水を使って給水していた――が閉鎖されてしまい、蒸気自動車の売上げは失速する。一方の電気自動車も走行距離が伸びずに、売上げが低迷していた。

ガソリン自動車が普及した大きな理由は、そのような戦略ミスを避け、技術的障害も回避したからである。そして、ガソリン式の人気が高まるにつれ、生産コストは下がり、ガソリンスタンドを整備するための膨大な資金も調達できた。ガソリン式はさらに売上げを伸ばし、蒸気式と電気式の成功の芽を潰してしまった。一度火のついた、ガソリン自動車の勢いを止めることはできなかったのである。

「急激に襲う、とてつもない成功」という悪夢――たった48時間で……

〝ここぞ〟というタイミングをとらえて、その瞬間の準備をしておくことは、指数関数的技術の世界ではますます重要になりつつある。第3章で紹介した、ダラー・シェイブ・クラブを覚えているだろうか。男性用剃刀を郵送で販売するこのスタートアップも、破滅的成功の犠牲者である。若き創業者が〝はしたない〟言葉を口走る販促用の動画をユーチューブに投稿したところ、またたく間に口コミで広まり、1000万回の再生回数を突破した。それと同時に、ホスティングサービスの能力を上回る勢いで、同社のウェブサイトへのアクセスが急増したのだ。

動画を投稿してたったの48時間で、1万2000件もの注文が殺到すると、ダラー社はその対応に追われた。「恐ろしかったですよ」。創業者のマイケル・ドゥービンは、『ニューヨーク・タイムズ』紙に語った。「準備に1年半もかけて、何もかも犠牲にして、ようやく発売日を迎えたと思ったら、その最大の夢が恐ろしい悪夢に変わってしまったんですからね。せっかくのチャンスが吹き飛んでしまうかもしれません」

ドゥービンが学んだように、破滅的成功を生き延びるためには、恐れ知らずの、傲慢で危険とすら言える計画が必要だ。実験に着手した段階で、急激に襲う、とてつもない成功に備えておかなければならない。すなわち、在庫を揃え、システムを整備し、注文に応じる人的資源も確保しておく。膨大な数の顧客ベースをさばくサービス体制を整えておく一方、新製品か新バージョンの発売に向けた準備も怠ってはならない。

新製品や新サービスの多くが、破壊的な威力を発揮できないままに終わってしまう。その原因は単純に、企業が通常の売れ行きを見込んで計画するからだ。だがそれでは、顧客が新製品や新サービスに殺到したときにはとても対応しきれない。リスクを回避する作戦は、失敗を招くレシピに他ならない。

だが、もし予想以上のスピードで売上げが失速したら？　すべてを回収できると当て込んでいたのに、不要な在庫や資源に囲まれるはめになったら？　そのときには、取り返しのつかない過ちを犯すことになってしまう。さっそく従業員を雇い入れ、意気込んで生産設備を整えたか、数人のスタートアップにスタッフを取り揃えて、一人前の企業並みの体裁を整えたのはいいが、結局、ビッグバン・イノベーションを起こす製品やサービスを生み出せなかった……。こんな悲惨な話を知らないシリコンバレーの投資家は、誰ひとりとしていないはずだ。

そして、結末はいつも同じ。投資は失敗。企業は破綻。後に残ったなけなしの資産――たいていは特許や知的財産――に、ハゲタカ投資家が群がる……。

破滅的成功を生き延びる最善の方法は、サードパーティの資源を確保しておき、できるだけ多く、できるだけ速く――おそらく緊急に――アウトソーシングできる体制を整えておくことだ。大きく儲けるためには、オンラインで確保したサプライチェーンにできるだけ多くを任せる。そうすれば、自前で設備を揃えることなく生産能力を簡単に増減できるからだ。クラウドサービスを使った情報保存や処理、部品のフレキシブルな製造についても同じことが言える。

完全にデジタルであるソフトウエア製品や情報サービスの場合には、アウトソーシングは比較的簡単だ。拡張可能なインフラを、オンデマンドによって世界中のプロバイダーから利用できるからである。データ記憶容量、ウェブサイトホスティング、注文処理能力や通信能力も早急に増減が可能だ。

ところが、かたちある製品となるとそうはいかない。あるとき、私たちは同僚に勧められて、新発売になったＵｌｔｒａｂｏｏｋ（薄型軽量ノートパソコン）のカスタマーレビューを読んだ。そしてインテルのウェブサイトを訪れ、1台注文しようと思った。ところが予約を入れようとしたものの、どの製品も在庫切れのうえ、最低でも90日待ちだという。いつ手元に届くのか、それすらもはっきりしない。入荷日さえ不明の製品に今、全額を支払えば、予約の順番を確保してくれるという。私たちは注文を諦めた。

どうやら大量のカスタマーレビューを読んだのは、私たちだけではなかったらしい。インテルにとって不幸だったのは、今日、コンピューティング機器の〝ヒット作〟のライフスパンは90日もないことだ。ようやくそのヒット作が手に入る90日後には、市場はすでに動いてしまっている。インテルは発売と同時に、Ｕｌｔｒａｂｏｏｋの在庫をうまく売り切った。ところが、爆発的なヒットに備えていなかったばかりに、膨大な額の売上げをふいにしてしまったのだ。

しかも、せっかく買う気になっていた顧客を失望させ、嫌な思いまでさせてしまった。今後、彼らはインテルの製品を二度と買おうとは思わないかもしれない。しかも、その体験をブログやツイッターに投稿しないとも限らない。

エアビーアンドビーの運命をギリギリで救った「決断」

その一方でこんな例もある。空いた部屋や個人宅を貸し出すマッチングサービスのエアビーアンドビーも、同様の危機を体験した。創業から3年後の2011年に、顧客やホストから受け取る1日のメール数が数十通から、一気に1000通を超えはじめたことがあった。カスタマーサービス（エアビーアンドビーでは〝航空隊〟と呼ぶ）は突如、すべてのメールをさばき切れなくなった。そして、メールの返事が数時間遅れから数日遅れにもなると、顧客からのメール数も、いきなり〝がくんと〟落ちたのである。破壊的サービスを築こうとする企業にとって、破滅的な事態の始まりを告げていた。

「今が運命を決する重大なとき」と確信したエアビーアンドビーの経営陣は、人的資源の抜本的な改革に乗り出した。4か月にわたってノンストップで従業員を雇い入れ、短期集中の厳しい特訓の末に、航空隊の数を3倍に増やした。その結果、創業後初めて、カスタマーサービスの対応能力がユーザーのメール数を上回り、その後も、経営陣は人的資源の充実に取り組み、安定した成長を確保している。

以上のような例が示すように、ほぼどんな情報でも市場で手に入るのであれば、今後はますます「カスタマーサービスの質が、新製品や新サービスの成否を左右する」ことになる――ところが、それが理解できている企業は少ない。生身の顧客がレビューサイトに率直な感想を書き込むのは、製品のクオリティについてだけではない。どれほど優れた製品であっても、購入前後のサポートが悪ければ、評判を落としてしまう。しかも、顧客はたいてい悪いレビューから読んでいく。

ユーザーを、カスタマーサポートのパートナーとして活用する方法を学ぶことは、破滅的な成功を生き延びるカギである。初期ユーザーは、自分が他の人に先駆けて試した製品に対して〝特別な感情〟を持ちやすい。そのため、彼らは「何でも聞いて！《アスク・ミー・エニシング》」コミュニティの掲示板で、喜んで質問に答えたがる。

メインストリーム市場に対応した経験も、その能力もないスタートアップにとって、初期ユーザーはとりわけ貴重な資産に違いない。カスタマーサービス部門を持つ既存企業が、初期ユーザーにアウトソーシングするということは、みずからのコントロール力を手放し、またそういう事態を促すことでもある。受け入れるのは難しいが、避けて通ることもできない。

IoTで成功するための予兆はどこにあるのか？

破滅的な成功を生き延びるためには、その他にも、できるだけ多くの予兆をとらえなければならない——消費者が「どの」製品やサービスに殺到するのかだけではなく、それが「いつ」起きるのかを知ることも重要だ。初期の市場実験が突如、破壊的製品やサービスに変わる、その瞬間をピンポイントの精度で見極めるツールが必要になる。

私たちは、破壊的製品やサービスが現れるときの初期兆候について調べた。おそらく最もわかりやすい兆候は、新しい技術に関する標準規格がいくつか競合しはじめることだろう。新技術の標準化によって、組み合わせイノベーションのプロセスは簡略化し、部品を組み合わせやすくなる。新しい規格の普及を狙って企業連合が生まれ、エコシステムの構築を目指す。

ただ軽い気持ちで新しい可能性を試しているだけなら、イノベーター企業も、サプライヤーや流通業者、小売業者が参加する堅固なエコシステムをつくり上げる必要はない。だがエコシステムがなければ、破壊的製品やサービスを生み出して、売上げを増大させることはできない。指数関数的技術がビッグバンのステージへと飛躍するときに、共通インターフェース、電子データ交換、ネットワークアーキテクチャがなければ、爆発的な普及を支え切れないからだ。

たとえば現在、各陣営が標準をめぐって熱い火花を散らし、初期の市場実験が急増しているのがIoTの分野である。種類の異なる機器の接続性を高める実験において、イノベーター企業はこれまで、互換性のない通信プロトコルや周波数、ネットワークを利用してきた。だがそのような状況では、どの機器どうしもつながるという保証はない。

より多くの機器がインテリジェント化し、より多くのデータを捕獲して活用するようになった今、開発者やサプライヤー、消費者を囲い込もうと、複数の規格が標準化を目指してしのぎを削っている。オープンソースの規格もあれば、プロプライエタリな規格もある。

たとえば、開発者や規制当局、既存の家電メーカーが連合を組んでいる規格のひとつに、ジグビー（ＺｉｇＢｅｅ）がある。近距離無線通信規格であるジグビーは、許可を取る必要のない無線周波数帯域で、低電力のネットワークとして動作する。中継装置を利用し、対応するネットワークを介することで、遠くまでデータを転送できるという巧妙な仕組みも備えている。

ところが、消費財に直接埋め込むＩｏＴチップを製造するブロードコムは、ジグビーなどの特定の規格ではなく、Ｗｉ‐Ｆｉやブルートゥースのようなジェネリックな通信プロトコルを用いる。先述したＷｅＭｏを展開するベルキンも、同じアプローチを取っている。ジェネリックな通信プロトコルは電力をより多く必要とし、転送距離もより短い反面、普及を大きく後押しする強みがある。ほとんどの家庭にはすでにＷｉ‐Ｆｉ用のルーターがあるため、消費者が使い慣れたインフラに乗っかったかたちで、普及を促しやすいのだ。

標準化をめぐる戦いに共通することだが、技術的な優位性は勝敗を決する要因のひとつにすぎない。いずれにしろ、何がＩｏＴの標準規格になるのかは、まだ今のところわからない。最後に勝利するのは、最も普及を促しやすい陣営だろうと、業界内の事情通は見ている――すなわち、第２章でも述べたネットワーク効果が最も早く現れるソリューションというわけだ。

銀行と教育も破壊される――ペイパル、スクエア、カーン・アカデミー

標準化をめぐる戦いは、取引コストの高い産業でも起こりやすい。たとえば、売り手が強い影響力を及ぼせない市場だ。あるいは、非営利の組織が市場を支配しているか、規制が厳しいか、その両方の条件を満たす産業である。そして、そのような制度上の制限が障壁となって、意図せずして長年、イノベーションを阻んできた。

たとえば高等教育や支払い処理分野では、指数関数的な技術がビッグバン・イノベーションを生み出す可能性は、市場実験が破壊的製品かサービスに飛躍する、ずっと前に決まってしまっている。消費者は新たなエコシステムに参加する用意ができ、喜んで参加したいと思い、実際、参加することも可能だ。ところが問題は、消費者側にあるのではなく、前に進めない業界側にある。

技術の標準化を推し進める傾向は、サプライチェーンの頑固な非効率性を改善する取り組みが行き詰まっている証拠である場合が多い。標準化とはつまるところ、遅々として進まない統合や再編成、簡略化を促すためだけに必要なのかもしれない。

高等教育分野で考えてみよう。非営利法人の多いこの業界では、取引コストを削減する技術を導入するというインセンティブが、マーケット主導では働きにくい。学生は大きな交渉力を持たない。大学側にも、インターネットとモバイル技術を使ったオンライン授業を充実させられるだけの権限がない。他のエコシステムでは成熟し、安定した技術として根づいているビデオストリーミングやデジタルコンテンツも、この業界ではまだうまく活用されていないのだ。教授は、学校と学生とのあいだで板挟みとなる。終身在職権を保障する大学に忠誠を誓いつつも、みずからの知見をより多くの視聴者に届けたいという思いとのあいだで心は揺れ動く。

長年に及ぶ圧力（予算不足に悩む公立大学の場合には、政治的圧力もかかる）の高まりを受けて、この問題を技術で解決しようという動きが出てきた。それが、オンライン上で誰でも無料で高等教育が受けられる、「大規模公開オンライン講座（MOOC《ムーク》）」である。MOOCの実験はすぐさま大反響を呼び、数百万人もの受講者を集めた。2011年には、学位課程にある全学生の3割以上が、最低でもひとつのオンライン講座を受講していた。

このような状況に刺激され、民間部門も実験に乗り出した。その代表格は、非営利の教育ウェブサイトを運営する「カーン・アカデミー」と、ベンチャーキャピタルの支援を受けた「ユーデミー」だろう。これらと競合関係にあるのが、研究大学の連合が提供するプラットフォームである。たとえば、ハーバード大学とMITは「エデックス」を運営する。スタンフォード大学のふたりのコンピュータサイエンスの教授が立ち上げた「コーセラ」では、世界中の大学の講座がオンラインで受講可能だ。また、コンピュータサイエンス専門の無料オンライン大学である「ユーダシティ」は、別名〝シリコンバレーの大学〟とも呼ばれている。

それでもまだ、大学は腰の引けた状態だ。オンライン講座に受講者が殺到すれば、大学のブランドに傷がつき、入学者数を絞ることで保ってきた大学自体の付加価値を損なうのではないかと恐れているのだ。あまりに急進的すぎて、既存大学が対応しきれない新たな「標準」もある。元ヘッジファンド・マネジャーのサルマン・カーンが始めたカーン・アカデミーでは、講師が教えるという、従来の授業スタイルのパラダイムを真っ向から否定し、受講者が問題を解いていく、インタラクティブな学習モデルを開発した。2013年、カーン・アカデミーのユニークユーザー数は毎月600万人を記録した。

MOOCの提供者は、新技術を前にして、みずからが高等教育に果たすべき使命について議論を重ねている。だがこの分野においても、勝利を収める標準を決めるのはやはり消費者だろう。ブランドや付加価値という、既存大学の哲学的懸念を、ユーザーは共有しない。実際、ユーザーがMOOCに求めるのは、高等教育の個人的、金銭的利益である。彼らが利用したがっているのは、既存大学のコストや不便を削減し、中世からまったく進化していないサプライチェーンの間接費を低減する技術なのだ。

構造的な障壁は、支払い処理技術の前にも長く立ちはだかってきた。現金、小切手、クレジット／デビットカードから、スマートフォンなどの端末を使ったモバイル決済への移行はもはや避けられないというのに、その移行は遅々として進まない。銀行やクレジットカード処理業者、金融サービス会社は、実験に本腰を入れようともしない。どれほど非効率的であろうとも、既存のシステムをコントロールする力と、それに伴う利益とを失いたくはないからだ。

その一方で、銀行業務や金融情報、消費者金融は厳しい法的規制で守られている。そのため、グーグルウォレットやペイパル、スクエアといった新たな電子決済サービスが、既存の支払い処理サプライチェーンを積極的に破壊することは難しい。新旧取り混ぜた企業連合は、さまざまな技術(QRコード、SMSペイメント）や標準規格（TEE、非接触型）、決済プラットフォーム（レベルアップ、ペイディアント、大手小売事業者が主導するMCX）を展開し、ビッグバン・イノベーションを起こす破壊的製品やサービスを躍起になって探している。

高等教育分野でも支払い処理分野においても、時代遅れの規制システムの弊害で、標準化の動きは失速するか行き詰まっている。どちらの業界でも、法的障壁が高く立ちふさがる。オンライン講座を展開したいスタートアップに、政府は認可を与えようとしない。政府が予算を割り振り、運営に携わってもいる既存大学を保護するためだ。同じように、支払い処理業者は既存のプレイヤーとパートナーを組まざるを得ない。銀行法や消費者金融にまつわる規制に抵触するのを避けるためである。

4兆4000億ドルという教育市場の規模と、全世界で支払い処理に費やされる1710億ドルという莫大な額を考えれば、破壊的イノベーションをそう長くは先延ばしにできないはずだ。既存システムの効率の悪さやコストに不満を持つ、顧客からの圧力も高まっている。いつか成功する実験が現れ、市場を席巻する日も遠くないだろう。そしてそのとき、勝利をつかんだ者は、スタートアップであろうと既存企業であろうと、〝破壊的な成功〟を生き延びる準備ができていなければならない。

ルール5：「ひとり勝ち市場」で勝者になる

すべてはユーザーの望みのままに――ネットフリックスの戦略

破滅的な成功を生き延びた勝者は、莫大な利益を手にする。破壊的製品やサービスは、市場が飽和した後でさえ、新カテゴリーと新市場とを独占しやすい。成功はひとり勝ち市場を生む。即座に反応し、すぐ後に続いた企業でさえ、わずかな市場シェアしか勝ち取れない。しかも、類似製品をぐっと抑えた価格で売り出さなければならないのだ。

市場がひとり勝ちになる傾向は、関税や貿易制限といった、競争を妨げる障壁を取り除いて、グローバル市場を自由に発達させてきた当然の結果である。日常的な製品やサービスの場合、合理的な買い手はたいてい最も安い選択肢を選ぶ。そしてそのため、輸送コストが高い製品の場合、地元の参加者がその市場を独占してきた。地元の消費者に最も安く届けられるからである。

輸送コストはともかくとして、高い取引コストのせいで、売り手と買い手がお互いを見つけ出すことも、情報を共有して最適な取引を成立させることも難しかった。ところがほぼどんな情報でも市場で手に入るようになると、取引コストは不連続的に低減し、地元の市場を破壊し、仲介業者や流通業者、小売業者の複雑なサプライチェーンを弱体化させた。グローバルなインターネットを介して消費者は結束し、各製品やサービスのありとあらゆる面についての情報を流す。その範囲は特徴やクオリティから、価格、可用性、カスタマーサービスまでの多岐にわたる。

売り手と買い手が、互いの取引について情報を共有する現象は、もちろん今に始まったことではない。紀元1世紀に火山の噴火によって埋もれたイタリアの古代都市ポンペイでは、ローマ浴場の接客係のサービスについて熱心に論評した落書きが、遺跡のなかから見つかっている。新聞や雑誌の辛辣な批評家は、何百年も前から存在した。『ザガットサーベイ』(2011年にグーグルが買収)、『ミシュラン』『コンシューマー・レポート』『アンジーズ・リスト』は、高級レストランや消費財、地元のサービス提供事業者などのカテゴリーで流行仕掛人の役割を担い、何十億ドルも稼ぎ出している。

消費者センターや商工会議所は、各業界が品質基準を設けて強化するように促す。各専門職団体は、配管工からファイナンシャル・アドバイザーまでに資格や免許を付与し、消費者がプロとアマとを簡単に見分けられるようにしている。実のところ、商標は、中世に地元ギルドの基準を徹底させるために考え出されたものだ。これもまた、買い手が選択を誤らないために、手っ取り早く情報を提供する方法のひとつだろう。

今日、楽曲などのエンターテインメントから、世界的な多国籍企業の環境に配慮した企業活動まで、あらゆるものについて専門のレビューサイトが存在する。誰にでも、ひとつやふたつは意見がある。信頼が置け、自分と好みや意見が一致するコメントやフィードバックを見つけるのは簡単になった。ビッグデータの破壊力の為せる業である。

ビッグバン・イノベーションにおいて、市場のひとり勝ち現象が集中して起きる理由は、膨大な量の情報が資源やツールに一気に供給されるためである。その資源やツールを使えば、情報の検索、選別、比較が簡単かつ自動的に、しかもまさに取引の意思決定の瞬間に行える。市場カテゴリー、人口統計、あるいは国や地域といった特性を超越し、顧客はまるでひとつのグループのように結束し、容赦ない効率性をもって、集合的な選好を暗黙のうちに表明する。

専門のレビューサイトや単純な検索の他にも、最近では、ＡＩ（人工知能）を駆使した検索エンジンも開発され、購買履歴をもとに商品を勧めたり、類似商品を買ったユーザーの選好を画面に表示したりする。この分野で一歩先を行くアマゾンでは、アルゴリズムを絶えず調整し、アマゾン自体かマーケットプレイスの出品者が販売した情報に基づいて、あらゆるカテゴリーのお勧め商品をより的確に提案する努力を怠らない。

ネットフリックス（ストリーミング配信サービス）も、ユーザーが望む映画を予測し、顧客から集めた膨大なデータをもとにオリジナルコンテンツの制作に乗り出した。その第1弾が、１９９０年代にＢＢＣで大ヒットしたＴＶドラマシリーズ『ハウス・オブ・カード――野望の階段』をリメイクした、『野望の階段』である。ネットフリックスでは独自の分析に基づき、ＢＢＣのオリジナル版を好む視聴者が、デイヴィッド・フィンチャー監督と俳優のケヴィン・スペイシーのファンであることを突き止めた。そしてふたりを抜擢し、1億ドルの制作費をかけたリメイク版の製作に踏み切ったのである。

2012年、ネットフリックスのスポークスパーソンは、『ワイアード』誌に次のように語った。「視聴者のみなさんがネットフリックスで何をご覧になっているか、私たちは知っています。視聴パターンを分析すれば、お客さまがその番組をどのくらい好きでいらっしゃるかも、大きな自信を持って答えられます」。詳しい数字を明かすことはなかったが、ISP（インターネットサービスプロバイダー）のトラフィックによれば、『ハウス・オブ・カード――野望の階段』の視聴者は150〜270万人に及ぶという。

またインターネットラジオ局では、リスナーが望む楽曲や内容についてフィードバックを集めやすく、その情報をもとに個人の好みに合ったラジオ番組をつくることができる。たとえばパンドラ・ラジオでは、「ミュージック・ゲノム・プロジェクト」と呼ばれる自動推薦《レコメンデーション》機能を採用している。この機能と、リスナーからのフィードバック情報とを組み合わせて、リスナーが好まない楽曲の再生回数を減らし、好きな楽曲を自動的に選んでかける〝パーソナルなラジオ局〟が可能になったのだ。

なぜシャープは、あれほど好調だった液晶TVで敗れ去ったのか？

ひとり勝ち市場で戦うイノベーター企業は、市場でほぼ完全な情報が手に入るときのメカニズムを理解しておかなければならない。ひとり勝ち市場において、2位の企業に与えられるメダルはない。市場シェアや利益も微々たるものだ。たとえ顧客の関心を集められたとしても、プレミアムな価格を設定することはできない。既存部品を組み合わせた製品にプレミアムな価格を設定できるのは、破壊的製品かサービスだけだからだ。

プレミアムな価格は、社会的、文化的ミーム（人から人へとコピーされる情報）のステイタスを反映する。iPadやプリウス、アンダーアーマー（スポーツ用品ブランド）を考えてみればわかりやすいだろう。破壊的製品と敗者の製品が設定する〝価格の差〟は、双方の〝質の差〟以上に大きいのだ。

その教訓が最も端的に現れたのが、競争の激しい薄型液晶TV市場だろう。かつて消費者は、最先端の大画面ディスプレイにプレミアムな価格を支払った。ところが、基本部品技術が進化すると、ハイエンドなブランド品と低価格な製品との差異を、消費者は見出せなくなった。どちらも同じサードパーティの同じ部品を用いているからである。そして、現在ではサムスンとLGが市場を独占し、シャープやソニー、パナソニックといった、長くこの業界に君臨してきた企業を追い落としたのである。

ソニーとパナソニックは生産縮小を余儀なくされたが、とりわけ悲惨なのがシャープである。2008年から2012年のあいだに、シャープの液晶TVの売上げは39％も下落した。2012年に創立100周年を祝ったシャープは、その年の前半に株価が70％も暴落している。年次報告書には「新規事業分野への移行」という、不吉な一節が見られる。TV事業から、初期診断医療や電子教科書への移行だという。

多くのメーカーが同じ技術を利用し、しかも急速にその質が向上すると、消費者が差異を見極めるのが難しくなる。そして性能が均質化すると、消費者は他の消費者が高い評価をつけた製品に殺到する。その一方で、わずかに性能の劣る製品を投入した企業が何とか生き延びるためには、価格を下げて顧客を引きつけるしかない。さる業界アナリストは、『ワシントン・ポスト』紙に次のように語っている。

「以前は、1位と2位とのあいだには大きな差がありました。今でも、ソニーのHDスクリーンとLGのスクリーンとのあいだに多少の差はあるでしょう。ですが、ほとんどの消費者にはその差がわかりません。そしてその差がわからないということは、つまり、差がないという意味なのです」

2位の企業がビッグバン市場で必死に立ち泳ぎするならば、他の企業はもっと悲惨だ。先頃、アップルとサムスンが熾烈な争いを演じたスマートフォン市場では、ノキアが大きく脱落した。2003年のピーク時、ノキアは北米で3200万台以上の携帯電話を売り上げた。これは、同社が売り上げた世界の販売台数の5分の1に当たる数字だ。ところが、ノキアはその市場シェアを、新しいスマートフォン市場へとつなげることができなかった。2012年に、同社が北米市場で売り上げたスマートフォンは、220万台にとどまったのである。

価格戦略もまた、市場実験のリトルバンプ（小さなコブ）を真のビッグバン・イノベーションへと押し上げる。インターネット企業はよく失笑を買ってきた。収入を得る仕組みや、収益を確保する明確な計画もないままに、新製品や新サービスを無料で配布してきたからである。だが、ひとり勝ち市場を前にして、破壊的イノベーションを無料配布する戦略はまったく理にかなっているのかもしれない。

というのも、勝利を手にして競合を駆逐した後には、プレミアム版に対する料金を請求できるからである。広告収入や他の間接的な収入源を確保するか、プラットフォームを拡張して、隣接する製品やサービスを取り込むこともできる。あるいは、大量の情報によって製品の真価に気づいたユーザーに、ただ課金すればいいだけだ。

このアプローチは、スマートフォンやタブレットのアプリ開発者にとってはもはや常識である。最近では、アマゾンやアップルや他のネットワーク上で楽曲や電子書籍を販売し、ファン層の獲得を目指すミュージシャンやデビュー間もない作家も、このアプローチを取っている。かつての〝初期導入者税〟は、〝初期導入者へのリベート〟に変わりつつあるのだ。

プラットフォーム戦略の有効性——テスラの失敗とiTunesの成功

よりよいが、より安くはないイノベーションの場合、企業は初期ユーザーを〝助成〟せざるを得ないかもしれない。テスラモーターズはシリコンバレーを拠点に、スポーツカータイプの高級電気自動車を開発・製造するメーカーである。優れた性能を誇るとはいえ、テスラの電気自動車は、他の高級電気自動車と（もちろんガソリン車と）比べても、お世辞にも低価格とは言えない。テスラでは当初、プレミアム価格戦略を取っていた。高級性と環境への配慮という、ふたつの価値を重視する顧客に〝初期導入者税〟を課していたのだ。

ところがその戦略では予定販売台数に届かず、市場の勢いも生み出せないと気づいたテスラは、リースプランや残価設定プランを打ち出した。そのときでさえ、市場でほぼ完全な情報を手に入れた業界関係者や消費者が、テスラの高い価格設定を批判した。1か月後、テスラは残価設定プランを、消費者が得だと感じられるよう見直さなければならなかった。

一見、不合理に思えるこのような戦略は、ひとり勝ち市場を生き延びるために不可欠なだけではない。初期の競合を駆逐した後では、利益を生む。ひとつには、市場を独占すると、望ましい収益モデルを比較的落ち着いて構築できるからである。しかもビッグバンのステージに最初に到達すると、市場の独占を維持しやすいからだ。安定した顧客をベースとして、市場を強化し、拡大できるのだ。

たとえば、市場の独占で得た利用データを分析して、製品の性能改善につなげる。あるいは初期の製品やサービスをプラットフォームとして用いれば、他の製品やサービスをアドオンできるうえに、市場に投入する際には、インフラと既存の顧客を活用でき、コストも時間も節約できる。つまり、ひとり勝ち市場は好循環を生み、企業と顧客の利益をさらに増大させる。

税務書類の作成サービスが盛況なアメリカでは、確定申告市場のほぼ9割を3社が独占している。

個人向け確定申告が全体の４割を占め、約20億ドルの市場規模を形成する。そのうちの６割という圧倒的な市場シェアを誇るのが、インテュイット社の会計ソフト「ターボタックス」である。インテュイットは買収によって、１９９３年にこの個人向け確定申告書類作成ソフトを手に入れた。その後、２５００万人のユーザーを利用して絶えずリニューアルを図り、カスタマーサービスに多く寄せられた質問や確定申告にまつわる疑問を、翌年の会計ソフトに反映させてきた。

ターボタックスのユーザーが増えれば増えるほど、リニューアルの速度も速まる。これもまた、ネットワーク効果の一例というわけだ。当初は単に空欄に書き込むだけだったターボタックスは、長い年月をかけて、幅広いオンラインエコシステムを築くまでに進化した。ユーザーの理解を助ける数百本のビデオが加わり、専門家がユーザーの質問にリアルタイムで答えるサービスも登場した。外部データソースとの統合も果たし、勤務先企業や証券会社のデータ、前年の申告データ、インテュイット社の他の個人財務ソフトのデータを、ターボタックスに書き込むことも可能である。

あるいは、ｉＴｕｎｅｓの戦略を考えてみよう。２００１年に登場したｉＴｕｎｅｓは、ナップスターのようなＰ２Ｐの音楽ファイル共有サービスに代わる合法的な選択肢を提供した。有料のデジタル音楽という考えをユーザーが受け入れはじめると、ｉＴｕｎｅｓストアはたちまち、デジタル音楽小売業者の最大手になったばかりか、あらゆる媒体を通して最大の音楽小売業者になった。10年後の２０１１年には世界１１９か国でサービスを展開し、ＣＤなどの物理的なかたちに制約されない新市場に楽曲を販売するモデルの先駆者となり、２０１２年には40億ドルを上回る売上げを記録した。

ｉＴｕｎｅｓのプラットフォームは、音楽市場以外の構造も変えた。技術インフラとユーザーインターフェースを築いたアップルは、映画、書籍、ＴＶ番組などのエンターテインメント産業へもその範囲を拡げたのだ。

最初に音楽市場を制覇すると、それ以外の分野でもビッグバンが起きるスピードが加速した。数百万人にのぼるアップルユーザーが強力なネットワーク効果を生み出し、コンテンツプロバイダーに、ｉＴｕｎｅｓのエコシステムに参加するよう強力な引力を及ぼしたのである。２０１３年半ばには、ｉＴｕｎｅｓストアはデジタル映画とＴＶ番組配信市場の65％以上を獲得していた――もとはと言えば、ほぼアップルがつくり出した市場ではあるが。

ルール6：「ブレットタイム」をつくる

法と規制を使った「時間稼ぎ」

ビッグバンのステージにおいては、起業家の場合にも、その〝とばっちり〟を受ける既存企業の場合にも、生き残りのカギを握るのはすばやい対応能力である。実験が突如としてビッグバン・イノベーションを起こして市場を席巻すると、長期計画を練っている余裕も、対応策を考えている暇もない。破滅的な成功に対する準備を怠ったときに、イノベーター企業が陥る危険についてはルール4で述べた。リスクが高い反面、破滅的な成功をうまく生き延びたときには得られる利益も大きい――ひとり勝ちできるうえに、その破壊的イノベーションをプラットフォームとして、次の破壊的製品やサービスを市場に送り出せるからだ。

それでは、既存企業や他のイノベーター企業はどうすれば、競合の破壊的製品やサービスの成功がフルスピードに達する前に、その勢いを減速させられるだろうか。

ディストピア的未来を描いた映画『マトリックス』では、カプセルのなかに閉じ込められた昏睡状態の人間が、コンピュータの巨大なネットワークにつながれ、その動力源として使われている。だが、人間は自分たちが現実の世界に生きていると信じ込んでいる。キアヌ・リーブス演じる主人公のネオは、あるとき、自分が生きている世界が仮想現実だと気づき、コンピュータが支配する世界をコントロールする能力を身につける。ある有名なシーンでは、ネオはその能力を使って、自分に向かって飛んでくる銃弾《ブレット》の速度を落として時間を稼ぎ、からだを大きくねじって銃弾を避ける。

『マトリックス』の配給会社ワーナー・ブラザーズが〝ブレットタイム〟として商標登録したこの視覚効果では、時空はスローモーションのように遅くなって歪む。ビッグバン・イノベーションの場合、これは誰にでも使える手段である。ブレットタイムを慎重に用いて、「ビッグバンという、短いが重要なステージの進行を遅らせ、貴重な時間を稼ぐ」のだ。そしてそのあいだに、戦うか、戦略的に提携するか、こちらが破滅的打撃を被る前に当のイノベーター企業を買収してしまう。

この戦略がとりわけ効果的なのは、規制の厳しい産業である。ビッグバン・イノベーションから保護されているように見えて、実のところ、規制に縛られた産業は破壊的製品やサービスの影響を受けやすく、ある意味、より破滅的な危険にさらされやすい。

だが、それはなぜだろうか。その理由は、法的規制が業界内の競争を制限し、新規参入を妨げるため、企業にとって、イノベーションを起こそうというインセンティブが働きにくいからである。それゆえ、公共事業や航空、防衛、ヘルスケア、食品や医薬品などの産業では、指数関数的技術の導入が大きく遅れてしまう。そしてそのような業界に、破壊的製品かサービスがうまく入り込んだが最後、崩壊はまたたく間に訪れる。

ビッグバンのステージでは、法的ルールや規制は重要な役割を担う。私たちのリサーチによれば、多くの企業が貴重な時間を稼いで、破壊的イノベーションに対抗していた。規制という地雷を利用して、破壊的製品やサービスの進行を食い止めたり、一時的に後退させたりして、市場で手に入るほぼ完全な情報の影響を無力化していたのだ。彼らは規制という最強のツールを操り、ブレットタイムをつくり出そうとしていた。

ビッグバン・イノベーションの進行を遅らせるために法的規制を利用するやり方に対して、私たちがここで個人的意見を述べることはしない。だが改めて強調しておくが、ブレットタイムは所詮、一時的な時間稼ぎにすぎない。指数関数的技術のあるところ、いつか必ずビッグバン・イノベーションは起きる……それは避けられない。ブレットタイムがイノベーションを歪め、遅らせ、たとえ一時的な中止に追い込んだとしても、その効果は既存企業が望むほど長くは続かない。

法的規制を使って時間稼ぎをする、最も一般的な手段は次のふたつである。

「特許権や著作権を主張する既存企業が、スタートアップを相手取って強引に訴訟に持ち込む」

「特許の場合には他の既存企業も一緒に訴える」

特許権を〝攻撃用兵器〟として使う

ブレットタイムをつくり出す手段として圧倒的な効果を発揮するのは、特許訴訟である。スマートフォンメーカーが戦った特許訴訟は、すでに2013年までに世界で100件を超え、特許侵害を認定した製品に対し、あちこちの国で輸出入を禁止する仮差止命令が下った。スタンフォード大学が行ったある有名な分析によれば、2011年と2012年に、スマートフォンメーカーが特許訴訟と特許権購入に費やした総額は200億ドルにのぼるという。アップルとグーグルでは初めて、特許関連コストが研究開発コストを上回った。

コンピュータのハードウエアとソフトウエアを含む指数関数的技術の特許は、これまであまりにも気前よく認可されてきた。そしてその背景を受けて、特許権を〝攻撃用兵器〟として利用するケースが増加した。「特許の査定基準は非常に曖昧です」と言うのは連邦控訴裁判所のリチャード・A・ポズナー判事だ。スマートフォンの特許をめぐるアップルとグーグルのあいだの訴訟で、双方の訴えを退ける判決を下した「シカゴ学派」の重鎮である。「まさに混沌とした状態です」。ポズナーは『ニューヨーク・タイムズ』紙にそう語った。

混沌も、つまりはブレットタイムである。とはいえ、ほとんどの特許戦争がそうであるように、イノベーションの中断を体験するのは、被告だけでなく原告も同じである。そして、計画的な時間稼ぎが原告側に一時的な利益をもたらすにしろ、最終的な損害を被るのは消費者だ。消費者は新製品や新サービスの登場を待たされるか、よりよく、より安いはずの製品に、より多くを支払わなければならない。新製品や新サービスが登場するスピードが従うべきは、特許の法則ではなくムーアの法則なのである。

ブレットタイムを稼ぐツールとして、特許権ではなく著作権訴訟を好むのが、書籍や映画、音楽などのエンターテインメント企業である。コンテンツ制作者はまず、ナップスターのサービス停止を勝ち取った。そして現在、彼らが膨大な額をつぎ込んで停止に追い込もうとしているのが、ユーザーが大量のファイルをクラウドに保存でき、デジタル端末で再生できるサービスである。

楽曲や動画などのデジタルデータをクラウドに保存するサービスを、「デジタルロッカー」と呼ぶ。そのサービスのプロバイダーを相手取って訴訟を起こした原告は、「ユーザーがデジタルロッカーに保存するデータのほとんどは、著作権で保護されたコンテンツの違法コピーだ」と主張する。デジタルロッカーのプロバイダーには、「ユーザーの著作権侵害を監督する法的責任がある」というのが、彼らの言い分である。

たとえば、音楽共有サービスのグルーブシャークは、ユーザーがアップロードした楽曲を、誰でも無料で聴けるストリーミングサービスを提供していた。グルーブシャークはユーザーに「合法的に購入したか、自分で制作した楽曲だけをアップロード」するように促したものの、結局は大手音楽レーベルに訴えられ、勝ち目のない戦いを強いられた。2012年、グルーブシャークの弁護士は、インタビューに答えて次のように語っている。「音楽レーベルの戦略のひとつは、脅威とみなすスタートアップに、巨額の裁判費用を負担させ、みずからの前にひざまずかせることなのです」。当時、グルーブシャークにライセンスを付与していたのは、大手レーベルのうちの2社だけだった。

原告側は「グルーブシャークのユーザーがアップロードした音楽ファイルのほとんどが、著作権侵害にあたる」と非難した。それに対してグルーブシャーク側は、「使用料を払っていない楽曲をすぐに削除し、規約を守らないユーザーの利用を禁止するなどの措置を講じて、著作権を遵守している」と反論した。勝訴する場合もあったが、グルーブシャークはアップルとグーグルのアプリストアから締め出され、モバイル端末市場からも弾き出された。そのうえ、マスコミに叩かれて売上げが激減し、一時は2400万人を数えたユーザーの半分を失ってしまう。そして2015年4月末、ついにサービス停止に追い込まれたのである。

当局をウーバーにけしかける――代理戦争作戦

特許や著作権という手段を使えない他の業界の既存企業は、代理戦争で戦う術を身につけた。「規制当局を焚きつけて、ビッグバン・イノベーションの進行を遅らせる作戦」である。たとえばタクシーやリムジンの配車サービスといった、規制でがんじがらめの市場において、既存企業は世界中の都市で政府機関を相手にロビー活動を展開し、ウーバーやサイドカー、リフトなどのスタートアップの勢いを減速させるか、サービスを停止させようとしてきた。

対するスタートアップは、慎重に規制を避けて実験を行う。私たちが〝意図的にかろうじて合法的〟と呼ぶ手法である。ウーバーが展開するのは、ユーザーがスマートフォンのアプリを使って、認可を受けたリムジンやタクシーを呼ぶというシンプルなサービスである。従来型の配車サービスは行わない。ユーザーはGPSを使ってドライバーの位置を追跡し、スマートフォンで精算を済ませる。サービス利用後に運転手を評価することも、レビューを投稿することも可能だ。ウーバー自体が、リムジンやドライバーを提供するわけではない。ただ認可を受けたドライバーと契約し、リムジンやタクシーで街なかを流しているドライバーが、サービスを希望する顧客を、目的地まで運ぶという仕組みである。

果たして合法的に健全なのか、安全なのかという懸念は、テック系の破壊的製品やサービスを監督し、制限する際の正当な理由にはなるだろう。その一方で、規制は既存企業や非効率なサプライチェーンの手厚い保護につながり、イノベーションを取り入れようというインセンティブを抑制してしまう。

どうやらそれが、タクシーやリムジン業界の実情らしい。規制に縛られた既存企業は、より優れたツールを提供して競争に参加するよりも、新たなサービスの禁止に焦点を絞ってきた。彼らは連邦と各州の規制当局に、「ウーバーが法律に違反し、許可なくリムジンサービスを行っている」と公式に非難するように要求する。その主張の根拠となるのは、「メーター」「配車」「タクシー」といった言葉の定義である。

新しいサービスが登場すると、反対論者はたいてい嘘の情報をバラまく。「ウーバーのドライバーは無認可だ」とか、「保険に入っていない」とか、あげくの果てには「危険だ」というデマまで流す。

これらの戦略は一時的にしろ、全米の各都市で効果をあげてきた。サンフランシスコでサービスを開始して最初の数年間、ウーバーはイノベーションよりも訴訟に多くの時間を費やし、罰金をめぐって戦ってきた。サンフランシスコ、シカゴ、マサチューセッツ州、ニューヨーク、ワシントンDC、トロントでは全面禁止の憂き目にも遭った。マイアミでは、事業を展開することすらできない。予約を受けてから1時間以内に客を乗せることを禁じ、最低料金を80ドル以上と規定する現行法のせいである。

対するスタートアップには、強力な反撃用の兵器がたくさん揃っていた。熱狂的な初期ユーザーである。市場で手に入るほぼ完全な情報の影響力を駆使して、彼らは、既存企業の活動を上回るロビー活動を展開したのである。

サンフランシスコとワシントンDCでは、ウーバーの顧客の反撃が驚くような逆転劇をもたらした。ロビイストを雇うことに予算を費やす代わりに、ウーバーが動員した忠実なる顧客は、ソーシャルネットワークやブログなどのオンラインメディアを通じて、ウーバーの危機を訴える情報を拡散したのだ。

彼らは実際、市議会や公共事業委員会会議にまで姿を現し、ウーバーを擁護した。この前代未聞のできごとに規制当局は不意をつかれ、驚き慌てた。市民の利益を守る仕事をしている当局側の人間のほとんどが、実のところ、市民とじかに対峙した経験がなかったからである。やがて、一部の都市でウーバーに対する規制が解かれ、厳しい罰金も科されなくなった。とはいえ、タクシーやリムジン業界が規制に縛られている論理的な根拠を、規制当局が根本的に考え直すこともなかった。あるいは、ルール4でも紹介したエアビーアンドビーは、一時の危機を切り抜けたものの、最近では新たな批判にさらされている。「無許可のホテルサービスを行っている」「ホスピタリティ税の徴収逃れではないか」といった声が後を絶たないのだ。また、部屋を貸し出す個人を法的に訴えるケースも増えた。「賃貸借契約や地方自治体の条例に違反している」という理由からである。だが、部屋を貸し出す個人の行為に対して、重い罰金を科すのは理論上難しい。

とはいえ、あくまで「時間稼ぎ」——ユーザーの爆発的ニーズは止められない

ビッグバン・イノベーションは、明らかに法律の先を行っている。ニューヨーク市では、約3万人がエアビーアンドビーのホストに登録し、ざっと見積もっただけでも、市の観光事業に10億ドル

の収入をもたらしているのだ。一方で、彼らは、アパートメントをホテルとして使うことを禁じた法律に違反しているとも言える。皮肉にも、家主が住居用建物を、もっと利益の出る一時的な宿泊施設にすることを禁じた法律である。

破壊的イノベーションを生み出す際に、インダストリアルデザインが果たす重要性について話し合う会議が開かれたとき、エアビーアンドビーのブライアン・チェスキーCEOは、ブレットタイムが同社に及ぼす影響を次のように要約した。

私たちが泳ぎ渡っているのは、不確実で断片的な法が多くの都市を支配している世界です。政府との関係について考えるときには、これまでとはまったく違う、幅広く、包括的なアプローチが必要です。ただ単に、政府の担当者と顔を合わせれば済む話ではありません。重要なのはデザインの問題を解決すること――もし、政府とのあいだで問題を抱えているのであれば、私たちが解決すべきはデザインの問題なのです。

さらに重要なことをつけ加えれば、いずれ起きるビッグバン・イノベーションの進行を遅らせる行為は、裏目に出る。ウーバーのような〝意図的にかろうじて合法的な〟イノベーションの例が示すように、逆転劇が待っているのだ。時間稼ぎは極めて慎重に行う必要がある。この手段だけに頼ってはいけない。うまくいけば、相手に追いつく時間を稼げるにしろ、おそらく勝負に勝つことはできない。泥沼の訴訟に片がつく頃には、ビッグバン・イノベーションを求める声はさらに高まっている。待ちわびた破壊的製品やサービスが登場したとき、ユーザーは一気に殺到し、市場を完全に席巻する。

市場にあるほぼ完全な情報によって、ビッグバン・イノベーションの市場が飽和した後には、一体何が起きるのだろう。次章では、シャークフィンの第3ステージであるビッグクランチについて詳しく探っていこう。まずはその前に、コーヒーブレイクを。そう、破壊的なコーヒーブレイクである。

Chapter 6
The Big Crunch

第6章

ビッグクランチ

みずから起こしたイノベーションに
首を絞められる前に

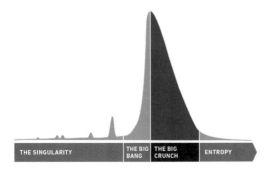

スターバックスの危機
――イノベーター企業の悪夢

スターバックスは、危うく、みずからが起こしたイノベーションの犠牲になるところだった。あちこちの街で見かけるこのコーヒーチェーン店は、驚異的な勢いで成長した。１９８７年にわずか17店だった店舗数は、１９９９年には２５００店に達した。その後、店舗数は倍加し、２００７年にはさらに倍加していた。

ところが、世界中で1万５０００店を展開するまでになった頃、壁に突き当たる。１９７１年の創業から40年近くを経て初めて、1日の来店者数が減少に転じたのである。スターバックスは、出店したときと同じくらいの速いペースで、アメリカ国内の店を閉めはじめた。その年の末、株価は40％以上も下落する。

ハワード・シュルツは、自分が築きあげた企業を救うためにＣＥＯ職に復帰し、プレミアムな価格のコーヒーにふさわしい、プレミアムな体験を提供する店を取り戻す仕事に取りかかった。事業拡大に伴い、プレミアムな体験が失われてしまっていたのだ。

スターバックスが抱える問題の原因は、その破壊的な技術にあった――スターバックス自体が先駆者となり、擁護者となってきた技術である。1980年代、日常生活のなかでカフェラテを楽しむという習慣がアメリカの消費者のあいだで浸透するのに伴い、スターバックスは、リネアと呼ばれるイタリア製のエスプレッソマシンを全店に導入した。ハイテクで馬力のある、このコーヒーマシンは、6杯のエスプレッソを同時に淹れることができた（今でもシアトルの第1号店には、リネアが置いてある）。

リネアは〝職人向け〟のマシンだ。入念な訓練を積み、熱心に練習を積んだバリスタだけが使いこなせ、常に美味しいコーヒーを淹れることができる。ところが、新規出店のペースが速すぎて、高い技術を要求する職人技がネックとなり、客は待たされ、バリスタによってコーヒーの質に大きな差が出るようになってしまった。

そこで2000年、シュルツが最初にCEO職を退く前に、全店のリネアをセミオートマチック式のベリズモ801に替えた。この新しいエスプレッソマシンは、自動で豆を挽いてコーヒーをプレスし、最先端のセンサーを駆使して、その日の温度や湿度、気圧などの微妙な変化に応じてコーヒーを抽出する。ベリズモを使えば、バリスタは最低限の訓練で、いつも同じ味のコーヒーを手早く提供できる。それがスターバックスの爆発的な成長を支えた。

だが、コーヒーマシンで淹れたエスプレッソが充分に美味しいとき、消費者はバリスタが淹れたコーヒーにわざわざ高い金額を支払いたいだろうか。スターバックスの売上げに刺激された、マクドナルドやダンキンドーナツなどのファストフードチェーンは、同様のマシンを導入してコーヒーを提供しはじめた。一部のレビュアーによれば、スターバックスに引けを取らない美味しさで、しかも値段はかなりお手頃だという。

２００７年、マクドナルドは、店舗の一角で展開するマックカフェの事業を拡大する計画を発表する。そして全米1万４０００店のほとんどに、エスプレッソマシンを導入した。マクドナルドが採用したのは、完全自動式のマシン。豆を挽くことはもちろん、挽いた粉を適量だけ抽出機に投入し、理想的な温度の湯を注ぎ、スチームミルクをつくってコーヒーに加える。この〝豆からカップまで〟のマシンを、次のように評した関係者もいる。「バリスタを雇う人件費をかけることなく、いろいろなコーヒーメニューを提供するバリスタの複製品」と。

対するスターバックスは、競合を真似ることで彼らを迎え撃った。ブレックファスト用のサンドイッチメニューの充実を図り、ドライブスルー店を増やしたのである。

だが、その戦略にシュルツが激怒した。朝食メニューの充実にはかねてから反対だったうえに、コーヒーの香りを台なしにする、店内に漂う焦げたチェダーチーズの匂いには我慢ならなかったのだ。「焦げたチーズのどこに魔法があったのか？」

シュルツは重役会メンバーを痛烈に批判するメモを書いた――店は〝ロマンスとドラマ〟を浪費し、会社は〝その魂を失って〟しまった。これまでスターバックスが下してきた意思決定の多くが、事業を拡大するためだったことは、自分も承知している。だが、ハイエンドなコーヒーというアイデアを軽卒にもコモディティ化し、同じ技術を用いた競合につけ入る隙を与えて、我が社の価値を

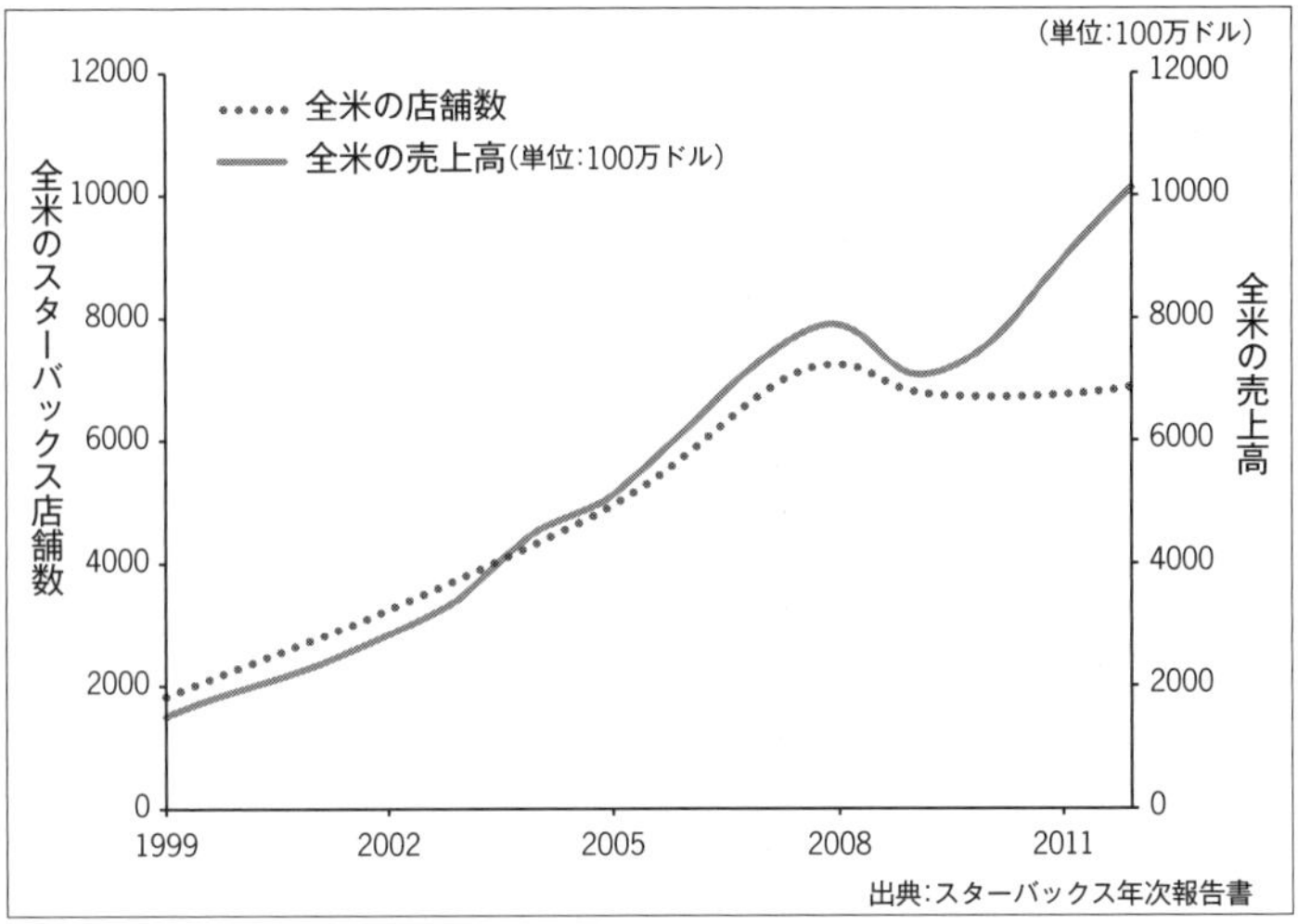

図表15:ビッグクランチを生き延びたスターバックス

傷つけてしまった——。こう書いたシュルツのメモが社外にリークされると、重役会は白旗を揚げ、シュルツにCEOへの復帰を要請した。

こうしてシュルツは、イノベーションを推し進めた。彼が掲げた7つの目標のなかには、全米600店舗の閉店や、13万5000人の従業員の再教育も含まれた。店内のレイアウトにもバリエーションをもたせ、〝近所の店の居心地のいいぬくもり〟を演出した。事業規模は縮小した。

とりわけ重大な改革は、シュルツがベリズモの使用を廃止して、近代的なデザインのコーヒーマシンを採用したことだろう。メタリック仕上げの新しいマシンには、上部に透明の〝大きな空飛ぶ円盤〟がついていて、なかに入れたプレミアムな豆を顧客もじかに見ることができた。新しいマシンは全自動ではないため、バリスタは豆の挽き方や湯を注ぐタイミングをうまくコントロールし、スチームミルクもこしらえなければならない。今回のマシンは、ベリズモよりも18センチほど背が低いため、顧客はまた以前のように、注文したコーヒーができあがる様子をカウンター越しに眺めたり、バリスタに話しかけたりできるようになった。

シュルツの改革は、みずから築いた帝国を救った。スターバックスはプレミアムなブランドを取り戻し、コーヒーだけでなく、店内での体験やバリスタの優れた技術を提供し、力強いイノベーションに挑むイメージも打ち出した。シュルツがＣＥＯに復帰した２００８年以降、店舗数は横ばいだが、売上げは危機の前と同じようなペースで伸びている（図表15）。

爆発的成長から「突然死」に陥るステージ3「ビッグクランチ」

スターバックスがくぐり抜けたのは、〝ビッグバン級〟の大きな危機だった。スターバックスはプレミアムなエスプレッソを楽しむ顧客を教育し、破壊的イノベーションの先駆者となって、労働集約型の運営を指数関数的な技術のように成長させた。だが、マクドナルドなどの新たな競合が同じ技術を使って参入すると、スターバックスが慎重に見積もったスケジュールよりも、市場は早く飽和した。

しかも、顧客が次に欲しがっているものを、スターバックスは前もって提供できなかった。イノベーションは、〝イミテーション〟になってしまったのだ。成長は失速し、減収に見舞われた。スターバックスは落とし穴に落ちたのだ。

その落とし穴こそ、私たちが「ビッグクランチ」と呼ぶものである。ビッグバンのステージでは、革新的な技術とビジネスモデルとが一体となって大爆発が起こり、市場は劇的に膨れ上がる。だが、やがて飽和に達して内破する。興奮と熱気に溢れたビッグバンのステージとは打って変わって、ビッグクランチのステージは酔いの覚めた翌朝のようなものだ。そして、シャークフィンの最も危険なステージでもある。

成功した企業がみずからの成功に呑み込まれるという危機を、スターバックスはからくも乗り越えた。だが、それほど運のいい企業は少ない。イノベーター企業は、突然の市場飽和に不意をつかれる。殺到する好奇心旺盛な顧客の需要を、そのイノベーター企業か、攻撃的な後発企業がすぐに満たしてしまうからである。

興奮と熱気に溢れたビッグバンのステージにあるとき、イノベーター企業がつい見過ごしてしまいがちなのは、熱しやすく冷めやすい顧客に、一夜にしてそっぽを向かれるという危険性である。よりよく、より安い選択肢が目の前に現れると、顧客はすぐに、時にはその場で乗り換えてしまう。かつて何年も何十年もかけて飽和した市場は、今ではほんの数か月か数週間で飽和する。

めまぐるしいスピードで変化する日本の家電業界において、モバイル機器メーカーは、携帯電話通信事業者に急き立てられて、数か月ごとに新しいモデルを発売する。低迷するエレクトロニクス事業の立て直しを図るために、モバイル領域への路線変更《ピボット》を目論むソニーにとって、製品ライフサイクルの短命化は大きな重圧である。

ソニーが2013年2月に発売したエクスペリアZは、発売後わずか10週間で60万台以上を売り上げるヒットとなった。だが、その後すぐに売れ行きはストップし、同年5月には生産を終了する。他国の市場に投入する間もないままに、ソニーは日本の消費者に大急ぎで新製品を提供しなければならなくなったのだ。

このとき、ソニーが直面した状況はさほど珍しくはない。指数関数的技術が主導する市場において、破壊的製品やサービスのライフサイクルは短く、ほろ苦い。

このような運命の変転を生む原因は、いわゆる〝突然死のライン〟にある（図表16）。指数関数的技術が支配する市場において、破壊的製品やサービスの普及がS字カーブで表されるとき、ひとつのS字カーブから次のS字カーブへと移行するスピードは加速した。しかも、ひとつ手前のS字カーブの製品やサービスに対する投資を、企業がまだ完全に償却しおわっていないうちに、次のS字カーブで表される製品やサービスの普及が始まってしまう。S字カーブが頂上に達する前に、顧客は次のS字カーブの裾に飛び移る。そして、サプライチェーンを破壊し、そこに参加する企業の生き残りを危うくする。その危機を乗り越える時間的余裕はなくなった。顧客とともに次のS字カ

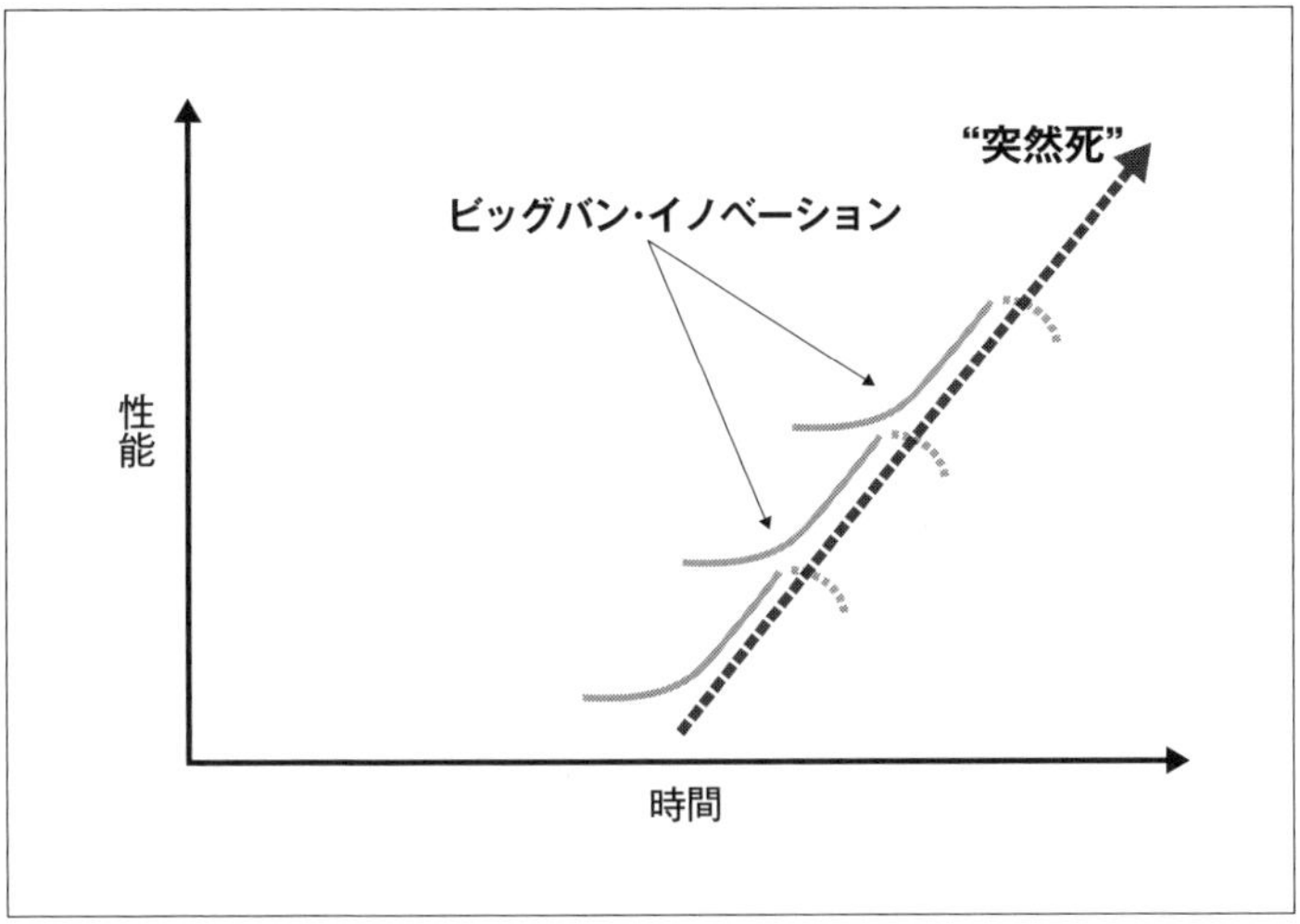

図表16：突然死のライン

ーブに飛び移れない企業は、即座に淘汰される運命にある。

ビッグクランチのステージに入ると、市場は縮小し、スタートアップも既存企業も売上げが急落する。関連産業も大打撃を受ける。市場の崩壊に伴い、苦労して手に入れた利益は消失する。さらに悪いことに、市場よりも先に投資家が反応する。彼らが出口に殺到すると企業価値は暴落し、柔軟な戦略的意思決定を行うことはもはや不可能である。

ビッグクランチにおいて、戦略は劇的に変化する。このステージでとにもかくにも重要なのは、生き残りをかけて、いち早く反応することだ――差し迫る市場の飽和にいち早く気づき、事業規模をいち早く縮小し、負債と化す資産をいち早く処分する。枠にとらわれない競合と渡り合うためには、即座に撤退できる態勢を整えておくとともに、重要な所有財産――工場、流通ネットワーク、在庫、知的財産――を清算する準備も怠ってはならない。

このとき、勝利を手にするのは、「パーティは長くは続けられないし、続くこともない」という現実を理解し、ビッグバンの興奮と熱気をうまく収束できる企業である。彼らは、市場飽和が近いことを知り、すぐに負債化する過剰な在庫や戦略的資産をうまく処理し、成熟した技術をすばやく処分する。二束三文になってから売ろうとしても遅いのだ。

ビッグクランチを生き延びるカギは、いち早く反応して、突然死のラインを逃れることにある。このステージを生き延びる企業は、ひとつのS字カーブから次のS字カーブへとうまく飛び移る術を知っている。このステージを利用して自社の改革を図り、もっと機敏で、もっと収益性の高い組織へと生まれ変わる既存企業は、ひとつのS字カーブから次のS字カーブへと……まっすぐ上に飛び移れる。

だが、どうやったらそれができるのだろうか。ビッグクランチを生き延びるためには、ビッグバンのステージとはまったく違うスキルと知識が必要になる。すなわち、すばやくピボットを図り、急成長の市場からタイミングを逃さずに撤退し、不要な要素をすべて投げ捨てて、次のイノベーションサイクルへと移行するのだ。

シャークフィンの〝剃刀のように鋭い背中〟を生き延びるために必要な3つのルールは、どれも「ビッグクランチの先手を取る」ことに尽きる。「内破の直前には資本の投下と資源の購入を避ける」、

「資産とインフラを処分する」、「利益を損失に変えない」の3つである。

ルール7：市場の飽和に先んじる

消費者は新製品や新サービスに一気に殺到し、やがて一斉にそっぽを向く。そのときに重要なのは、過剰な生産能力や在庫を抱えていないことだ。市場が飽和する前にすばやく動き、事業を拡大したときと同じくらい速く、事業を縮小しなければならない。タイミングを見誤った購入――原材料や部品、ピーク時の価値を失ったスタートアップ――は、貸借対照表に大惨事をもたらす。

ルール8：負債化する前に資産を処分する

破壊的製品やサービスの勢いに陰りが見えはじめると、工場、流通ネットワーク、知的財産などの関連資産は〝徐々に、そして突然に〟価値を失う。いつ、誰に売却するのか、そのタイミングと相手を正しく見極めることが、次の破壊的製品やサービスを生み出せるのか、それとも破綻への坂道を転げ落ちるのかを分ける。次のイノベーションサイクルを生み出すために、どの資産を手元に残すのかという判断も重要になる。

ルール9：リードしているあいだに撤退する

何十年にもわたって業界に君臨してきたとしても――もしそうであるならば、なおさらのこと

――リードを奪っているあいだに撤退する。新製品や新サービスによって現在のコア技術が駆逐されると、留保利益はたちまち消し飛ぶ。勇気ある経営陣は免れない事態を受け入れ、余力のあるうちに撤退を決意する。そうすれば、余裕を持って新たなエコシステムに移行できるうえに、そのスケジュールに合わせて、競合も変化を余儀なくされる。

ルール7：市場の飽和に先んじる

ジンガの落日と「遅すぎた」買収

第5章で述べたように、ビッグバンのステージを生き延びる術はすばやい拡大にあった。そのステージで稼いだ利益を、ビッグクランチのステージで失わないようにするためには、どのタイミングで、どのように規模を縮小するのかを見極め、時には拡大したとき以上に速いペースで事業を縮小しなければならない。

残念ながら、ビッグバン・イノベーションにも終わりが来る――しかもすぐに訪れる――ことを、認めたがらないイノベーター企業は多い。消費者が破壊的製品やサービスに殺到する様子を目の当たりにすると、どんな企業でも怖いものなしの錯覚に陥る。だが、ビッグバンのステージにも、いずれ終わりは訪れる。慎重に対処しなければ、爆発的な勢いに乗って築いた価値を、あっという間に失ってしまいかねない。

そのリスクを避けるためには、高度な分析ツールを駆使して詳細なデータを読み取り、販売需要を予測する必要がある。特に重要なのは、「売上げが急激に落ちはじめる時点」を見極めることだ。もう一度繰り返す。破壊的製品やサービスの人気は、必ず急激に落ちる。ターゲット市場がすぐに飽和してしまう場合もあれば、よりよく、より安い次の選択肢が予想以上に早く登場する場合もあるからだ。

市場の需要と、市場が飽和するタイミングのふたつを読み間違えて、痛烈な打撃を被った例といえばジンガだろう。フェイスブック上で動くブラウザゲームを開発し、一時は飛ぶ鳥を落とす勢いだったソーシャルゲーム会社である。

ジンガを一躍有名にしたのは、ソーシャルゲームの「ファームビル」だった。ところが、農場や牧場を経営するこのフリーゲームの人気が衰え、フェイスブックとの関係にも暗雲が立ちこめはじめると、ジンガは次の破壊的製品を探した。そして、それを手がける理想的なスタートアップを見つけ出した。あるいは、見つけたと思い込んだ。ソーシャルゲームを開発する、ＯＭＧＰＯＰという小さなスタジオである。

ＯＭＧＰＯＰは、ベンチャーキャピタルから調達した１６００万ドルもの資金をほぼ使い尽くしてもまだ、これといった成果をあげられずにいた。ところが、２０１２年初旬、ドロー・サムシングというお絵描きゲームをリリースする。アメリカの子どもたちに人気のすごろく式ボードゲーム、ピクショナリーのオンライン版である。ボードゲーム版のピクショナリーでは、カードに書かれた「お題」をすばやく絵で描いて、同じチームのメンバーにそれが何の絵かを当ててもらい、すごろくのコマを進める。一方のオンライン版のドロー・サムシングでは、描いた絵を相手のプレイヤーに送信して、制限時間内に答えてもらう。

ドロー・サムシングには「競争」「コミュニティ」「エンターテインメント性」というゲーム好きを夢中にさせる3つの要素が揃っていた。そしてリリースしてたったの9日間で100万人のアクティブユーザーを獲得し、その後の数日間、ユーザー数は毎日のように倍加していったのである。

やがてドロー・サムシングは、誰もが話題にする文化的ミームになった。7週間後には、ダウンロード数が累計3500万回を突破する。あまりの人気ぶりに外部のホスティングサービスは対応しきれず、支障が出はじめた。少人数のエンジニアチームが連日、徹夜でバックエンドソフトウエアを書き直し、深夜に専用サーバーにデータを移し替えた。その回数は、最終的に100回近くにものぼったという。

ジンガは独特の眼力を発揮して、驚くべき速さで獲物をつかみ取った。単にライセンス契約を結んだのではない。ドロー・サムシングをリリースして1か月にも満たないOMGPOPを電撃買収したのだ。買収額は驚きの1億8000万ドル。いろいろな見方ができるだろうが、OMGPOPの従業員ひとり当たりに換算すると450万ドル、ドロー・サムシングのアクティブユーザーひと

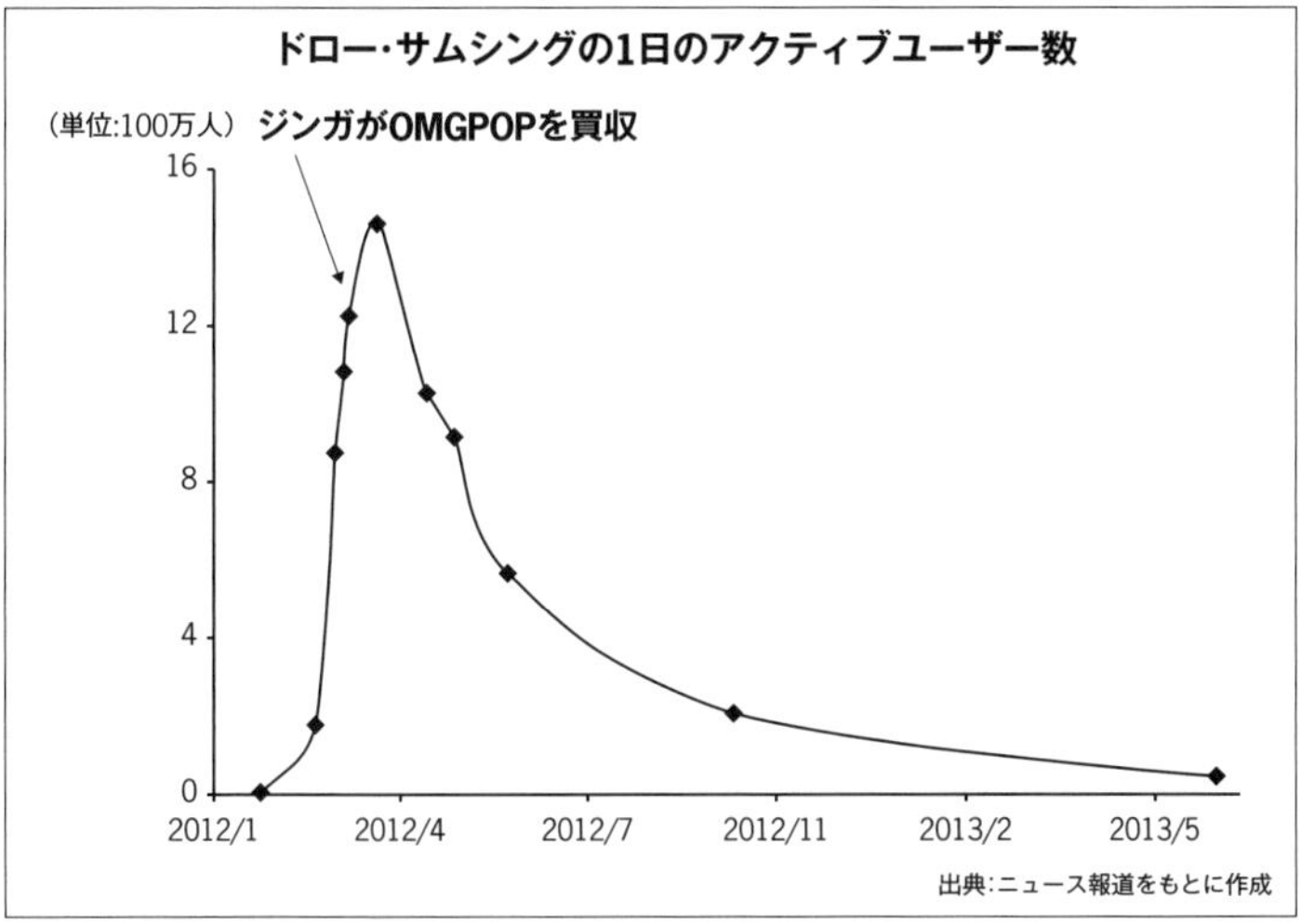

図表17：最悪のタイミング：ドロー・サムシングのビッグバンからビッグクランチへの推移

り当たりに換算した場合には、15ドルに相当する。

ジンガはたしかにすばやく動いたが、それでも買収のタイミングは遅かった。図表17を見れば一目瞭然のように、ドロー・サムシングのユーザー基盤は、電撃買収のわずか1、2週間後にピークを迎えてしまったのだ。買収時にはすでに、市場はほぼ飽和状態だったのである。そして、ユーザーはそっぽを向いた。ほんの1、2週間で1日のアクティブユーザー数が1500万人に達したかと思うと、その1か月後には1000万人に減少した。さらに数か月後には、2000万人にまで激減する。ユーザーは一斉に興味を失い、別のゲーム会社の別のモバイルゲーム――アングリー・バードの新バージョン――へと移っていった。

ほぼ垂直の勢いでユーザー数を伸ばした後、

ドロー・サムシングは〝突然死のライン〟に行き当たった。もしOMGPOPに次のゲームを投入する準備ができていれば、この市場飽和も命取りにはならなかったはずだ。ところがその準備はできておらず、2度目の奇跡は起こせなかった。ジンガとOMGPOPとのあいだで、企業文化をめぐる衝突も起きた。ジンガはすぐに、帳簿価値が半減したOMGPOPを評価損計上し、買収の1年後には全スタジオを閉鎖してしまう。

2013年初め、ジンガは前年から66％も減収したと発表する。その2、3か月後には、従業員の20％をレイオフした。その時点で、月間とデイリーのアクティブユーザー数は、過去2年以上で最低レベルに落ち込んでいた。ピーク時に90億ドルを誇ったジンガの市場価値は、1年後には20億ドルにまで激減したのである。

ハリウッド映画と同様に、モバイルゲームも〝ブロックバスター〟かそうでないか――爆発的人気を博するか、噂にもならないか――のふたつにひとつしかない。ゲームが爆発的にヒットして文化的ミームになると、新レベルや新バージョンを投入したり、プレミアムコンテンツを追加したり、ライセンスグッズの販売を仕掛けたりして、次々と利益を絞り出すことができる。それでもやはり、ユーザーがそのゲームに飽きてしまう前に、次のヒット作をリリースする準備を整えておかなければならない。

ジンガがOMGPOPを買収してわずか1、2週間後に、ドロー・サムシングは市場飽和を起こした。さらに悪いことに、OMGPOPのゲームクリエイターが、次のビッグバン・イノベーションの準備を進めているのかどうかについて、ジンガは確認を怠った。破滅的な成功をつかんだその瞬間から、ＯＭＧＰＯＰはビッグクランチに呑み込まれる運命にあり、結局、そのツケを支払わされたのはジンガの株主だった。

だが、ジンガのような企業にはまだ救いがある。ソフトウエアで構築し、クラウドで配信するモバイルゲームの場合、市場が飽和してビッグクランチに見舞われたときでも、過剰在庫を抱えずに済むからだ。だから企業は失敗から学んで傷を癒せるうえに、潤沢な資金を使って市場実験を繰り返し、次の破壊的製品やサービスの開発に集中すればいい。２０１３年にジンガは、マイクロソフトでＸｂｏｘ部門を統轄していたドン・マトリックをＣＥＯに迎えて事業の立て直しを図ったが、思うような復活は遂げられなかった。

「つくりすぎ」という落とし穴——ある企業が抱えた140万台の在庫

一方、かたちある製品を扱う企業の場合には、市場飽和を生き延びるのはずっと難しい。市場の飽和が大打撃をもたらすのは、消費者に見向きもされなくなった在庫が倉庫を埋め尽くす危険性があるからだ。企業は通常、原材料を調達する契約を長期で結び、販売までのリードタイムも発生するため、余裕を持った生産計画を組みたがる。爆発的な成功が見込める製品の場合はなおさらだ。だが、生産計画に余裕を持たせると、いざというときには柔軟性を失う。市場が突然そっぽを向いたときに、事業を縮小するのがはるかに難しくなるのだ。

ビッグバンとビッグクランチとを分ける突然死のラインは、次のふたつの難題を突きつける。初期の利益（手に入る利益がそれだけの場合も多い）を確保したいイノベーター企業は、爆発的な需要を満たすだけの在庫を確保しておかなければならない。ところが、製品をつくりすぎた後のリスクを予測しておくか、少なくとも保険をかけておかなければ、もしも顧客が突然に興味を失ったときには、ビッグバンのステージで手に入れた利益をわずか数日で失うことになる。

アメリカ最大の書店チェーン、バーンズ＆ノーブルが開発したヌックを例に挙げよう。2009年に発売されたこの電子書籍リーダーは、アマゾンのキンドルとシェア争いを演じ、当初はヌックが勝利を収めたかに見えた。発売1年で6万台を売り上げ、急成長する電子書籍リーダー市場の20％を押さえたからだ。だがアマゾンがキンドルの新モデルを投入し、iPad用とアンドロイドタブレット用のブックリーディングアプリを相次いでリリースすると、ヌックは一転、熾烈なシェア争いに巻き込まれた。

2013年中頃、ヌックの四半期損失は1億7700万ドルを上回り、そのうちの1億3000万ドル以上、つまり約4分の3を過剰在庫の評価損計上が占めた。アマゾンの電子書籍が売上げを大きく伸ばすと、従来の書店事業は打撃を被った。コンテンツ事業が、書店業界の勢力図を塗り替えたのだ――従来型の小売店は廃れ、テック系の企業が書籍販売を担うようになった。書店はますます窮地に追いやられている。

破壊的製品にアドオンする周辺機器やサービスのメーカーにとって、ビッグクランチはなおさら厳しい試練である。コア製品の製造業者以上に、エコシステムが進む方向を見極めるのが難しいからだ。

ビッグクランチによる打撃を予期できなければ、あるいは、市場飽和によって売上げが激減するという変化が起きることを認めようとしなければ、生産を柔軟に減少させて、試練を乗り切ることはできない。それがカリフォルニアに本拠を構え、ウィンドウズPC用にゲームソフトを開発していたTHQが学んだ教訓だった。THQは、目前に迫った市場飽和を見過ごすという大失敗を犯し、倒産に追い込まれてしまったのだ。

2010年、THQはニンテンドーWii用のペンタブレット、uDrawを発売した。ユーザーが付属のペンを使ってuDrawにお絵描きすると、TV画面にその絵が映し出される。専用ソフトを使えば、お絵描きだけでなく、先述したピクショナリーのようなゲームも楽しめる。いずれにしろ、uDrawは爆発的に売れた。そして、わずか3か月で100万台を超えるヒットに気をよくしたTHQは、マイクロソフトのXbox360とソニーのプレイステーション3用に、同様のタブレットを販売する計画を意気揚々と発表した。

ところが、新モデル発売を約半年後に控えた頃、THQの前によりよく、より安い競合が現れた。アップルのiPadである。お絵描きゲームやアプリも揃えた、このスタンドアローン型のタブレットは熱狂的に歓迎され、ゲーム機にアドオンするお絵描きタブレットへの興味を一気に奪ってしまった。Xboxとプレイステーション用のuDrawが発売されたとき、関心を示すサードパーティのゲーム開発会社はほとんどいなかった。

ｉＰａｄが登場すると、Ｗｉｉ、Ｘｂｏｘ、プレイステーションの全プラットフォームでｕＤｒａｗの市場飽和が加速した。それでもなぜか、ＴＨＱは生産を打ち切らなかった。２０１２年にはタブレットの在庫数が１４０万台に達する。ＴＨＱは売上げ台数とほぼ同数の在庫を抱えるはめになり、たったの四半期で1億ドルもの歳入不足に陥った。ＴＨＱは即座に経営陣を入れ替えたが、それはまさに、〝ビデオゲーム業界始まって以来〟とささやかれる失態の大きさを物語っていた。ＴＨＱの開発チームを率いることになったトップは、ある業界誌にぶっきらぼうに語った。「なぜあんなことが起きたのか、私にはわかりません」

市場が〝突然死のライン〟に飛び乗ったＴＨＱは、二度とS字カーブに戻ることができなかった。２０１２年末には破産を宣告し、投資家に提訴される。債権者が再建計画を却下すると、最終的に、ゲームソフトや他の知的財産――手元に残った唯一の資産――を競売で売り払うしかなかった。

「いつか需要が復活するかも」――叶わなかったGM経営陣の願い

耐久消費財は長い時間をかけて市場飽和に達するにしろ、予兆を見逃したときには、さらに悲惨な結果を招きやすい。大型家電製品や自動車などの、文字通り長期の使用に耐える〝耐久〟消費財を、消費者は購入後も長く使う。そのため、ビッグバンからビッグクランチへの移行が起きる原因は、一時的な流行やファッションというよりも、実態的人口統計や消費者意識などの長期的な変化と関係がありそうに思える。

どのみち、それこそがこの10年間に、１兆ドル規模近い世界の自動車産業に深刻な変化をもたらしてきた本当の原因だろう。２００７年の世界金融危機によって、燃費がよく、環境に優しい自動車への切り替えが加速したとはいえ、一般消費者にせよ、法人顧客にせよ、その傾向はすでにその何年も前から始まっていた。

フォードや日産などの自動車メーカーは、業界の真実の語り手の警告に耳を傾け、その変化に備えていたらしい。だが、警告にまったく耳を貸さないメーカーもあった。ゼネラルモーターズである。１９３１年から２００７年までの77年間にわたって、世界で最も多くクルマを販売してきた自動車産業の先駆者である。

１９２９年の世界大恐慌に耐え、１９４０年代の第２次世界大戦を生き延び、数々の歴史的激変や経済的混乱も乗り切った後で、ＧＭは28万人超の従業員を抱えたまま、消滅の危機に見舞われた。そして２００９年11月、連邦倒産法第11章（チャプター・イレブン）の適用を申請して国有化される。たとえ世界有数の老舗企業であっても、ビッグクランチを前にして、気まぐれな運命からは逃れられないという格好の例だろう。

ＧＭの破綻には、外的なものも内的なものも含めて多くの要因が考えられるが、市場の飽和を何度も見落とすという失敗が大きな原因であったことは否めない。

ＳＵＶブランドのハマーを売却するタイミングを逃したことも、そのひとつである。かつて富裕層やセレブに愛された、戦車を思わせるハマーH1は、13万ドルという価格の高さと燃費の悪さから、〝無駄と過剰〟を象徴するようなクルマだった。2005年には大幅にスケールダウンしたハマーH3が投入されたものの、ハマーの運命はGMが破綻するはるか以前に明らかだった。

だが、経営陣はハマーにしがみついた。いつかは復活するという一縷《いちる》の望みをかけ、復活しないならば、そのときには、中国のメーカーに売却すればいいと高を括っていた。そのあいだも収益は悪化の一途をたどり、GMはついに2010年にハマーの売却を決断する。ところが、驚くまでもないが、そのときにはもう買い手はつかなかった。GMは売れ残りの2000台を半ば投げ売りして、現金化せざるを得なかったのだ。

市場飽和の問題をさらに複雑にするのは、消滅の危機に見舞われた自動車メーカーが、ビッグクランチの衝撃に耐えられなくなったからといって、単純に操業を停止できないことだろう。市場にもよるが、一般に製造業者は、会社の清算後も10年にわたって品質を保証し、予備部品を提供する法的義務を負う（GMは、2004年に製造を中止したオールズモビルの予備部品を、今もつくりつづけている）。それが、売却先を見つけるのが難しい理由であり、簡単に操業を停止できない理由でもある。

ルール8：負債化する前に資産を処分する

自社の「コア資産」はいつまで資産なのか？

ビッグクランチを生き延びる第1のルール（ルール7）は、倉庫を在庫だらけにするという致命的な過ちを避けることだった。だが、処分が必要なのは在庫だけではない。工場や設備、あるいは戦略上不要になり、市場の縮小に伴って価値を失う恐れのある資産も早急に処分しなければならない。顧客が次の破壊的製品やサービスに殺到すると、コア資産でさえ急速に価値を失い、容赦なく負債化する。

余分な資産を抱え込むリスクを最小限に抑える方法は、第4章でも紹介したように、極力、資産を持たないリーン・スタートアップという起業モデルを実践することである。現代は指数関数的な技術のおかげで、質を落とさず、将来の柔軟性を失うこともなく、生産能力や資源やインフラをはるかに簡単にアウトソーシングできる時代なのだ。

たとえば、需要に合わせて生産能力をアウトソーシングし、会計処理や流通、顧客システムを含むインフラを、クラウドサービス業者からオンデマンドでリースすることも可能だ。組み合わせイノベーションと市場実験に集中してきたリーンなスタートアップにとっては、比較的痛みを伴わずに資産を処分できるだろう。短期の製造契約や流通契約、知的財産のライセンス契約をキャンセルすれば済む話かもしれない。

リーンな運営は、スタートアップや起業家だけの戦略ではない。指数関数的技術は、あらゆる種類の取引コストを容赦なく押し下げる。大手製造業者でさえ、自前の資産を絞った運営が可能である。ナイキでは製品デザインのみを自社で行い、工場を持たない委託生産方式を採用して、世界中の９００社以上の製造業者と契約を結んでいる。その半数近くがアジアの業者だ。この「リーンで持続可能な生産方式」によって、ナイキでは欠陥率を50％、リードタイムを40％減らし、生産性を10～20％も向上させたという。その結果、従業員ひとり当たりの売上げは50万ドルを上回っている。

しかしながら、自社の資産については冷徹に再評価する必要がある。つい数か月前か数週間前まででは競合に勝つための強みだった資産も、もはや足枷になるからだ。その事実に気づくのが早ければ早いほど、資産を高く処分できる。このステージの大きな目標は、手元に残った資産を売却して最大の利益をあげることである。売却相手には、次のふたつが考えられる。ひとつは、タイミングを見極める能力に劣った同じ業界の競合であり、もうひとつは、購入した資産を新たな方法で活用する、別の業界の買い手である。後者は、手に入れた資産をうまく組み合わせ直して活用し、新たな破壊的製品かサービスを生み出す可能性がある。

これまで上場企業の最高財務責任者（ＣＦＯ）の優劣は、顧客のニーズを満たすために必要となる、最適な資源の調達能力で判断されてきた。とはいえ、それらの資源を売却して、最大の利益をあげることに秀でたＣＦＯはほとんどいない。だが、破壊的製品やサービスの短いライフスパンとビッグクランチの厳しい現実とを考えたとき、たとえ成功した市場実験であっても、最終的に純利益を生むかどうかを分けるのは、手元に残った資産を売却して最大の利益をあげられるＣＦＯの能力かもしれない。

iPhoneに採用されても、二の手三の手を打ちつづけるガラスメーカー

企業の経営陣が学ぶべきは、特殊ガラス材メーカーであるコーニングの戦略だろう。同社が開発した薄さ、軽さ、耐損傷性を兼ね備えたゴリラガラスの破壊的技術は、累計15億台以上ものスマートフォンやタブレットのディスプレイなどに用いられてきた。

１９５２年、ニューヨーク州北部にある自社の研究施設で強化ガラスの実験を行っていたコーニングは、高熱で焼いたガラスに優れた耐損傷性があることを発見した。ところが当時、できあがった強化ガラスをうまく製品化する方法が見つからず、結局はお蔵入りになってしまう。そして２００７年、コーニングと接触したスティーブ・ジョブズは、「ディスプレイを保護する、耐久性に優れた高品質のガラスを探している」と告げた。発売を目前に控えたｉＰｈｏｎｅに使用するためだという。コーニングは55年前にお蔵入りにした強化ガラスを引っ張り出して、数か月のうちに、その技術と自社工場とを使ってゴリラガラスの大量生産に成功した。

それは目覚ましい成果を生んだ。2013年には、モバイル機器からハイエンドTVまでの750アイテムを超える製品に活用され、2007年に2000万ドルだった売上げは、わずか5年後の2012年には10億ドルに達した。しかもコーニングは、顧客の抱える課題や破損の問題を詳細に分析して、絶えず質の向上に務め、オリジナル製品の20％もの強度を持つゴリラガラス2・0の発売にこぎ着けたのだ。

コーニングは、さらに優れた新バージョンを開発中である。だが、CEOのウェンデル・ウィークスは、ゴリラガラスがいつまでもトップの座に君臨できるとは考えていない。ディスプレイ技術に革命をもたらすために、さまざまな市場実験が活発に行われているからだ。有機発光ダイオード（OLED）もそのひとつである。この指数関数的技術はよりよく、より安いうえに、高コントラストで高解像度でもある。柔らかくて折り曲げられるため、くるくると丸めて持ち運べる日も近いと予想する専門家も多い。

OLEDがゴリラガラスに与える脅威を、コーニングも熟知している。それどころか、コーニングはその市場実験を積極的に行ってもいるのだ。2013年には、ロータスガラスと呼ぶOLEDディスプレイをサムスンと共同開発した。今日、ゴリラガラスがどれほどの成功を収めていようと、現行市場が縮小する日はいつか必ず訪れる。そのときに起きる打撃を緩和するためである。

つまりビッグバンのまっただ中にありながら、コーニングはコア技術とその製造工場の第2、第3の使い途を計画しているのだ。2013年には、自動車のフロントガラス用の特殊ガラスを開発中だと発表した。より軽量のために燃費効率の向上が見込める一方、破損やひび割れにも強いという。

早ければ2014年の試験的な採用に向けて、コーニングではすでに大手自動車メーカーと契約を交わした。もしコーニングがよりよく、より安いフロントガラスの開発に成功すれば、既存のフロントガラス製造業者にとって、30億ドル規模の破壊的製品が登場するシグナルとなるはずだ。

着々と未来への布石を打つコーニングの対極に位置するのが、ビデオやDVDのレンタルチェーン店であるブロックバスターだ。ネットフリックスのようなオンラインDVDレンタル・ストリーミング配信事業者がレンタルチェーン店に及ぼす影響を、ブロックバスターは見過ごした。ネットフリックスは当初、DVDの郵送レンタルサービスを行っていた。だが当時、消費者が店を訪れて、見たいビデオをその場で選んで持って帰るという利便性を捨てて、郵送で届くのを待つと考えた者はほとんどいなかった。

ところが、ウェブ上のインターフェースを介した自動セルフサービスを、消費者が喜んで利用するようになると、ネットフリックスはDVDの郵送レンタルサービスから、コンテンツのストリーミング配信サービスへと事業の軸足を移した。指数関数的技術によってブロードバンド回線の通信速度と安定性とが向上し、ユーザー数が増えるのに伴い、ネットフリックスはわずか数年のうちに、クラウド型サービス事業者へと転じたのである。

ブロックバスターは、ネットフリックスの戦略を次々に真似たものの、エンターテインメントコンテンツを配信するひとり勝ち市場で、万年2位の座に甘んじなければならなかった。さらに、レンタルショップの高い賃料や人件費が足枷となった。このふたつが重荷となって業績が悪化し、資産は負債化してしまう。２０１１年には、全米で展開する約３０００店舗のうちの3分の1を閉鎖して、ついに破産を宣告する。

結局、オンラインチャネルと３３０万人の顧客というブロックバスターの資産を手に入れたのは、衛星放送サービス事業者のディッシュ・ネットワークだった。譲渡額は、わずか3億２０００万ドル。もしブロックバスターが、もっと早い時点で身売りするか、実物資産を早急に処分する方法を見出していれば、これほどの安値で買いたたかれることはなかっただろう。１９９９年にネットフリックスがＤＶＤの月定額制レンタルサービスを開始したとき、ブロックバスターの市場価値は30億ドル近かった。ところが、破産宣告後に実際についた値は、その10分の1でしかなかったのだ。

グーグルはモトローラの「何」が欲しくて割高で買ったのか？

コーニングとブロックバスターの例は、資産の処分について、ふたつの貴重な教訓を示している。つまり、タイミングは重要だが、理想的な売却先を見つけ出すことも同じくらい重要である。たとえ顧客が現行の技術に背を向けたとしても、別のエコシステムの別の企業にとっては依然、利用価値が高く、利益を生み出す技術かもしれないからだ。その価値を効果的に絞り出す買い手を探し出すことが、高い買収額につながる。

その教訓が明確に表れたのが、グーグルのモトローラ・モビリティ買収だろう。アナログからデジタル規格への移行に相次いで失敗したモトローラは、2011年1月、会社分割を経て、ふたつの独立した企業として再出発を果たした。一方の「モトローラ・ソリューションズ」は本来の事業を引き継ぎ、無線通信インフラと機器を政府部門、公衆安全部門、法人部門に提供する。もう一方の「モトローラ・モビリティ」は、業績の低迷する消費者向け通信機器の開発・製造を引き継いだ。

そのわずか数か月後、グーグルがモトローラ・モビリティに、市場価値の5％増しに当たる125億ドルで買収を持ちかけた。その動機の背後にあるのは、もちろん、モトローラ・モビリティの新しいスマートフォンを、アンドロイドOSの〝ショーケース〟として利用するためである。だが、グーグルが提示した買収額の高さは、モトローラ・モビリティが保有する知的財産に、グーグルが強い関心を持っていたことの表れでもあった。同社は1万7000件もの特許を保有するうえに、申請中の特許をさらに7500件も抱えていたのである。

モトローラ・モビリティにとって特許は大きな価値があった。訴訟件数が増加する世界のスマートフォンエコシステムのなかで、企業を守るためには特許が不可欠だったからだ。グーグル自体も、アンドロイドをめぐって激しい特許戦争に明け暮れ、モトローラ以上に特許を必要としていた。モトローラ・モビリティを買収したとき、グーグルはすでに複数の訴訟に莫大な額を費やしていた。そのどれかひとつでも訴訟に負ければ、モバイル世界の支配を目論むグーグルの野望を挫くことになる。

グーグルはモトローラ・モビリティを買収する前にも、当時、清算手続き中だった、カナダの電気通信機器大手ノーテル・ネットワークスの特許オークションで、アップル、マイクロソフト、ソニー、エリクソンなどの企業連合に競り負けていた。噂によれば、マイクロソフトもモトローラ・モビリティの買収には多大な関心を寄せていたという。

マイクロソフトが買収に並々ならぬ関心を抱いていたことは、グーグルも承知していた。買収が成立した時点で、グーグルの関係者がアナリストに次のように語ったからだ。「この種の特許を取得してエコシステムを保護することは、いいことだと考えています」。モトローラ・モビリティの真価がどこにあるかを熟知するグーグルは、買収後すぐに、同社の全従業員の20％に当たる4000人をレイオフし、90か所に及ぶ事業拠点の約30％を閉鎖した。

急速に進化するモバイルエコシステムのなかで、自社の特許が他の企業にとってさらに高い価値を持つことに、もしモトローラが気づいていたら、もっと早い時点で、もっとよい条件の交渉をまとめられただろう。ビッグクランチに陥る前の早い段階で、買い手を探し出していたほうが、ずっとモトローラのためになったに違いない。

最後の最後まで「悪手」を選びつづけたコダック

この例が示すように、早い時点で手元の資産を処分することは、知的財産にとって、なかでも特許にとってはとりわけ魅力的な戦略である。特許を必ずしも特定の相手に売却する必要はない。ライセンス契約を結べばいいのだ。そうすれば、売り手も買い手も同じ資産を最大限に活用できる。徐々に所有権を移すかたちでライセンス契約を結び、売り手のニーズが減り、買い手のニーズが高まるのに合わせて、特許を譲渡する方法もある。

特許は、コダックの最終局面でも重要な役割を果たした。ビッグバン・イノベーションは、写真撮影術をアナログからデジタルへと変えた。ところがコダックは、写真フィルムの製造や販売で築いた優位性を、急成長するデジタル画像世界で活かして、市場を独占することはできなかった。1970年代、コダックは世界で初めてデジタルカメラの開発に成功する。だがよりよく、より安いデジタル写真が生む利益率の低さに、コダックは満足できなかった。そして、ようやくデジタルカメラの生産に本腰を入れはじめたときにはすでに、スマートフォンがカメラに取って代わり、コダックがブランド力を発揮できる選択肢はほとんど残されていなかったのだ。

業績悪化に苦しむコダックは、2012年に連邦倒産法第11章の適用を申請する。写真フィルム製造の先駆者という輝かしい過去を棄てて、デジタル資産を活用した再起を図るはずだったが、投資家が首を縦に振らなかった。19世紀末の創業以来、世界有数のブランドを誇ったコダックの資産のほとんどは二束三文で売却された。図表18が示すように、崩壊は〝徐々に、そして突然に〟起きたのである。

破綻したコダックの最も魅力的な資産は、もちろん、デジタル画像・処理技術にまつわる約1100件の特許だった。コダック自体は生き残りを図るために特許をあまり活用してこなかったが、

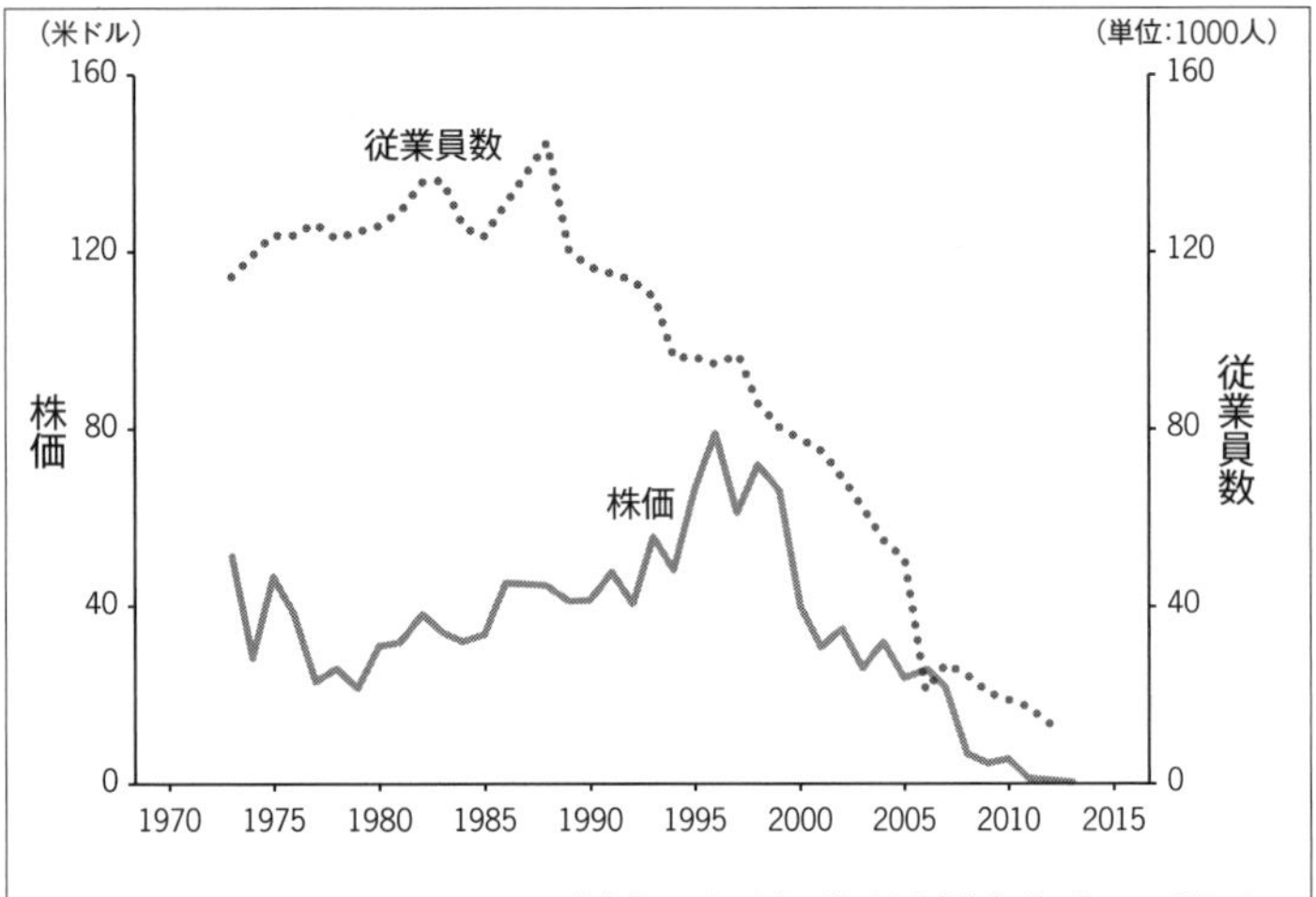

出典:『エコノミスト』、コダック年次報告書、グーグルファイナンス

図表18:徐々に、そして突然に破綻に見舞われたコダック

管財人は同社の特許に相当な価値を見て取った。それゆえ売却額を25億ドルと見積もったものの、売却先であるアップルやグーグルなどの12社の企業連合が提示したのは、当初想定の5分の1に当たる5億ドルをわずかに上回る額でしかなかった。

コダックもモトローラのように、ぐずぐずしているうちに売却のタイミングを逃してしまったのだろうか。おそらく、そうではない。破産手続きの書類に目を通した『ワイアード』誌のサラ・ミトロフ記者によれば、コダックは特許のライセンス料で、すでに30億ドルもの収入を得ていたという——そのライセンス契約は、特許の売却後も継続する。しかも「これらのライセンス料は」、破綻前の長い期間にわたって「コダックの収益の大きな部分を占めていた」のだ。

これといって使い途のない知的財産を、写真産業以外の買い手に売却したことは、結局、コダックにとって最善の選択肢だったのかもしれない。アメリカの写真市場に長く君臨してきた企業をビッグクランチが襲ったとき、経営陣は麻痺したように見えた。１８８８年に、技術と事業の先駆者としてコダックを創業したジョージ・イーストマンは、このような最期を想像だにしなかったに違いない。２０１３年、破産手続きを終えたコダックの前に残されたのは、他の企業の商用デジタルイメージング事業を支えるサプライヤーとして歩む道だった。

ルール9：リードしているあいだに撤退する

ビッグクランチが生む「規模の不経済」

在庫の山を避け（ルール7）、知的財産を含む資産の目減りを防ぐこと（ルール8）は、ビッグクランチの初歩の戦略にすぎない。売上げが急落しはじめたときに、起業家か既存企業かを問わず、イノベーター企業を襲う最大のリスクは、ビッグバンのステージで稼いだ莫大な利益以上の額を失ってしまうことだ。そうなると、何十年もかけて蓄えた軍資金や、緊急用の予備資金までもが危機にさらされてしまう。

利益を守るためには、ルール7と8に綿密な注意を払う必要がある。不要な在庫を二束三文で売り払ったうえに、無駄な生産設備を抱えていたのでは、破壊的製品やサービスで稼いだ利益がどんどん失われてしまうからだ。

市場がそっぽを向いた後でも、企業にとってやるべき仕事はまだ残っている。たとえば、破滅的な成功を支えるために築いたインフラを、そう簡単に削減することはできない。全国の小売店、ウェブサイト、サービス契約、あるいは生産するものが何もなくなった工場や事業所も、維持していかなければならない。広告を打つ市場と頻度を減らし、ターゲットを限定したところで、販促グッズやパンフレットの制作費はたいして変わらない。品質保証によって製品を修理すれば、時代遅れの製品の寿命をさらに延ばしてしまい、コスト効率が悪くなってしまう。

次のビッグバン・イノベーションが登場すると、ほとんどの顧客はさっさと乗り換える。だがもちろん、後に残るユーザーもあり、彼らの要求を満たすためのコストは一般に、ユーザー数の減少に比例して縮小するわけではない。つまり、次の破壊的製品がよりよく、より安くなる一方、古い製品はより悪く、より高くなってしまうのだ。

ビッグクランチのステージが進み、ライフサイクルの終盤にさしかかった製品は、生産も流通もカスタマーサービスもコストがかさむ――しかも、ユーザー数が減少すればするほど高くつく。ビッグバンのステージで破滅的成功を生き延びるために必要なのは、広大なエコシステムをすばやく築くことだった。だからこそ、破壊的製品やサービスの初期の成功が大きく、築いたエコシステムが大きければ大きいほど、ユーザーが背を向けたときには留保利益が逃げていくのも早い。

ビッグバンは規模の経済を生み出すが、ビッグクランチは規模の不経済を生み出す。ビッグバンは好循環だが、ビッグクランチは悪循環だ。突然死のラインを〝突然に〟もたらすのも、悪循環という気の滅入る特徴のせいである。負のスパイラルに陥ったが最後、逃れる術はほとんどない。

そこで、手元に残った資金を守るためには、まさかと思うような意外な方法を取る必要がある。つまり、「現在の市場からすっぱりと撤退する」のだ。目の前の市場実験がまだビッグバン・イノベーションを起こす予兆すらないうちに、現在の製品やサービスを完全に打ち切ってしまうのである。

これは心臓の弱い人には向かない戦略だろう。コア技術の打ち切りを発表した瞬間に、現在の市場シェアを既存の競合に譲り渡すことになる。内部的にも外部的にも何の問題もないように見える企業の一方的な〝降伏〟に、競合はとまどう。株式アナリストはその決断を嘲笑し、懲らしめとして、企業の株に罰を与えようとするかもしれない。投資家は、経営陣の責任を厳しく追及するに違いない。

指数関数的な技術が支配する産業では、こうした事例は決して珍しくはない。第3章で紹介した任天堂は、数年ごとに投入する家庭用ゲーム機のマーケティングにほとんど力を入れない。ムーアの法則によってよりよく、より安い製品が、任天堂か別の家庭用ゲーム機メーカーから近い将来に発売されることを、任天堂自身もユーザーも知っているからである。

競争の激化するスマートフォンOS市場でも、アンドロイド、iOS、ウィンドウズフォン8の平均的ライフサイクルは半年にも満たない。開発者側にしろ、顧客にしろ、特定のバージョンに固執したところであまり意味はない。企業としても、次の破壊的OSが登場する予兆が見えた段階で、現在のOSを引っ込めたほうがずっと簡単なのだ。

「最大の売れ筋製品の生産を打ち切る」——フィリップスの驚きの戦略

いずれ——おそらくすぐにでも——ビッグクランチが始まる製品をすっぱりと打ち切ることは、インターネット系のスタートアップや家電メーカーにとってさほど難しくはない。インフラの初期投資が小さいことも、その理由のひとつである。しかも、指数関数的技術と優れた組み合わせイノベーションのおかげで、よりよく、より安い次のモデルを、もう間もなく投入できることを、イノベーター企業もよくわかっているからだ。

だが、何十年もひとつの基礎技術を守りつづけてきた巨大企業の場合はどうだろう。偉大な創業者が発明した技術で、長らく業界に君臨してきた老舗企業の場合には？　その場合には、過去のイノベーションが、現在の利益とキャッシュフローとをもたらし、その資金をもとに、よりリスクの高い投資を行い、イノベーションを開発しているのかもしれない。だが、かつてのイノベーションもいつかは廃れる。

そのとき、老舗企業の経営陣は厳しい試練にさらされる。たしかに、現在は世界市場を牽引する大企業かもしれない。主力製品は世界中の家庭や事業所で使われ、50億ドルもの売上げと4億ドル超の利益とをもたらしている。それでも、真実の語り手は警告する――これまでも多くの試練を乗り越え、業界トップの座を狙う競合も退けてきた。だが、今回ばかりは打つ手がない。ビッグクランチに見舞われたら、そのときは一体どうすればいいのか。

その答えを教えてくれる絶好の例が、オランダのフィリップスである（総合電機大手のフィリップスは2014年9月に、照明事業をフィリップス・ライティングとして分社化すると発表した）。フィリップスが出した答えとは、業界や世間の度肝を抜く方法だった。フィリップスは「最大の売れ筋製品の生産を打ち切る」と発表したのである。しかもその決断を下したのは、よりよく、より安い次の製品が登場すると予測される10年も前だったのだ。

フィリップスが白熱電球の生産を開始したのは1891年。それから115年後の2006年、フィリップスの態度は単刀直入で、ぶっきらぼうでさえあった。経営陣は、次のように書いている。「カギとなる要素を変えなければなりません。それも速《すみ》やかに。エネルギー効率を高めるためです。効率が悪く、コストの高い白熱電球を廃絶する必要があります」

廃絶！　それも速やかにとは！　業界のリーダーが、自社の主力製品について語る言葉とは思えない。しかも、フィリップスは白熱電球の発明の一翼を担い、その基礎技術を用いて、第1次世界大戦前に安定した製品づくりにつなげたのである。その後、白熱電球の各製造業者が1世紀をかけて製品に磨きをかけ、改良を図ってきた。だが、それはひとつのS字カーブから次のS字カーブへの緩やかな移行だった。これほど長く、真の意味で破壊的イノベーションを寄せつけなかった技術は、他にはあまり見当たらない。

電球はフィリップスに安定した利益をもたらした。2009年、照明事業はフィリップスの売上げの約30%を支え、230億ユーロを誇る総収入のうちの70億ユーロを占めた。そのほとんどが白熱電球の売上げである。

それでも、いつか終わりは訪れる。あちこちの家庭や店舗や事業所で用いられているとはいえ、白熱電球は極めてエネルギー効率が悪い。光よりも熱を発するために、エネルギーの多くが無駄になってしまうのだ。この10年というもの、環境意識の高まりと他の照明技術の進歩とを受けて、19世紀の最も偉大な発明のひとつと称えられる白熱電球に、大きなプレッシャーがかけられてきた(1879年にトーマス・エジソンが発明したとされる白熱電球を実際に発明したのは、英国の物理学者ジョゼフ・スワンである)。

2006年以降、フィリップスが先頭に立ち、のちには競合各社も参加して、業界一丸となって白熱電球の廃止に取り組み、新たな選択肢の開発を推し進めてきた。たとえばコンパクト蛍光灯やLED(発光ダイオード)は、新たな可能性とカスタマイゼーションを期待でき、寿命は長く、コストも安くつく。

法的要求も白熱電球事業からの撤退を促した。1997年、地球温暖化防止京都会議(COP3)で「京都議定書」が採択されたことから、各国政府は、より省エネ効果の高い製品の開発を関連企業に強く要請するようになった。国連加盟国の多くが署名した京都議定書の下、先進国は２０２０年までに、温室効果ガスを５〜10％削減する目標に取り組まなければならなくなったのだ。

そして、その目標を達成するための候補のひとつが照明器具だった。世界中で使用されているうえに、エネルギー効率が極めて悪いからである。フィリップスによれば、ヨーロッパの消費者が毎年購入する電球の数は20億球にものぼり、そのほとんどが家庭用だという。そのため、もっとエネルギー効率の高い電球に切り替えるだけで、年間80億ユーロもの省エネ効果が期待でき、間接的に２０００万トンの温室効果ガスを削減できるのだ。

指数関数的技術の容赦ない進歩も、フィリップスに大きな影響を与えた。コンパクト蛍光灯とＬＥＤの技術が、10年後によりよく、より安い電球を生み出し、それに伴って白熱電球が廃れることが、すでに２００６年の時点で明らかだったのだ。１９６０年代以降、指数関数的な技術によって、ＬＥＤはよりよく、より安い製品への道を着実に歩んできた。半導体に「ムーアの法則」があるように、ＬＥＤには「ハイツの法則」がある。最初にこの法則を提唱した、アジレント・テクノロジー社の元科学者であるローランド・ハイツにちなんで名づけられたこの法則によれば、「ＬＥＤ照明の1球当たりの発光コストは10年で10分の1に下落し、発光量は20倍に増大する」という。

コンピューティング機器と同じように、ＬＥＤも長い時間をかけて劇的に性能が向上し、価格は低減した。白熱電球よりも長持ちし、蛍光灯のように有害な水銀を使用していないために、コストを抑えられ、廃棄処分もリスクなしに行える。

2000年に提唱されたハイツの法則を考えれば、白熱電球事業が破綻するのは時間の問題だった。そこでフィリップスは、コア技術の衰退を見越してすばやく動いて改革を断行しようとした。できるだけ多くの価値を維持するとともに、白熱電球市場からの撤退を宣言して競合の不意をつき、大きなリードを奪おうとしたのである。

その後、フィリップスは、経営陣の言う〝根本的な変化〟を遂げた。まずは、白熱電球に代わる破壊的製品が必ず現れるという厳然たる事実と、その製品が登場したときには破滅的な打撃を免れないという可能性を受け入れた。

次に、顧客が10年という余裕を持って対処できるように事前通告を行った。フィリップスだけでなく、購入者の側でも変化を受け入れやすくするためである。この事前通告によって、フィリップスは時間的余裕を持って古い生産設備を閉鎖したり売却したりでき、それ以外の資産も一新できた。そして、コンパクト蛍光灯やLED用の原材料を扱う、新たなサプライヤーとの関係も深めていった。

フィリップスはまた、新たなエコシステムのなかでリーダーの役割を担った。もっとも、白熱電球からの切り替えは比較的小さな位置づけにとどまるだろう。2007年、フィリップスは照明関連の企業5社を、計43億ドルで電撃買収する。そのなかには、アメリカの照明設備会社も含まれていた。半導体照明（SSL）を利用するためには、顧客は新たな設備と制御装置とを購入しなければならない。そこでフィリップスでは、ただ電球を販売するだけではなく、次世代の照明インフラ全体も手掛けることにしたのである。

その一方で、環境ＮＧＯや市民社会団体と協力して、各国政府が製造業者に白熱電球の生産中止を〝要求〟するよう、先頭に立って働きかけた。この動きを通じてフィリップスは、「持続可能なビジネスのリーダー」という貴重なブランド・エクイティを獲得した。それはまた、政府という中立的な規制機関が、従来のサプライチェーンを混乱なく、穏やかに引退に導くという意味でもあった。

このようにして、国家をタイムテーブルづくりに巻き込んだことで、競合も必然的に、フィリップスが定めたスケジュールに従わざるを得なくなった。そのうえ、変更に伴う否定的なイメージを、製造業者から規制当局へと逸らすことにも成功した。こうして、白熱電球という古い習慣を終わらせて、新たな技術の採用を推進する主体は政府なのだと、消費者に納得させたのである。新しい技術を受け入れたくない消費者がいたかもしれないからだ。

この戦略は大成功した。ヨーロッパでは、政府主導による白熱電球の段階的廃止は２０１２年末に完了した（フィリップスは、そのスケジュールよりもずっと早いタイミングで生産を終了した）。オーストラリアとカナダも、白熱電球の段階的廃止に取り組んだ。一部の議員から反対の声が上がったものの、アメリカでも、照明の効率基準を規定した連邦法によって、２０１２年に１００ワットの白熱電球が販売禁止になった。

みずから「終焉のスケジュール」を決めよ

フィリップスは、白熱電球という技術の終わりを予見しただけではない。その終わりを実際に早めたのだ――しかも終焉のスケジュールを決めたのは、破壊的な起業家ではなく、フィリップス自身だった。2008年に30億ユーロだったフィリップス照明部門の〝グリーン〟製品の売上げは、2012年には2倍の60億ユーロに跳ね上がった。これは、照明部門の全売上げの7割を占める数字である。フィリップスとパートナーのNGOは、2016年までに世界中の約40億個のソケットを、完全に切り替えるように呼びかけている。

こうしてフィリップスは〝突然死〟に陥るリスクに先んじて、破壊的な照明技術を開発する市場実験のリーダーになった。同社が開発したLED照明システムのフィリップス・ヒューでは、ユーザーはモバイル機器を使って照明のオンオフ、明るさ、あるいは個々の電球の色までも自由に操作できる。アラーム機能もあり、たとえば特定の相手からメールが届いたことを教えてくれる、お知らせ機能などもプログラムできる。

コア事業の廃止を主導したフィリップスの決断には、真の慧眼、勇気、経営陣のリーダーシップが必要だった。まずは、創業以来、最も高い利益を生み出してきた事業単位を廃止すると決断した。次に、実際にその変化が起きる何年も前に、顧客と競合に自社の決断を明らかにした。そして、各国政府と協力し合って目標の達成を目指した。危険極まりない試みに聞こえるが、実際、リスクは高い。だが、ビッグクランチのステージにおいてそれ以上に危険なのは、新しい破壊的技術が消費者の家庭に入り込んで行くのをただ黙って見ていることだろう。〝突然死のライン〟を越えた後で措置を講じようとしても、もはや手遅れなのだ。

フィリップスにとって、白熱電球に固執することは簡単だったかもしれない。破壊的技術にじりじりと追い上げられてもまだ、コア技術の没落を否定することもできただろう。ビジネスモデルの転換を命じる政府の規制機関を主導する代わりに、世界的な政治的影響力を駆使して、必死に抵抗するという従来のやり方もあったはずだ。

フィリップスが白熱電球をつくりつづけたとしよう。最初、売上げは徐々に落ちていく。やがて弱小の競合が脱落しはじめると、市場シェアが一時的に回復したかに見える。だが、徐々に落ちていた市場シェアは、いつかの時点で急落する。資産は負債と化し、利益は損失に変わる。その頃には、もっと有望な市場へと移行しようとしてもすでに遅い。

ビッグバン・イノベーションを生き延びた他のイノベーター企業と同じように、フィリップスも、ビジネス戦略の古いルールを破る重要性に気づいた。従来のアプローチを踏襲していたならば、由緒あるブランドの〝灯り〟が消えてしまっていたに違いない。

それは、もっと古い公社にとっても免れない運命のようだ。その公社は合法的独占によって守られ、200年以上もサービスを提供しつづけてきた。だが結局のところ、その独占こそが救済措置を遅らせ、公社が滅びる運命をもたらしたのだ。詳しくは、シャークフィンの最後である、冷たく、荒涼としたエントロピーのステージで紹介しよう。

Chapter 7
Entropy

第7章

エントロピー

撤退すらできない
地獄からどう抜け出すか

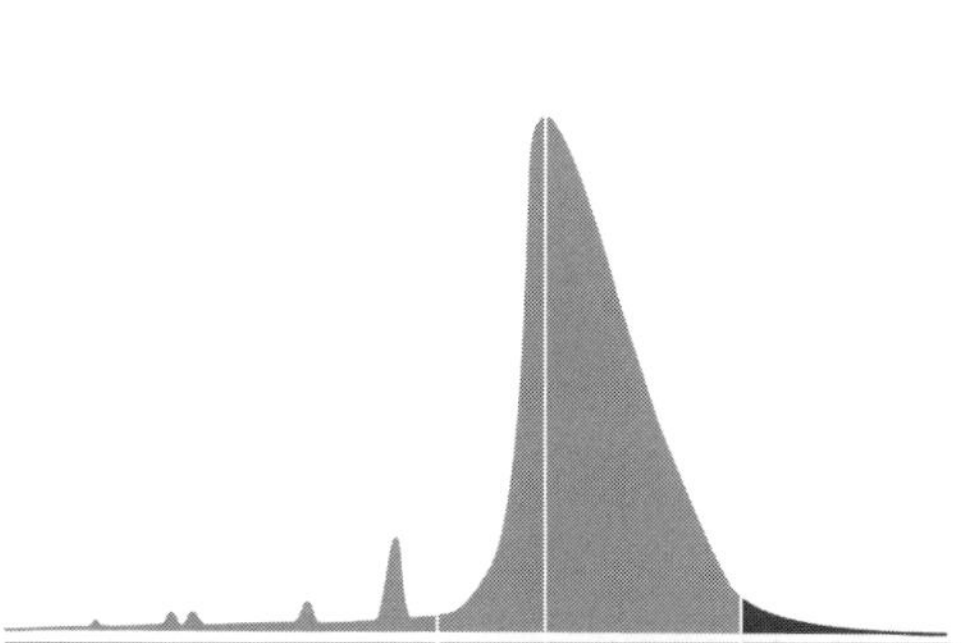

「ゾンビ」と化した米国郵政公社

「雪や雨、夏の暑さや夜の闇のなかでも、郵政公社は迅速に集配をこなします」

米国郵政公社のモットーによると、どうやら倒産の憂き目に遭ってもサービスは続くらしい。

連邦政府の管理下にあり、政府機関の位置づけを持つ米国郵政公社は２０１２年、事実上、破綻した。負債額は１５０億ドルを超え、連邦議会が設定した借り入れ枠を上回った（郵政公社の事業規模は約６５０億ドル）。郵政公社総裁兼ＣＥＯのパトリック・ドナホーの言葉を借りれば、ほぼあらゆる面でサービス需要が〝断崖絶壁のごとく〟落ち込み、この10年間、赤字続きだったせいだという。


ｅメールや他の電子通信、コンテンツ配信サービスが登場した頃に、危機を乗り越え、まだ業績を伸ばしつづけていたときには、郵政公社も将来の展望に自信を覗かせていた。ところが２０００年に普通郵便の需要が減少に転じると、２００６年からの5年間で、その取り扱い数はさらに29％も急落した。赤字累積のスピードはますます加速するばかりだ。ドナホーの言う、顧客の〝電子への転向〟は、郵政公社のコア事業を破壊しつづけている（図表19）。

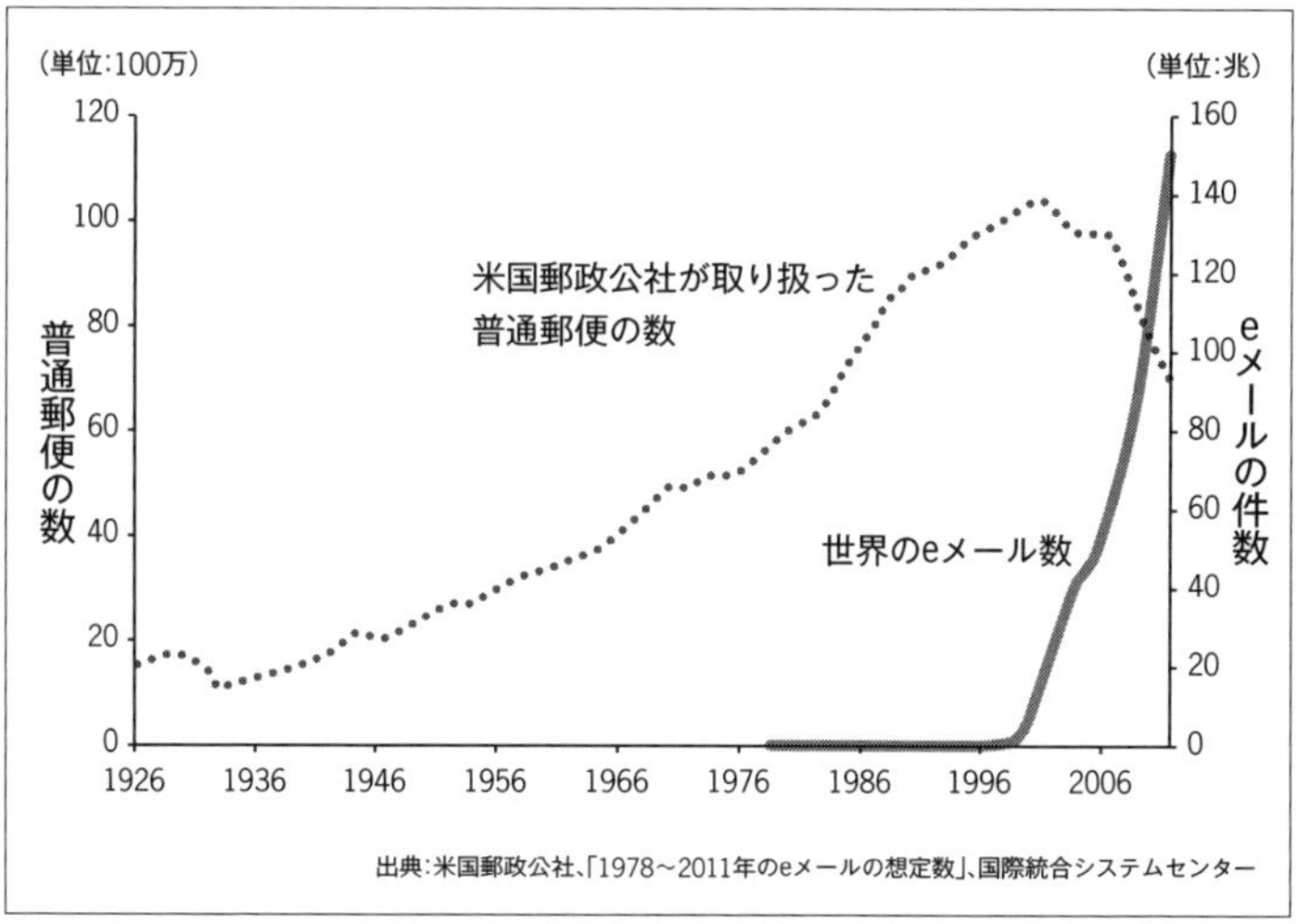

出典:米国郵政公社、「1978～2011年のeメールの想定数」、国際統合システムセンター

図表19:普通郵便事業の崩壊

「民間企業であれば、私どもが経験してきたような市場の変化にすぐに対応して、利益を維持できたでしょう」とドナホーは言った。

だが、郵政公社にはそれができなかった。郵政公社がビジネス環境の変化に対応することを、法律が厳しく禁じているからだ。たとえば、インフレ率を超えた料金の値上げはできない。新サービスを提供するためには議会の承認が必要だ。ヨーロッパでも世界各国でも、郵便サービスが〝電子への転向〟をうまく生き延びたのは、不動産を売却し、銀行・保険業務といった既存の金融サービスを活用したからである。ところが米国郵政公社の場合、経営の多角化を図る提案はこれまでも繰り返し却下されてきた。

たとえば郵便局は、デジタル通信分野に参入することができない。もし参入できれば、郵政公社のブランド力と政府機関という立場を活かして、〝確かな内容のものを、確実に配信する〟サービスを展開して、スパムメールの悩みを解決できたかもしれない。２０１２年に、ドナホーは控えめに発言した。郵政公社は「デジタルメールのような、新しい通信技術を検討中であります」と。また、このところ「デジタルソリューション・グループ」を設置し、「技術を活用して顧客ニーズをよりよく満たす、革新的な方法を模索する」任務に取り組んでいると、連邦議会に報告している。

戦略的な意思決定のまずさは、郵政公社の歴史的な欠点だろう――そして、そのまずい意思決定を行ったのは、連邦議会に他ならない。たとえば２００６年、郵政公社の50万人近い従業員が少なからぬ利益を生み出すと、連邦議会は、将来の退職者向け医療費を郵政公社に前払いさせることで、窮地に陥った連邦政府の医療保険制度を下支えしようとし、年間55億ドルを医療保険基金に支払うよう郵政公社に法律で義務づけた。

前払い期間は、今後75年間にも及ぶという。２０１０年には、法律で義務化された超過支払い額は１００億ドルを超えた。今日、郵政公社が負担する医療費の割合は郵便局の全収入の20％を占め、70億ドルという歳入欠陥の原因でもある。そして２０１２年には、基金に対する2年分の支払義務にあたる１１０億ドルが、デフォルト（債務不履行）に陥った。

ドナホーには、数年で郵政公社の黒字化を達成するという計画があった。現行サービスを縮小し、配達ネットワークの再編と効率化を図り、人員削減を敢行し、インフラも縮小する。ドナホーは土曜日の配達業務を停止しようとした。７００か所ある郵便仕分け拠点を２００か所に絞り込む案も考えていた。充分に活用されていない数千か所の郵便局の閉鎖や、退職者に加えて15万5０００人の人員削減にも取り組もうとした。

２０１２年、ドナホーは慎重に言葉を選んで発言した。５か年の「黒字化計画」に着手するにあたって、連邦議会の承認を得るためである。

郵政公社のビジネスモデルは破綻しています。コストを賄うだけの収入が不足し、法律で定められた借り入れ上限の１５０億ドルを突破するのも時間の問題でしょう。もし郵政公社が民間企業であれば、すでに連邦倒産法第11章の適用を申請しているところであります。現在の財政危機の原因は、規制の厳しいビジネスモデルに加えて、顧客の普通郵便サービス離れが永遠に、根本的に進んだことにあります。過去5年間の累積損失は２５０億ドルを記録いたしました。

ところが、連邦議会はどれひとつとして救済法案を可決しなかった。翌年の２０１３年に再び連邦議会に出席したとき、ドナホーはさらに悪いニュースを携えていた。２０１２年に郵政公社が出した損失額は、１６０億ドルにのぼった。実際、前16四半期のうちの14四半期で純損失を計上していたのだ。毎日２５００万ドルもの赤字を垂れ流し、２０１２年には、あと4日で資金がショートするという事態にまで追い込まれている。ドナホーの試算によれば、一刻の猶予もなく抜本的改革に乗り出さないと、２０１７年には累積赤字が４５０億ドルにまで膨れ上がるという。「私どもは」

郵政公社の総裁は、驚くほど控えめな表現を用いた。「持続不可能な道を歩んでいるのです」

だが、なぜそのような事態を招いたのだろうか。ひと言でいえば、原因は過去200年にわたって郵政公社を手厚く保護してきた法的規制にある。それこそが、ビッグバン・イノベーションに見舞われた郵政公社の運命を決したのである。他の国と同様に、アメリカの郵政公社も規制に守られ、独占を謳歌してきた。独占力があれば、競争を免れる一方、柔軟性もイノベーションを起こす意欲も失われてしまう。

新製品や新サービスがよりよく、より安い指数関数的技術のかたち（この例で言えば、eメールや電子決済、デジタルコンテンツなど）で登場すると、規制に守られた独占法人は即座には対処できない。郵政公社の場合には、連邦議会の承認を得るまで延々と待たされるはめになる。

さらに、全国民の郵便を預かり、配達するという法的義務を負う郵政公社は、消費者にそっぽを向かれたという理由だけでは、市場から撤退できない。どれほど急激に売上げが落ち込もうと、従業員、施設、ネットワークという巨大インフラを維持しつづけなければならないからだ。たとえ、規制当局が最終的に事業規模の縮小を承認したとしても、年金や医療給付、その他の生涯コストを支払う義務は残る。

民間企業でないという、かつて有利に働いた特徴は、現在の郵政公社にとっては不利でしかない。多角化を図って収益性の高い新サービスに参入したくとも、まずは議会の承認が必要だからだ。もはや支えきれない現行サービスを停止するにも、いちいち承認が要る。つまり、承認がなければ破綻もできないという意味である。

この巨大組織の息の根を止めることは、ただ単に郵便局を閉鎖し、納税者に最終的なツケを支払わせるだけでは済まない。郵政公社は約50万人の従業員を抱えている。だが、民間のトラック運送業者から仕分け業者、配達業者、郵便関連の小売業者までのサプライチェーン全体を合わせると、その数は750万人にものぼり、驚くことにアメリカの国内総生産（GDP）の7％にも相当する。郵便局と契約を結ぶ業者のほとんどが、郵政公社以上に厳しい制約を受ける。つまり、彼らは郵政公社と〝だけしか〟契約を結べないのだ。

もし、郵政公社が下方スパイラルを抜け出す方法を見つけ出せなければ、アメリカ経済に少なからぬ打撃を与えることは避けられない。

破滅後に取り残された企業がたどり着くステージ4「エントロピー」

というわけで、エントロピーのステージへ〝ようこそ〟——もちろん、歓迎するようなステージでないことは確かだろう。ここは冷たく、荒涼としたビッグバン・イノベーションの最終フェーズである。

ビッグバン宇宙論では、エントロピーは理論上でのみ可能だ。ゆっくりと崩壊するプロセスが理論上、終焉を迎える。宇宙のエネルギーは拡散し、物質の運動は何も起こらない。この仮定上のフェーズにおいては、奇妙な物理法則が働く。温度は絶対零度（原子のエネルギーが完全にゼロになる温度）に近づく。すべての光と熱とをブラックホールが呑み込む。何の動きもない。

ところが、ビッグバン・イノベーションではエントロピーはリアルな現象だ。ビッグクランチが終わりを告げる頃、顧客は古い産業を棄てて、新しい産業へと移動してしまっている。ほとんどの既存企業は、価値のない資産をできるだけ早く処分して、滅びゆく産業とサプライチェーンとを後にし、まだ価値のある資産や知的財産を携えて新たなエコシステムへと移動する。新たな世界で利益の見込める居場所を見つけ出す企業もあれば、他の産業にピボットする企業もある。コダックのように破綻する企業もあれば、ハマーのようにただ消えゆくブランドもあるだろう。

顧客のなかには、よりよく、より安い製品を使いこなせないか、断固として使おうとしない者もいる。そして、ポケットつき壁かけカレンダーや固定電話、キャッシュレジスターといった、より悪く、より高い製品を、ただ使い慣れているという理由からだけでも使いつづけようとする。彼らのようなごく少数の〝レガシーカスタマー〟の需要を満たすために、市場に残る企業も存在する。

だが〝エントロピーの辺獄《リンボ》〟に落ちた既存企業は、それほど幸運ではないかもしれない。何の準備もないままに突然、環境の激変に呑み込まれ、破綻を余儀なくされた。もしくは、身動きの取れない凍結状態に置かれ、ビッグクランチが終わるまで有効な手だてを打てなかった。

あるいは、郵政公社と同じような道をたどる企業も多い。顧客が一斉に他の産業に移動しても、事業を継続する法的義務を負い、破滅後のゾンビ世界で従来通りの事業活動を余儀なくされる。かつて莫大な利益を支えたネットワークやインフラを維持するために、毎日、赤字を垂れ流したあげく、ようやく新しい企業へと生まれ変わる承認を得るか、自然死を許される。

理由はともあれ、エントロピーのステージにはまり込んだ企業にとって、最大の敵はその企業自身である場合が多い。ありったけの資源を活用して、脱出速度に達しなければならないときに、みずから無為のなかに深く沈んでしまいがちだからだ。顧客や協業者は去って行く。株価は低迷し、投資家は消え失せる。貴重な人材は沈み行く船から逃げ出す。斬新なアイデアを持つ新たな経営陣を呼び込むことは、極めて難しい。

これらの企業の資産は使い物にならないか、少なくともかたちをかえる必要がある。彼らは事業に傾ける意欲を失い、とても何かに取り組む気にはなれない。

ところがこのステージにあっても、成功を収める者、もしくは何がしかの利益を生み出す方法を見つけ出す者もいる。あるいはそれ以外の企業にとっても、手元に残った資産をうまく拾い上げて、エントロピーのステージから脱出する可能性は残されているのだ。このステージを生き延びるために、大企業も中小企業も活用してきた3つのルールについて、詳しく見ていこう。企業規模が大きすぎて、ビッグクランチを生き残れなかった既存企業の競合も採用してきた有効なルールである。

ルール10：「ブラックホール」を逃れる

市場に残った唯一の既存企業にとって、もはや心配すべき競合はいなくなったと思うかもしれない。だが、よりよく、より安い製品やサービスが市場を席巻するこの時期にこそ、古い自社製品やサービスの動きに注意しなければならない。このステージでは、レガシーコストだけでなく、レガシーカスタマーやレガシーレギュレーション（規制）が足枷となって、ますます厳しい競争を強いられることになる。

ルール11：他の企業の部品サプライヤーになる

他の企業に部品を供給するサプライヤーになるという考えは、屈辱的に聞こえるかもしれない。ところが、エントロピーに落ちた企業に残された最善の選択肢のひとつは、小売業から撤退して、新たな市場のイノベーター企業に部品や資源を供給するサプライヤーになることだ。つまり、「戦争に負けたら、武器商人になれ」というわけだ。

ルール12：次の特異点を目指す

破壊的製品やサービスを生み出すときのツールや投資家のツールをうまく利用して、手元に残った資産を健全なエコシステムへと移し替える。「ハッカソンを開催する」「起業家向けのイノベーションセンターを創設する」「コーポレート・ベンチャーキャピタル（CVC）を活用して、イノベーションを促進する」。この3つを用いれば、失った時間と機会を取り戻すために必要な手段や資産が手に入る。

ルール10：「ブラックホール」を逃れる

「レガシーカスタマー」は救いをもたらすのか、それとも……

新たな破壊的製品やサービスに顧客が殺到して、既存のサプライチェーンが斜陽を迎えたときでも、それで市場がなくなるわけではない。企業の整理統合が進み、経営破綻が相次ぎ、競合が——望んでか、必要に迫られてか——脱出した後に、既存企業が1社だけ市場にとどまることは多い。よりよく、より安い製品やサービスが登場した後でも、古い技術を使いたがる顧客のニーズに応えるためである。だが、後に残るのはたいてい1社のみだ。

ピーク時と比べれば、後に残った企業の売上げは微々たるものだろう。それでも事業を縮小した企業にとって、少数ながらも、顧客のニーズに応えることは貴重な利益を生む。レガシーカスタマーには年配者も多い。新しい技術に切り替える必要もなければ、そのインセンティブも働かないからだ。あるいは、郷愁《ノスタルジア》に誘われて古い製品を買い求め、手元に置きたがる顧客もいる——ノスタルジアとは、もともとギリシャ語で〝痛みを伴う帰郷〟といったほどの意味である。

1990年代に崩壊したピンボールマシン産業については、第3章で述べた。ピンボールマシンメーカーが次々に製造中止に追い込まれた後、スターン・ピンボール1社だけが市場に残った。そして、細々と営業を続けるアーケード向けにピンボールマシンを販売し、やがて、自宅用に購入するベビーブーマーという新たな市場を見つけ出した。2012年、スターンは5000万ドルの売上げを記録し、前年比33％増を達成したという。「我が社は、世界で唯一のピンボールマシンメーカーです」。2013年、CEOのゲアリー・スターンは決意を語った。「私どもは、そのことに賭けています」

かつてエベレット・ロジャーズは、市場を「革新者」「初期導入者」「初期多数導入者」「後期多数導入者」「導入遅延者」の5つのセグメントに分けた。だが今は、「試験利用者」と「市場の大多数」のふたつしかない。そして、「レガシーカスタマー」は第3のセグメントとも言えるだろう。この少数の、だが非常に熱心な顧客は、破壊的技術が古い産業を解体した後でも、古い製品の存続を助け、既存企業を生きながらえさせる。

彼らのような顧客を、ありがたい〝救命胴衣〟のように思うかもしれない。だが、ご用心あれ。やがて彼らの熱心な態度が、魅惑的だが危険なセイレーンの歌声となって、コストばかりかさみ、収入は落ち込む一方の、脱出不可能なブラックホールへと既存企業を誘《いざな》う（セイレーンはギリシャ神話に登場する海の精。美しい歌声で船人を誘惑して難破させた）。

レガシーカスタマーのニーズに応えるということは、かつてその製品の製造、流通、カスタマーサービスを担当していたサプライチェーンの参加者がいなくなった後に、市場に残った既存企業がすべての仕事を引き継ぐという意味である。残った顧客のニーズを満たすためには、同じ運送手段や技術者を確保し、維持費のかかる交換部品を常に倉庫に備えておく必要がある。以前はおおぜいの顧客に対応したコールセンターも、顧客が減ったからという理由だけで閉鎖するわけにはいかない。新しいエコシステムの参加者が、クラウドを活用して情報システムを柔軟にリースできるのに対して、既存企業は、ますます不安定になるレガシーソフトウエアと、ますます古くなる技術インフラとを維持していかなければならない。しかも、その高いコストをまだ償却しおわっていない場合も多いのだ。

「サポートの打ち切り」すら不可能

ビッグバンのステージで働いた規模の経済は、エントロピーのステージでは規模の不経済に変わる。固定費は縮小しない。年金の支払い義務や退職者医療給付、無償修理を約束する保証サービスは縮小するどころか、不吉な運命のようにいつまでもつきまとう。

廃れた技術の維持費や管理は、企業にとっても顧客にとっても大きな頭痛のタネである。特にその傾向が著しいのが、変化の激しい家電とコンピューティング市場だろう。マイクロソフトやアドビ、グーグル、第5章で紹介したインテュイットなどの大手ソフトウエア企業は、積極的な販売を取りやめた製品のサポートに膨大な額を費やしている。そうすることで、現行か次世代製品への移行を徐々に促し、莫大な投資が報われることを期待しているのだ。

製品の売上げが落ちたときにサポートを打ち切るという選択は、非常に危険である。2007年、ソニーは北米と欧州市場において、ATRAC形式の音楽配信サービスを終了すると発表した。ATRACとは、ソニーが開発したプロプライエタリな音声圧縮技術の規格である。ソニーでは、自社のオーディオプレイヤー用にデジタル音楽を購入したユーザーに、この音声ファイルフォーマットの利用を義務づけていた。

ところが、サービスの終了を受けて、ユーザーはATRACの音楽配信サービスで購入したファイルを変換しなければならなくなった。ソニーは実際、ユーザーにATRACファイルをディスクに焼き、別のフォーマットに変換するようアドバイスした。そうするしか、著作権侵害から守るためのデジタルロックを外す方法がなかったからである——そもそも、そのデジタルロックこそが、ATRACの普及を妨げた原因かもしれない。ATRACのサービス終了につまずいたせいで、ソニーのデジタル戦略は10年も後退した。

モトローラもまた、フォトン4Gの顧客を怒らせてしまった。2011年にこのスマートフォンを発売したとき、モトローラは最低でも18か月間は、アンドロイドOSをアップデートする約束をしていたが、発売1年後に突然、その約束を反古にし、4GのICSアップデートを断念すると発表したのだ。しかもその発表を、公式サイトのユーザーフォーラムの目立たないコーナーでこっそりと行ったのである。モトローラはフォトンの購入者に100ドルを配布したものの、顧客の反発は激しく、「金輪際、モトローラの製品を買わない」と誓った者も多かった。

市場にとどまり、生き残りをかける既存企業は、せいぜい小さな市場に丹念に対応するしかない。だが、レガシーカスタマーが次の破壊的製品やサービスに渋々ながらも移行するにつれ、小さな市場規模はますます縮小する。残ったユーザーも年配者が多く、年齢層は高くなるばかりだ。やがて彼らがその製品を、あるいは〝どんな製品をも必要としない日〟がやって来る。

滅びゆく製品やサービスの新たな顧客を見つけることは、悲観的な見通しと言わざるを得ない。アメリカの自動車メーカーは、キャデラックなどのブランドも含めて、年配層から若者層へと大きくターゲットを転換した。ところが新聞は、少なくとも紙のかたちではターゲットの転換を図っていない。アメリカにおいて、1日の新聞の発行部数は過去10年間で20％以上も減少した。インフレ調整後の広告収入は、1950年レベルにまで激減している。

新聞にとって、人口統計上の傾向はさらに不吉である。2012年、アメリカのシンクタンクであるピュー研究所が行った調査によれば、40～49歳の回答者のうち、「前日、新聞を読んだ」と答えた者は16％にとどまった。それが、18～24歳では6％にまで落ち込む（図表20）。たとえ新聞社がこれらの読者を、将来にわたってひとり残らず維持できたとしても、保険数理士の計算によれば、新聞社はすでに破綻状態にある。

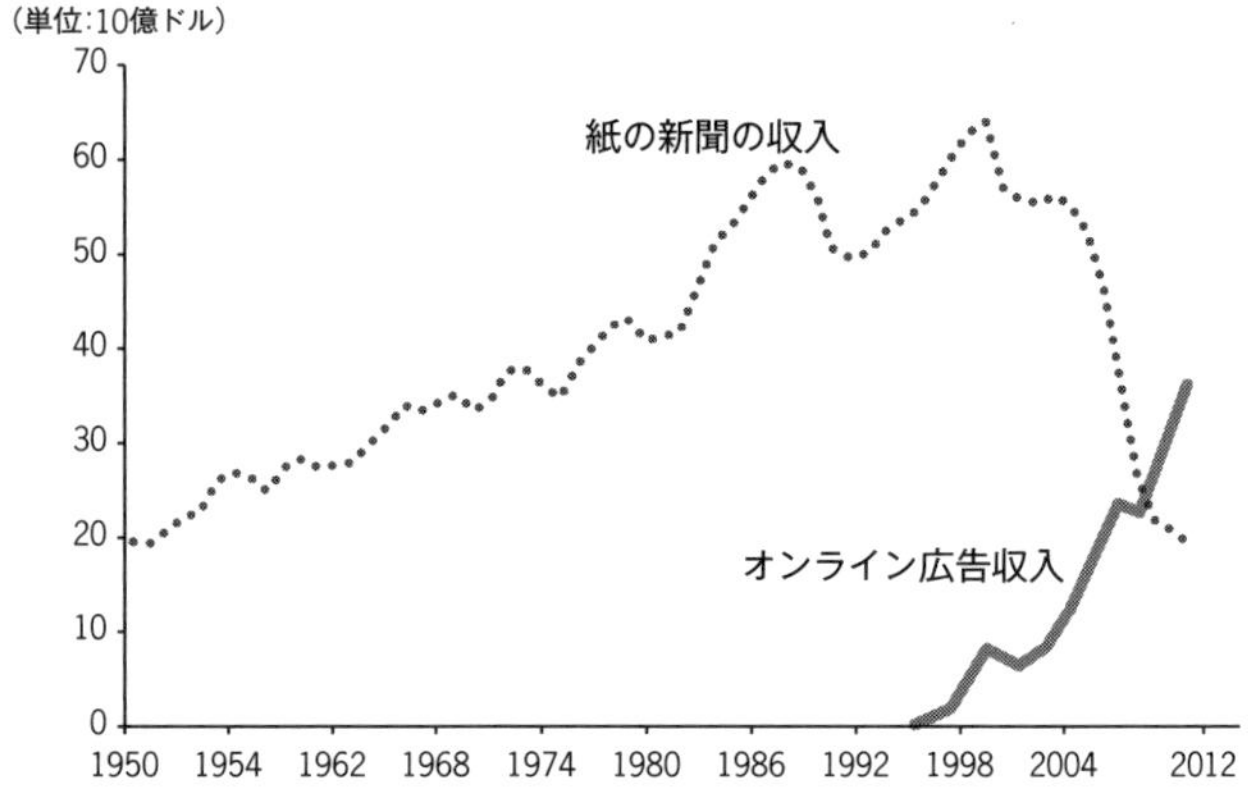

出典:米国新聞協会、プライスウォーターハウスクーパース「インターネットの現状」レポート

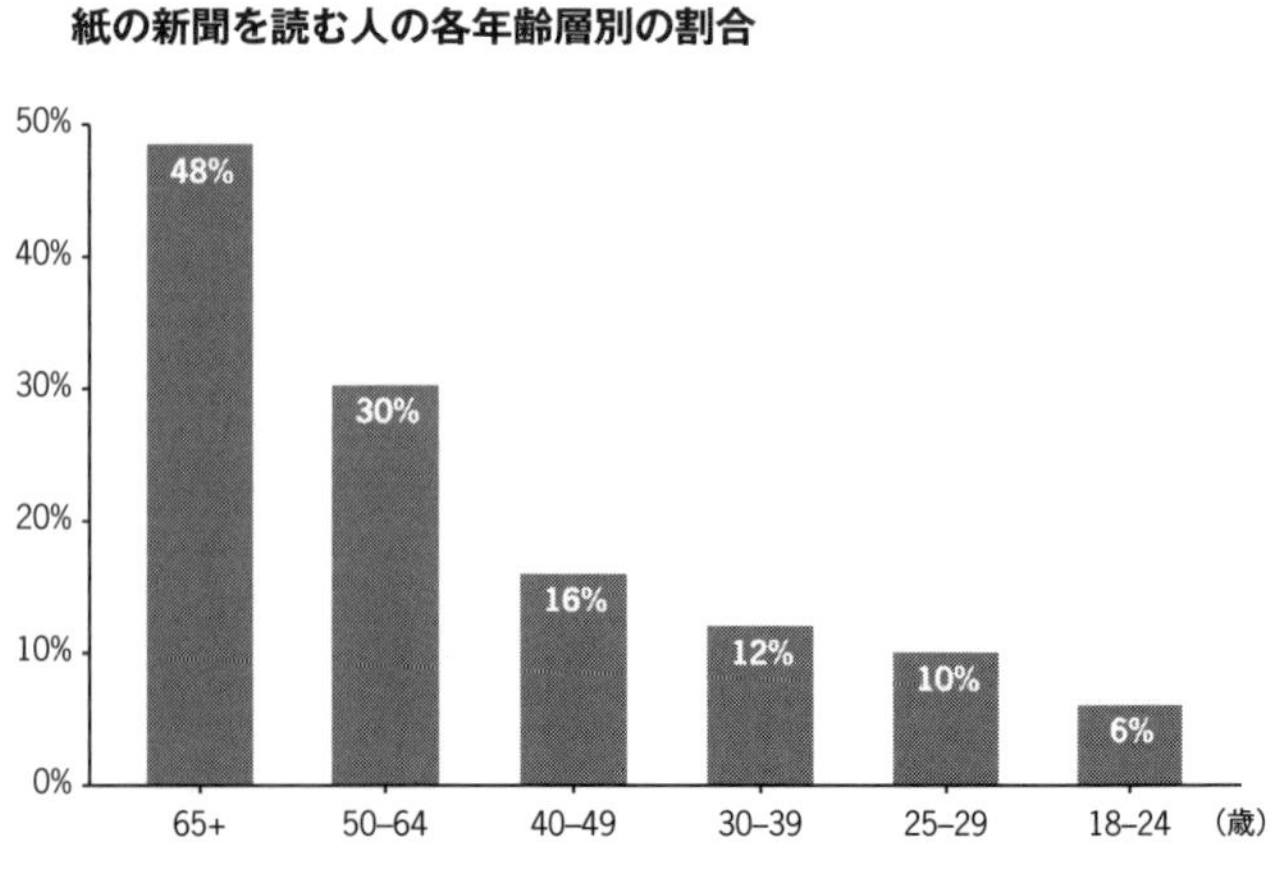

出典:ピュー研究所

図表20:紙の新聞の崩壊

AOLを待ち受ける「最悪のシナリオ」とは

最悪のシナリオの場合、レガシーカスタマーは、自分でも気づかないうちに破壊的製品やサービスに移行してしまっている。少なくともそれがAOLを悩ませる、カチカチと音を刻む時限爆弾である。1990年代、AOLは接続サービスによって、何百万人ものアメリカ人にインターネット体験をもたらし、無敵の影響力を誇った。そのあまりの影響力を警戒して、規制当局の介入を求める陳情書が出されたほどである。

AOLは2000年に、CNNやワーナー・ブラザーズを傘下に収めるタイムワーナーを3500億ドルで買収する。当時、AOLの売上げはタイムワーナーの半分だったにもかかわらず、市場価値は2倍を誇った。こうして、インターネット接続とコンテンツとの合体を目指して誕生した世界最大の複合企業は、ますます支配力を強めていった。ところが、AOLのダイヤルアップ方式に替わる新しい接続技術を、ケーブルTV会社や電気通信事業者が相次いで採用し、AOLが目を光らせるチャンネル以外で無料コンテンツが急増すると、業績は悪化し、戦略と合併はたちまち裏目に出た。

2000年に80億ドル近くあった売上げは、2010年には約25億ドルに激減した。それでもAOLは、時代遅れのダイヤルアップモデムを使ったインターネット接続で、〝健全な経営〟を維持している。問題は、AOLの加入者の多くがダイヤルアップ接続を実際には利用〝していない〟ことだ。彼らはずっと前に、よりよく、より安いケーブルやモバイルブロードバンド・インターネットサービスに、アップグレードしてしまっている。それでは、なぜ彼らはいまだにＡＯＬに料金を支払いつづけているのか？　『ザ・ニューヨーカー』誌のベテラン記者ケン・オーレッタは次のように書いている。

ＡＯＬは、収益の80％を加入者からの支払いで賄っている。加入者である年配層の多くはケーブルかＤＳＬ（デジタル加入者線）を使っているが、彼らはインターネットに接続し、メールをチェックするために、ＡＯＬに毎月25ドルを支払う必要がないことに気づいていない。「秘密にしておきたい都合の悪い真実は」と、ＡＯＬの元経営幹部のひとりは言う。「ＡＯＬの加入者の４人に３人は、ダイアルアップサービスを必要としていないことだ」

もちろんいつかは、年配の加入者も契約を取りやめるだろう。月額料金を支払う必要がないことを我が子に指摘される場合もあれば、高齢の加入者自身の〝有効期限が切れて〟しまう場合もあるからだ。それまでに、収益を確保する他の方法を考え出さなければ、高齢の加入者ともどもＡＯＬが〝息絶える〟日も近いかもしれない。

かつて保護してくれた規制が「枷」となるとき

脱出方法と手段を持つ既存企業であっても、エントロピーのステージから脱け出すことは難しい。

このとき、足枷となるのはレガシーカスタマーではなくレガシーレギュレーション（規制）だ。郵政公社の例が示すように、公益企業をブラックホールへと引きずり込む強力な重力は、たいてい法的要件や法的ルールである。これらが原因で市場からの撤退を禁じられたうえで、公益企業は質の高いサービスを万人に提供する義務を負う。

厳しい規制を受ける独占企業は、必ず法的保護を受ける。市場原理を強制する競合は存在しない。経済用語で言う〝制限〟とは、生活に不可欠なサービスを万人に提供するための必要悪なのだ。

だが、よりよく、より安く、規制のない選択肢に顧客が流れはじめると、市場からの撤退を許されない公益企業は、たちまち堪えがたいほどの重圧に苦しめられる。より悪く、より高い製品やサービスしか提供できない公益企業が、よりよく、より安い製品やサービスに対抗しようとしても、どだい無理なのだ。しかも、より悪く、より高い選択肢が、法律によって変化を禁じられている場合はなおさらである。

それが、既存の固定電話会社であるベライゾンやAT&Tが直面する危機である。ベル電話会社を前身とするこのふたつの事業者は、連邦政府、州政府、地方自治体のさまざまな機関の規制に縛られながらも、古いタイプの交換電話接続、すなわち従来型の基本電話サービス（POTS）を提供している。価格設定、質、あるいは競合による設備へのアクセスはすべて規制の対象だ。規制当局の動きは鈍く、物事は緩慢で非効率な速度でしか進まない。

その一方で固定電話のユーザーは、ケーブル、光ファイバー、高速モバイル通信などの指数関数的な通信技術へと移行している。アメリカに限らず、音声通話サービスの顧客は、驚くほど速いペースで、従来の有線電話サービスからIP（インターネットプロトコル）電話へと乗り換えているのだ。ほんの10年前までは、ほぼどこのアメリカの家庭もPOTSでつながっていたが、2011年末には有線接続を利用する家庭は半数以下に減った。2015年末には、その数は4分の1にまで減少すると見られている。

かつて電話会社はインターネットを、より優れた電話網くらいにしかみなしていなかった。ところが今では、規模の大小を問わず、どんな電気通信事業者も、IPこそがモバイル技術のユーザーやクラウドサービス、M2M（machine to machine）通信の爆発的な需要を満たす、唯一の選択肢と捉えている。すでに見たように、デジタルネットワークも指数関数的技術の曲線を描いて進化する。そのうえ、インターネットの設計は、パケットに変換して伝送するものが音声か、データか、映像かを問わない。MITメディアラボの共同創設者であるニコラス・ネグロポンテも、1999年にこう述べている。「ビットはビットだ」

よりよく、より安いネットワークとフレキシブルな設計という、ふたつの特長を備えたインターネットは、POTS事業者に巨大なブラックホールの扉を開いた。顧客の固定電話サービス離れが加速し、設備サプライヤーの合併が進むと、老朽化の目立つ銅線とアナログ交換機の維持コストは、絶対的にも、顧客ひとり当たりに換算しても劇的に増大した。ネイティブIPネットワークの運営コストは、POTSのたった10分の1しかかからない。一方のレガシーキャリア(電気通信事業者)

の場合、少数のユーザー用に古いネットワークを維持するためには、全予算の半分も費やさなければならない。

彼らの名誉のために言うが、既存のプロバイダーは、つい最近まで彼らにとって最も価値のあった資産を急遽、精算して、新たな技術の導入を急いでいる。ベライゾンもＡＴ＆Ｔも莫大な資金を投入して、銅線から光ファイバーへ、回線交換機からパケット交換機への切り替えを加速させている。しかもそれ以上の予算を投じて、モバイルブロードバンド・ネットワーク――その勢いは、今やブロードバンド有線サービスにさえ追いつきそうなほどだ――の構築に取り組んでいる。

こうしてよりよく、より安い通信網への切り替え作業を着々と進めているにもかかわらず、レガシーキャリアは、従来のＰＯＴＳネットワークをそう簡単には棄てられない。より優れた選択肢があるにもかかわらず、ＰＯＴＳから完全に撤退するためには、法律の定めによって、連邦政府と州政府の規制機関の承認を得なければならないからだ。ところが、連邦通信委員会（ＦＣＣ）は次世代通信網への切り替えに二の足を踏む。その理由のひとつは、既存のアナログ電話網を用いて、競争の激しい電話サービスを提供している地域の電話会社も、州の規制機関も、それぞれの存在意義を失いたくはないからだ。

古いネットワークの維持コストを負担する期間が長ければ長いほど、光ファイバー、デジタル交換機などのよりよく、より安いＩＰ技術への切り替えや、移動体通信網へのアップグレードにつぎ込める予算は削られてしまう。

結局、規制が生む真の犠牲者は固定電話のユーザーである。彼らは、インターネットサービスがもたらす恩恵を享受できない。連邦政府の調査によれば、僻地の住民や高齢者、低所得者層のあいだでは、ブロードバンドの普及が大きく遅れているという。彼らはまた、回線交換電話網の利用率が高い。彼らにとっては、それが唯一の通信形態だからである。

これらのコミュニティにIPネットワークの恩恵をすぐにでももたらせば、時代遅れの回線交換インフラに莫大な維持コストをかける必要もなくなる。それはまた、仕事や教育、エンターテインメント、医療、公衆安全の分野で急速に必要性を増しつつある、映像やインターネット接続などの他のブロードバンドサービスにも、もっと簡単に、もっと安く接続できるという意味である。

つまり、デジタルネットワークへの移行を承認すれば、「アメリカで暮らす成人の5人にひとりがインターネットに接続できない」という現状を打破する、大きな解決策になるだろう。それでなくても、電気通信事業者は次世代通信網への切り替えを承認するよう、政府に再三再四、訴えてきたのである。ピュー研究所の「インターネット&アメリカ生活プロジェクト」によれば、調査に参加した回答者のおよそ半数が、インターネットに接続しない理由を、コストの問題ではなく、その必要性を感じないからだと答えている。だが、IP電話サービスに切り替えれば、他のインターネットサービスの持つ優れた価値を、もっとずっと簡単に発見できるはずだ。

最も助けを必要とするレガシーカスタマーを救済するためか、正しいことをしようとしているレガシーキャリアのために、今のところ、規制当局が緊急に動く気配はない。それこそは、本来、万人が新技術を平等に利用するために定められた法律の皮肉な一面である。

ルール11：他の企業の部品サプライヤーになる

みずから「貸借対照表」の解体に着手せよ

エントロピーに陥ると、脱出速度に達するのは至難の業である。脱出を妨げるのはレガシーカスタマーかもしれない。レガシーレギュレーター（規制当局）の場合もあるだろう。彼らは純粋に既存企業を支援しているつもりかもしれないが、廃れた技術のインフラやサプライチェーンを維持するように促したり、実際にそう要求したりして、企業をさらに深いブラックホールの奥へと引きずり込む。顧客が減って、規模の不経済が働くと、よりよく、より安い破壊的製品やサービスと戦うことはますます困難になる。

このステージを生き延びるためには、少なくとも立て直しが不可能な事業分野を諦め、その空白を受け入れることだ。そして製品の生産を打ち切る。保証サービスや年金給付などの義務もできるだけ早く終わらせる。価値を失った知的財産を手放すことも重要だ。

つまり、既存企業がコントロールできない外部の力が働く前に、みずから貸借対照表の解体に着手する。そして手元に残った資産を、他の産業かエコシステムで活用する方法を探し出す。ろくに買い手のいなくなった製品の販売をすっぱりと打ち切り、他の企業のサプライヤーになるのだ。新しいイノベーション、それも新たな破壊的製品やサービスに活用される部品のサプライヤーを目指すのである。

製造業者《プロデューサー》から供給業者《サプライヤー》への転身を図るためには、企業と資産の両方のブランドを少なからず再構築しなければならない。小売・流通ネットワークや人的資源を含むほとんどのインフラは、おそらく移行を乗り切れない。由緒ある企業の歴史に、慎ましやかな1章が新たに加わる。それでも、古いアイデアに新たな生命を吹き込み、他の製品への用途を見つけ出した企業は多い。

最終的に価値があると判断できた製品や部品は、たったひとつだけだったかもしれない。だがそのひとつが、これまで以上に大きな利益を生み出す可能性は残されている。

その絶好の例が、半導体の開発・製造大手であるテキサス・インスツルメンツ（ＴＩ）だろう。ＴＩは売上高１２８億ドルを超える、創立85年の世界的な老舗企業である。１９５８年に集積回路を発明し、半導体製造で世界第3位、携帯電話用チップのサプライヤーとして世界第2位の実績を誇る。教育から医療、セキュリティ、電気通信、電子機器までの幅広い産業に部品を供給する重要なサプライヤーである。

だがそんなＴＩにも、ビッグクランチの犠牲になりかけた苦い過去があった。

「たったひとつの部品」に救われたテキサス・インスツルメンツ

1970年代のTIは、現在とはまったく違う事業を展開していた。半導体に加えて、デジタル時計やLED腕時計、ハイエンドな関数電卓などの家電を、自社ブランドで製造・販売していたのだ。

そして1979年、当時最も活気と将来性に満ちていた市場に参入する。家庭用コンピュータ市場である。その新しい市場は、業務用コンピュータとは違って、手頃な価格の製品を初期導入者と電子愛好家に提供した。TIが1981年に投入した「TI－99／4A」は、大変な売れ行きを記録する。16ビットCPUを採用したこの世界初の家庭用コンピュータは、最先端の音声合成モジュールが接続可能だったうえに、プラグ&プレイの周辺機器も揃っていた。当時の熱狂的なファンからは、今なお特別な感情を持って高く評価されている製品である。

1980年代初期、TIは家庭用コンピュータ市場で大きなシェアを占めた。ところが、オズボーンやコモドールといった競合他社との苛烈な価格競争に巻き込まれ、TIも利益を度外視した値引き合戦を余儀なくされた。当初、500ドル以上だった「TI－99／4A」は、2年後の1983年には150ドルの安値で売られたのだ。

家庭用コンピュータ市場が少なくとも一時的に飽和すると、この持続不可能な投資のせいで、半導体や防衛部門といったTIの残り9割の事業は、たちまち破綻の淵に追い込まれた。そして突然、家庭用コンピュータ市場から撤退する。300万台近いコンピュータを売り切ったにもかかわらず、最終的に5億ドルもの負債を抱えていたのである。

そのＴＩを救ったのが玩具だった。もっと正確に言えば、玩具に搭載されたたったひとつの部品だったのである。

１９７０年代後半、ＴＩは相次いで教育用玩具を発売した。そのひとつ「スピーク＆スペル」は、子どもが基本的な言葉や算数を学べる知育玩具であり、英単語を音声で再生した後に、小さなキーボードを使ってその単語のスペルを入力できた。ＴＩの音声合成技術を用いたこの製品は、ゲームカートリッジを交換できる、おそらく世界初の拡張可能な家庭用ゲーム機だろう。スピーク＆スペルは大ヒットし、１９９２年までの14年にわたって次々と新製品が出され、愛されつづけた。

スピーク＆スペルは、デジタル信号処理技術（ＤＳＰ）を初めて商業利用した製品だ。ＤＳＰとは、アルゴリズムを用いて、音声や画像などのデジタル信号をリアルタイムに処理できるマイクロプロセッサである。１９７８年にＴＩがスピーク＆スペルで製品化して以来、アンプから音声認識システムまでの幅広い用途に利用されてきた。

今日、ＤＳＰはスマートフォン、ロボット工学、アンチロック・ブレーキシステムといった、数多くの指数関数的技術にとって不可欠な要素である。電波探知機《レーダー》や水中音波探知機《ソナー》の他、ＭＲＩ、ＣＴスキャン、超音波などの医療機器にも用いられている。

家庭用コンピュータ事業を打ち切ったＴＩはすぐさま、ＤＳＰを他の製造業者に供給するサプライヤーへと生まれ変わった。そして１９８０年以降、ＤＳＰの生産で世界トップを走りつづけ、年間19億7000万ドルもの売上げを誇ってきた。2008年には、世界のDSP市場の65％を独占した。その後は、事業の柱を革新的なアナログ技術へと移行した（たとえば、アナログICはTIの全売上高の約50％を占める）ものの、今でも信号処理技術はTIの事業にとって重要な部分を占めている。

家庭用コンピュータ市場から完全に撤退したとき、TIは、資産のひとつを活用して新たな事業をつくり出す方法を見つけ出し、サプライヤーになる道を選んだ。消費者に直接製品を販売する代わりに、DSPプログラマーとアルゴリズム設計者のコミュニティを育み、その彼らがTI製品の新たなユーザーを見つけ出した。DSPは現在、スーパーコンピュータの数値演算コプロセッサとして用いられ、天気予報や経済予測、コンピュータビジョン（画像認識）分野での活用が進んでいる。

「TIは高度な信号処理チップを提供する最初の企業になり、機器は決して製品ではないことも理解しました」。DSP開発の先駆者であり、TIの主席フェローを務めるジーン・フランツは、2012年のインタビューでそう答えた。「製品とは、機器にサポートと開発環境とカスタマーサービスを加えたものでした。我々がつくっていたのは、顧客がみずからの製品に使うための製品だったのです」

事業の急激な悪化を体験したTIは、エントロピーのステージを生き延びる重要な教訓を学んだ。すべてを失ったように見えても、それはただ〝顧客がそっぽを向いた製品の最後のかたちにすぎない〟のかもしれない。その製品を支える基礎技術が、新たなユーザーと新たな市場を見つける可能性は残っている——しかも新しい市場のほうが、エントロピーのステージに陥る前の市場よりも、さらに大きな価値を持つ場合もあるのだ。

ＴＩは、家庭用コンピュータ市場の最前線で激しい消耗戦を強いられる戦闘員から、別の闘いを戦う企業に武器を供給する〝武器商人〟へと転身した。そのために必要だったのは、新たな技術を見つけ出すことではなく、別のエコシステムで新たな役割を受け入れることだった。それは、かつて市場のリーダーだったＴＩにとって屈辱的な体験だったかもしれない。ところがＴＩの場合、改革には最小限のトラウマしか伴わなかった。ＴＩ自体が、指数関数的な製品の開発や製造に長く携わってきたからだろう。

富士フイルムのピボット戦略——写真から化粧品へ

業界に君臨した企業が、ピボットを図って部品サプライヤーの道を選ぶとき、企業文化を大きくシフトする必要に迫られる。それは苦悩に満ちたシフトであるにしろ、業界2位、3位の企業が勝利をつかみ取るための戦略でもある。第6章でコダックの悲劇的な破綻について述べた。スマートフォンの登場によって従来の写真処理技術が徐々に、やがて突然に衰退すると、コダックは破綻に追い込まれたあげく、知的財産を有利に売却するタイミングすら逃してしまった。

ここで、コダックと富士フイルムのたどった道を比べてみよう。富士フイルムは、長く培ってきた専門技術と知識とをコア事業に近い産業と市場に転用して、成長の望めない写真事業から大きな価値を絞り出した。高精細イメージング技術を活用して、ナノテクノロジー分野に参入したかと思えば、医薬品事業へも本格参入し、インフルエンザワクチンなどの薬剤をナノ分散化させて、その吸収性を高めることにも成功した。

また独自の抗酸化技術を活かして、こともあろうに、化粧品事業への進出も果たしている。紫外線による写真の退色を防ぐ技術を、スキンケア分野にも応用したのだ。どちらの場合でも、写真フィルムの主成分であり、人間の皮膚の大半を構成するコラーゲンは、酸化によって分解される、という共通の要素があるからである。フィルムを酸化から守る乳剤をつくる富士フイルムの技術は、スキンケア商品である「アスタリフト」のコア技術として活用されている。

ある意味、富士フイルムは古い競合に礼を述べるべきだろう。コダックという存在があったからこそ、富士フイルムは事業の多角化を目指し、現在の事業に直接関係のない市場へも積極的に参入する企業文化を育んだのだ。コダックと互角に戦う規模に達するために、富士フイルムは別の市場でユーザーを見つけ出す必要があった。そこで、写真フィルム事業で培った薄膜形成・加工技術や塗布技術を用いて、1990年代末に初期のフラットパネルディスプレイ市場に進出した。現在、TVの液晶ディスプレイ（LCD）用フィルムにおいて、同社は世界市場のほぼ8割を独占する。フィルム写真時代が終わりを告げたとき、富士フイルムには即座に対応できる優れたスキルと柔軟な組織力があった。「我が社は、すでに多様な技術資源を持っていました」。2012年、代表取締役会長兼CEOの古森重隆《こもりしげたか》は『ウォール・ストリート・ジャーナル』紙に語った。「だから、こう考えたわけです。『その技術をうまく活かそうじゃないか。新しく活かせる分野があるに違いない』と」

そしてその言葉通り、古森は多様な技術を転用して新規事業の開拓に乗り出した。古森は2004年を「第2の創業」と位置づけ、写真フィルム事業が全事業に占める割合を、その後の10年で20％から1％に引き下げると宣言した。その一方で、医療品事業を、総売上高220億ドルのうちの10％超を占めるまでに成長させた。液晶ディスプレイ事業が占める割合も、同じく10％に達した。

これほどの復活を遂げることは至難の業である。写真フィルムの需要が激減したとき、古森は断腸の思いで莫大な経費削減を図り、数千人規模のリストラを敢行した。写真事業を縮小するために、25億ドルを投じた。2007年に世界金融危機に見舞われた際には、さらに20億ドルの経費削減に踏み切った。

そのような危機を乗り越え、2008年にはV字回復を達成する。2012年に破産宣告を余儀なくされたコダックとは対照的に、富士フイルムの企業価値は120億ドルを突破した。富士フイルムは、滅びゆく産業から見事に脱出を図ったのである。

ルール12：次の特異点を目指す

次なる特異点に移行するための3つのステップ

エントロピーのステージから脱出するための最後の戦略は、最も大胆である。それは「まだ市場実験に成功していない初期のビッグバン市場を見つけ出し、自社の事業を構成し直して、新たに生まれるビッグバン・エコシステムの一部になること」だ。言ってみれば、これまでに培ったブランド力と知的財産とを携えて、次なる特異点に移行するのである。

果たして本気で変革を望むのか、どんな資産を携えて移行するのかによって、新たな特異点で担う役割もさまざまだろう。だが、私たちのリサーチによれば、次の特異点を目指す戦略をうまく実行する企業は、次の3段階のアプローチを採用していた。

第1ステップ：接触

初期段階にある起業家に、協業者として接触する。自社のブランド力と専門知識や技術を起業家に提供するのと引き換えに、技術の最先端を走る彼らの斬新なアイデアを手に入れる。

第2ステップ：取り込み

第1ステップで有望な開発者や技術を見つけたら、その起業家を取り込み、重要なテクノロジー・ハブに位置する、設備の整ったイノベーションラボで、市場実験に必要なインフラや他の資源を提供する。

第3ステップ：投資

とりわけ有望な製品やサービスに、既存のベンチャーキャピタリストとともに直接投資し、スタートアップの経済的な価値の上昇を狙い、新たな破壊的製品やサービスをいち早く手に入れる。

第1ステップ：接触――ハッカソンを活用する

まずは、第1ステップ「接触」について見ていこう。市場実験を重ねるスタートアップと協業する最善の方法は、すでに第4章で紹介した。サンフランシスコで開かれ、私たちが審査員を務めたハッカソンの話を思い出してほしい。あのときのテーマは、「自閉症を抱えた子どもや大人とその家族に役立つ、スマートフォンアプリの開発」だった。

あのイベントは、「AT&T開発者プログラム」がNPOの「自閉症《オーティズム》スピークス」と組んで共同主催した、毎月のように開催されるハッカソンのひとつだった。外部の開発者や技術者と積極的な接触を図る活動の一環として開かれ、AT&Tのモバイルネットワーク技術に対する認知度を高める狙いがあった。

AT&T開発者プログラムは、同社の技術部門を率いる上級取締役副社長のジョン・ドノバンの提唱によって始まり、今ではハッカソンを定期的に開催している。しかも、シリコンバレーに限らない。2013年には、新しいテクノロジー・ハブとして大いに注目を浴びるニューヨークやシカゴ、マイアミ、テキサス州オースティン、イスラエルのテルアビブでも開催された。

特定のモバイル技術がテーマのときも、具体的な応用ニーズがテーマのときもあるが、どんな場合でも、ハッカソンの参加者はAT&Tの技術とインターフェースを無料で利用でき、開発の専門家とも自由に交流できる。一方のAT&T側から見れば、モバイル機器が、新たな破壊的製品やサービスとどう融合するのかについて、最先端のアイデアに触れられる絶好のチャンスである。

AT&Tの目的はもちろん、優れた新製品を、同社のワイヤレスネットワーク上で最初に売り出してもらうことだ。モバイルエコシステムにおいて、消費者が重視するのはネットワーク設計ではない。それは最新機器であり、OSであり、何よりもアプリなのだ。そこでAT&T開発者プログラムの目的は、AT&Tとそのパートナー企業のネットワークや設備を使って動作する、優れたアプリを幅広く開発することにある。AT&Tは、エリクソンやシスコ、インテル、マイクロソフトと共同で、すでに1億ドル以上もの資金を、開発者と接触するための活動に投資してきた。

最先端の技術実験にアクセスするツールとして、ハッカソンを積極的に活用するのはAT&Tだけではない。指数関数的技術の影響を受け、市場で手に入るほぼ完全な情報の破壊力を受ける産業が増えるのに伴い、多くの経営陣が早期警報システムを築きはじめた。優れた技術やアプリや起業家を、安価に、手っ取り早く発掘できるハッカソンは大きな成果を生み出す。

ハッカソンでは、新しい製品アイデアをほんの数日か、ほんの数時間で試すことができる。だから、世界中で毎日のようにハッカソンが開催されたとしても不思議ではない。テック系企業に限らず、新聞社やがん研究財団、市役所が開催する機会も増えた。どの場合でも、組み合わせイノベーションの力をうまく活用して、古いパターンを打ち破り、エントロピーの容赦ない握力を逃れようとしているかのようだ。

たとえば最近、ミシガン大学で開かれたハッカソンでは、二十数校の大学チームが参加し、125ものアプリが誕生した。このときに賞金を提供したのは、著名な企業やベンチャー投資会社だった。フェイスブックやグーグル、グルーポンをはじめ、バラクーダネットワークス（セキュリティ、データ保護、ネットワーク関連機器開発会社）、アンドリーセン・ホロウィッツ（ソフトウエア開発者のマーク・アンドリーセンが創業したベンチャーキャピタル会社）などの錚々《そうそう》たる名前が並んだ。

以上が、次の特異点を目指すための第1ステップ、「ハッカソンを開催して、初期段階にある起業家と接触し、有望なプロジェクトや才能を発掘する」である。

第2ステップ：取り込み——イノベーションセンターを創設する

続いて企業が取るべき第2ステップ「取り込み」とは、「彼らのプロジェクトやアイデアをうまく育成して、市場実験につなげる」ことだ。そのプロセスを加速させるために、多くの既存企業がイノベーションセンターを設立し、集中的なハッカソンを永続的に開催するような場所をつくり出している。開発者に作業スペースを与え、ハードウエアもソフトウエアも自由に使えて、既存企業の技術や専門知識に直接アクセスできる環境を提供するのだ。

ＡＴ＆Ｔでは〝ファウンドリー（鋳造所）〟と呼ぶインキュベーション施設を、シリコンバレー、テキサス、イスラエルの3か所に創設した。有望なプロジェクトを囲い込み、フルタイムで資源を活用できる環境を提供し、製品やサービスを市場に投入する支援を行うためである。

たとえばサンデースカイは、個人向けのプロモーション動画を制作するスタートアップだ。彼らはＡＴ＆Ｔに〝簡単な売り込み〟を行い、プロジェクトをほんの数分説明した後に、ファウンドリーで開発を進めるように誘われた。そして5か月のうちに、ＡＴ＆ＴのＵバースビデオサービス（インターネット、ＩＰ電話、ＩＰＴＶのトリプルプレイの電気通信サービス）が、サンデースカイの技術を用いて、個人向けのインタラクティブな〝ビデオ請求書〟を顧客に送信する実験を開始した。

私たちが勤めるアクセンチュアでも、グローバル・キャピタルマーケット・グループが、ニューヨークとロンドンで「フィンテック・イノベーションラボ」というプログラムを主催し、長年、積極的に活動を展開してきた（フィンテックは「ファイナンス」と「テクノロジー」とを組み合わせた造語。ＩＴを活用した金融サービスのイノベーションを指す）。フィンテック・イノベーションラボでは毎年、有望なスタートアップ6社を選んで、12週間のプログラムに参加してもらう。彼らに助言と、業界のリーダーと接触する機会を与え、マンハッタンの作業スペースを提供して育成を行うのだ。

フィンテックが焦点を当てるのは、金融サービス業界の新技術である。アクセンチュアのキャピタルマーケット部門の常務取締役、ボブ・ガシェは述べている。「銀行は、ますます外部のソリューションを求めるようになりました。コスト削減を迫られ、投資サイクルが短くなったうえに、商業的なソリューションが必要になったからです。以前のように、銀行がみずからの投資で開発する機会は少なくなりました」

イノベーションセンターやインキュベーション・プログラムは、基礎研究段階にある破壊的技術を、商用アプリケーションへと育成する新しいかたちである。かつて、初期のインキュベーター施設を設立して運営したのは研究大学だった。ところが20年ほど前から、大学に代わって既存企業がインキュベーション機能を担いはじめ、自社の技術資源と起業家とをうまく結びつけようとしてきた。

イノベーションセンターを運営することで、既存企業は新たな才能の優れたアイデアにアクセスできるだけでなく、自社が持つ技術の真価を再発見する機会も得られる。あるいは、社内資源だけでは改革に限界を感じていた企業が、文化的、法的な障害を克服する原動力にもなるだろう。

大半のイノベーションセンターにおいて、インキュベーションする側とされる側とのやりとりは、財政的な側面というよりも情報的な側面が大きい。イノベーションセンターに一時的に席を置く開発者は、完成した製品やサービスの所有権を無条件で持つか、インキュベーター側のスポンサーや投資家とのあいだで所有権を共有する契約を結ぶ。

ここまでが、次の特異点を目指すための第2ステップ、「イノベーションセンターを活用して、スタートアップの市場実験につなげる」である。そして特に有望な実験か、より専門的な資源が必要になる実験の場合には、いよいよ第3ステップが待っている。「スタートアップに投資して経済的利益を確保する」のだ。

第3ステップ：投資――コーポレートベンチャーキャピタル（CVC）に取り組む

既存企業が、スタートアップの初期の市場実験に資金を提供して支援するコーポレートベンチャーキャピタル（CVC）は、つい最近始まった試みではない。1990年代末のいわゆるドットコム・バブルの時代には、CVCファンドを立ち上げていない企業はないのではないか、と思われたほどだ。バブルの熱狂のさなか、たいして資産や収益の裏づけもないインターネット企業のIPO（新規株式公開）に乗じて、あわよくばひと儲けしようと目論んだ企業は多かった。ところが、バブルが弾けるとファンドも打ち切りになり、CVCも終わりを告げた。

だがビッグバン・イノベーション時代の到来とともに、より焦点を絞ったCVCが登場した。ドットコム・バブル時代とは違って、その目的は手っ取り早くカネを稼ぐことにあるのではない。自社の事業を脅かしかねない破壊的技術をいち早く見つけ出し、その技術を手に入れることにある。

つまり、有望な市場実験を発掘し、その実験が破壊的な成功を生み出す前に投資するという戦略だ。

その一方で、ベンチャーキャピタリストと起業家は、CVCというパートナーを単なる下級投資家として見ているわけではない。既存企業は資金だけでなく、意欲に燃えた社内ユーザーや市場の専門知識も提供する。完成した製品やサービスを市場に投入する際には、将来の流通パートナーとしての役割も果たすことになる。

この数年間、グーグルやKT（韓国最大の通信事業者）、テンセント（中国最大のインターネット企業）は莫大な資金をベンチャー投資につぎ込み、複雑な資本市場において、新たな特異点にエネルギーを供給する重要なプレイヤーとしての存在感を増しつつある。エネルギー、運輸、金融サービス、製造業などの、技術集約型でデータ集約型の幅広い産業で、CVCは大きな原動力となってきた。

成長著しい〝グリーン〟エネルギー部門を例に取れば、今日、ベンチャー投資全体の20％以上が企業をパートナーにしている。石油エネルギー会社のロイヤル・ダッチ・シェルや、GMやBMWのような自動車メーカーも、グリーン技術に投資しているのだ。

業界誌の『グローバル・コーポレート・ベンチャリング』によれば、2010年から2013年までのあいだに、CVC事業に新たに着手したか、活動を復活させたかした企業は、世界中で200社以上にのぼるという。積極的な活動を展開するCVCファンドやユニットは1000を超え、2013年には、総額180億ドルに相当する1000件以上もの案件に投資した。その3分の2

をアメリカが占め、さらにその数は増加傾向にある。

CVCを成功させるためには、新旧のスキルをうまく組み合わせなければならない。ハイジ・メイソンは、シリコンバレーを拠点とするベンチャー・コンサルティング会社、ベル・メイソングループの業務執行社員である。『ベンチャービジネスオフィス――コーポレートベンチャリングの新しいモデル』(生産性出版)という共著書もある、まさにこの世界のエキスパートと呼ぶにふさわしい。私たちはメイソンと仕事をした際に、CVCを成功に導くためには、投資の専門家の存在が必要だと学んだ。投資の専門家は、投資する側の企業の経営陣やリーダーと緊密に協力して働く。この能力を持った専門家の存在なしには、CVCはうまく機能しない。

一方で、CVCプログラムは、投資される側の企業やベンチャーコミュニティとも、長期にわたる協業関係を育む必要がある。成功する企業投資家は、既存のベンチャーキャピタリストや起業家のなかで活動し、彼らとの形式張らない関係を育成し、文化的な相互作用を促進する。それが、新たな特異点という、めまぐるしく展開する世界で生き残るための秘訣なのだ。

CVCユニットはたいてい、既存のVCファンドとともに投資することになる。そのため、CVCのファンドマネジャーは初期段階の投資に必要なコアスキルに秀でていなければならない。たとえば、ディールフロー構築(案件が継続的に入ってくる流れや仕組みづくり)やポートフォリオ管理はもちろん、親会社の経営陣から投資先企業に対する、積極的な支援を引き出すことも重要になる。ファンドマネジャーはまた、投資機会にすばやく対応できる権限を持っていなければならない。

そうでなければ、他社に目の前の獲物をさらわれてしまうからだ。

ＣＶＣユニットには、別の種類のスキルも欠かせない。最高イノベーション責任者（ＣＩＯ）率いる親会社内部のベンチャリング推進室は、将来を見据えた企業の投資活動――ＣＶＣはもちろん、従来の研究開発、ジョイントベンチャー、買収、社内のインキュベーションプロジェクト――の全ポートフォリオをうまく連携させて、調整する必要があるのだ。

また、親会社の全イノベーション課題とＣＶＣ活動とを統合し、以前はバラバラに行っていたインキュベーションや研究開発活動と、ＣＶＣ活動とをうまく結びつけることも重要になった。「ＣＶＣは執行業務の一部です」とメイソンは言う。「ですが、ＣＶＣという触媒は企業のイノベーションと成長戦略から生まれます。それは経営幹部の責任であり、ＣＩＯが調整すべきことなのです」

経営陣が自社のイノベーションポートフォリオをすべて把握していれば、ビッグバン・イノベーションに不意を突かれる心配もない。

ＣＶＣのファンドマネジャーをサポートするためには、それぞれの投資に対して、スタートアップと緊密に協力して働く社内パートナーを設置する必要がある。そしてそのビジネスパートナーが、足りない技術や業界の専門知識をスタートアップに提供する。さらに重要なことに、彼らはスタートアップが開発した製品の初期ユーザーの役割も果たす。

新しいＣＶＣモデルの投資パフォーマンスは、資本利益率（ＲＯＣ）だけで測られるわけではない。無形利益も重要な要素である。すなわち、投資は財政的リターンのみならず、戦略的リターンをもたらさなければならない。その投資は、果たして投資した側の既存企業に無形の利益をもたらしたのか——たとえば、新技術に対する理解は深まったのか。新しい世界市場のなかで貴重な体験を積み、外部との接触を図れたのか。イノベーター企業や投資家、彼らの顧客に対して、自社の存在をアピールできたのか。新製品や新サービスの開発につながり、新たな事業分野に移行する可能性が広がったのか。

シティグループ復活のカギはスタートアップとの連携から生まれた

これらの質問をみずからに問いかけてCVCを成功させたのが、大手銀行のシティグループである。世界金融危機のただ中の2008年に、シティグループは経営危機に陥り、連邦政府から公的資金の注入を受けた。前年の末に新しくCEOに昇格していたヴィクラム・パンディット（2012年に辞任）は、初代CIOにデボラ・ホプキンスを指名した。「シティグループはイノベーションの力を失った、とパンディットは指摘されたのです」。ホプキンスは続ける。「パンディットは私たちにこう言いました。その力をもう一度取り戻したいのだ、と」

ホプキンスが最初に選んだのはアジア地域だった。忙しく働く都会の消費者ニーズに応じた個人向け支店をデザインし、新しい銀行業務環境のプロトタイプを開発したのである。まずは日本で、アップルストアの展示空間を手がけたデザイン事務所、エイトインクと組んでプロジェクトを進めた。そして、最先端タッチ技術を駆使した世界初のスマートバンキング支店を開設し、最適な顧客体験を提供する支店を次々にオープンさせた。今日、アジアで展開するスマートバンキング支店は130店を超え、その数は今も世界中で増えつづけている。

ところが、2009年にシリコンバレーを訪れたホプキンスは、シティグループの将来にとって決定的に重要な最先端技術にアクセスする方法は、新技術に投資する以外にはないと痛感した。そのためには、この地に居を構えるしかない。ホプキンスはマンハッタンの自宅を売り払ってパロアルトに移住し、20名の専門家を抱えるシティベンチャーズを設立して、ニューヨークと上海にもオフィスを開設した。

どんなベンチャーキャピタルも同意するだろうが、CVCが共同投資を成功させるためには、現場で常に存在感を示すことが必要条件である。CIOがニューヨークの自宅を引き払って現地に乗り込んだことは、シティグループが並々ならぬ決意で破壊的イノベーションに取り組むという、紛れもないシグナルを内外に送った。

シティの投資哲学が重視するのは、大変革《ゲームチェンジング》をもたらす起業家との接触である。シティベンチャーズの定款によれば、その投資目的は「ソーシャルメディアと情報解析学の力を活用して、絶え間ない変化を促進し、セキュリティを向上させて不正行為を防ぎ、新しいかたちのデジタル製品とサービスを世に送り出す」ことにある。ホプキンスが求めるのは、まさしくそのようなイノベーションだ。シティのコア事業を新たな技術とビジネスモデルで創造し直し、これまでにない、独自の顧客体験をもたらす可能性を秘めたイノベーションである。

シティは単に資金を投入するだけではない。「プロセスのあらゆる段階で、投資先には協力を惜しみません。わたしたちはスタートアップの擁護者でありたいのです」とホプキンスは言う。つまりそれは、投資先と協力し合って、シティの多様な事業と世界各地で展開する膨大な数の拠点とを導き、スタートアップが開発した技術をシティ内部で試行して採用する、最高の機会を保証するという意味に他ならない。彼女は続けてこう言った。「我が社のIT組織はすばらしい仕事をしています。彼らの協力があるからこそ、スタートアップはみずから開発した製品やサービスを、シティが管理する膨大な量の情報を効率的に処理するレベルにまで高められるのです。シティが展開しているのは彼らの製品だと言えることは、投資した額以上の価値を生みます。その製品に大きな注目が集まりますからね」

ホプキンスが手がけた初期の投資のひとつに、シルバーテイル・システムズがある。セキュリティ関連のこのスタートアップは、シティの努力と幸運によって際立った成果をあげた成功例だろう。ホプキンスが初めてシルバーテイルの名前を耳にしたのは、ベンチャーキャピタル会社のアンドリーセン・ホロウィッツとの会合に臨んだときだった。シルバーテイルは、ウェブ上のユーザー行動をリアルタイムに分析し、不正行為につながるシグナルを即座に検知する高度なシステムを開発した。その話は、すぐにホプキンスの関心を引いた。そして、シルバーテイルのふたりの創業者と直接会ったとき、彼らが画期的なブレークスルーを成し遂げたことを、ホプキンスは直感したのである。

ホプキンス率いるシティベンチャーズは、早急に行動に移す必要があった。そして、即座に動いた。アンドリーセン・ホロウィッツは、シルバーテイルに対する投資を締め切る直前だったが、ホプキンスが投資許可を得るまでにそう長くはかからなかった。シティのＩＴ部門のリーダーも大きな関心を抱いた。そして８週間もしないうちに、シルバーテイルが開発したソフトウエアのパイロット版を試していたのである。

すぐにすばらしい成果が現れた。ホプキンスによれば、彼らのソフトウエアは「セキュリティを脅かし、オンライン詐欺を働く活動パターンを検出する、かつてない可能性」を示していたのだ。数か月後には、シルバーテイルはシティグループと、そしてその直後には他の大手銀行とも契約を結んだ。

「シティという投資家は、私たちがこれまでに組んだ、従来のベンチャーキャピタリストとはまったく違っていました」。そう語るのは、シルバーテイルの創業者で、チーフ・ビジョナリー・オフィサー（ＣＶＯ）のローラ・メイザーである。「シティがもたらした価値のおかげで、私たちはシティ内部の優れた人たちとつながり、よくある障害もうまく乗り越えられました。シティでの成功が私たちにとってもまさに大転換だったことを、その他の銀行やマスコミといった外部にも伝えられたのです」

ホプキンスが初めて名前を耳にしたときから１年半のうちに、シルバーテイルは、ＥＭＣ（ネットワークストレージ・システムとソフトウエアの開発・製造会社）に買収された。買収額は明らかにされていないものの、買収されたということはつまり、戦略的リターンだけでなく、相当額の財政的リターンをもシティにもたらしたという意味である。

シティは、シティベンチャーズにさらに大きな望みを抱いている。その投資活動が、〝真実を語る〟強力な情報源になることを期待しているのだ（まさしくルール1）。そうすれば、金融サービスの将来を見極められるうえに、常時ネットワークに接続して技術に著しく高い関心を示す、クライアントと顧客の激しく変化するニーズも読み取れるからだ。

「800社を検討したとしても、実際に投資するのは5社ですね」。ホプキンスが続ける。「ですが、実際のところ、彼らとの面接を通じて私たちは専門知識を蓄えています。そしてその知識を、成功事例やベンチマークのかたちに変えて、世界中の支店と共有しているのです」

その意味において、CVCは、あらゆる方向から攻撃を仕掛けてくるビッグバン・イノベーションの脅威に対する防衛手段であるだけではない。シティのような既存企業にとって、CVCとは、新たなイノベーションと新たな成長を約束するファーストクラス・チケットなのだ。そしてそれは、みずからのビッグバン・イノベーションを生み出すチケットでもある。

新たな特異点を目指す開拓者たれ
——武器は、アライアンス、スピード、謙虚さ

「ハッカソン」「イノベーションセンター」「ＣＶＣ」に積極的に取り組む既存企業は、改革の時間と資源がまだ残っているうちに、エントロピーからの脱出を図って、新たな特異点を目指す新たな開拓者である。これらの企業は、新しく登場した技術の破壊的な可能性を否定しない。ビッグバン・イノベーションが、業界に混乱をもたらす傾向を嘆きもしない。それどころか、スタートアップと協業して彼らの技術を活用し、既存企業とスタートアップの双方にとって有益な方法を見つけ出した。しかも、その方法をすでに何度も駆使してきたのだ。

シャークフィンの４つのステージを通して重要なのは、有効な提携関係を結ぶことだ。ビッグバン・イノベーションの成否を分けるのは、どんなときでも、エコシステムのなかでうまく機能できるかどうかである。長年のサプライチェーン・パートナーに対する、柔軟性のない戦略や高圧的な態度は今すぐに棄てて、次々に市場実験を行い、協業関係を築くのだ。閉鎖的な企業文化が有利に働くことはない。新たなアイデアを取り入れ、新たなパートナーを受け入れるオープンな態度こそが、不可欠で貴重な資産を生み出す。

ひとり勝ち市場で戦わなければならないときに、オープンな態度と協業は逆説的に聞こえるかもしれない。だがそのような市場環境で成功をつかむためには、まずは「長く成功してきたのだから、柔軟性のない戦略と高圧的な態度を取るのは当たり前だ」という、誤った考えを棄てなければならない。破壊的製品やサービスを生み出すときには、傲慢さではなく謙虚さこそが、真の信頼を測る尺度である。

信頼は重要だ。信頼関係がなくては、市場でほぼ完全な情報を手に入れた消費者が殺到して、市場実験が破壊的な製品やサービスに生まれ変わったときに備えられない。成功を支えてくれるエコシステムがなければ、破滅的な成功はたちまち〝真の破滅〟に変わってしまう。

ビッグバン・イノベーションにおいて最も重要な資源は、どんな場合でも時間である。私たちが新旧のビッグバン・イノベーションの事例を調べたところ、とてつもない成功か、とてつもない破綻かを分けたカギは、いつも必ず、完璧なタイミングをとらえられたかどうかにあった。「市場実験に乗り出す」「スタートアップを買収する」「製品を増産するか減産する」「資産を売却する」「在庫を現金化する」——どんな場合でも、重要なのはタイミングである。

完璧なタイミングをとらえることは、とてつもない幸運の賜物に思えるだろう。ところが実際は、努力の末に身につけた〝スキル〟なのだ。そのスキルを身につけるためには、まずは真実の語り手を見つけ出して、メッセージを読み解く知恵を学ばなければならない。次に、実践で手に入れたビッグデータを高速処理するコンピューティング性能と、そのデータを分析する知的能力とが欠かせない。それはまさに、時間を自在に操る達人にとって、世界をブレットタイムに減速させて、重要なタイミングをピンポイントの精度で読み取ることなのだ。

さて、こうして破壊的製品やサービスのライフサイクルの最後にたどり着いた。正確には、〝ひとつの〟ライフサイクルの終わりと言うべきだろう。本書の締めくくりとなる次章では、これまでの内容を簡潔にまとめよう。今この瞬間にも、指数関数的技術の次のサイクルが生まれ、新たに始まった特異点では、新たな技術を用いた実験がすでに盛んに行われているのだ。

おわりに
それでも、希望は残されている

最大の危機を、イノベーションの機会に転じるための「勇気」

シティベンチャーズの例からも明らかなように、シャークフィンのどのステージにあっても、また、たとえ産業全体が先細りの状態にあるか、最も厳しい危機に直面していたとしても、既存企業にはまだ希望が残っている。目の前に迫った破綻の危機は、自社の資産が持つ真の価値を発見するための意欲を掻き立て、イノベーター企業としての可能性を最大限に発揮するための絶好の機会かもしれないのだ。ツイッター、スターバックス、エアビーアンドビー、シティグループは――そうする以外になかったという、ただそれだけの理由であっても――ビッグバン・イノベーションの教訓を学んだ。

だが、本書で述べた12のルールが、どんな企業にも有効だという保証はない。既存企業にせよ、スタートアップにせよ、シャークフィンの各ステージをうまく生き残れるかどうかは、経営幹部の覚悟と知恵次第なのだ。つまるところ、ビッグバン・イノベーションを生き延びるためには、見向きもされなくなった製品と市場の不毛な砂漠を、リーダーみずから先頭に立って脱出し、次の破壊的製品やサービスを生み出して、市場に投入する方法を見つけ出さなければならない。ただ偵察を送り出して、待っているだけでは駄目なのだ。

リーダーに求められる重要な要素は他にもある。破壊的イノベーションの時代にあって、シャークフィンの全ステージを通した戦略に必要なのは、溢れんばかりの勇気である。危険はあらゆる方向からやって来る。市場はよりよく、より安い破壊的製品やサービスの脅威をもたらす。そのほとんどはレーダーでは捉えられず、気づいたときには手遅れのことも多い。危険は重役室にも潜む。企業や事業の方向転換を図ろうとすると、必ずや免疫反応が起きる。彼らは、どんな変化にも抵抗する。たとえ企業の生き残りをかけた変化だとしても、やはり頑固に抵抗するのだ。

これらの障害を避けるためにリーダーが為すべきことは、めまぐるしく変化する業界の力学や、手元に残った資源の価値の目減りについて、冷徹に見極めることである。資産がまたたく間に負債化するとき、経営陣は常に賃借対照表に目を光らせ、既存のブランドや在庫、有形の設備、知的財産の真価を、一切の私情を交えずに評価できなければならない。

過去と決別できる企業には、楽観的な未来が待っている。急減する取引コストのおかげで、サプライチェーンの重い足枷から自由になった企業も多い。価値を失った資産や破滅的な在庫の山から解放され、たくさんの企業が同じ業界の次のサイクルか、隣り合う産業で新たな役割を見つけた。ある産業では陳腐化した技術も、別の産業の新たな顧客とパートナーにとっては、極めて価値が高いという場合も多い。

テキサス・インスツルメンツや富士フイルムは、顧客の消滅とコア技術の陳腐化をうまく乗り越えた。ところが、富士フイルムの長年の競合だったコダックは、危機に呑み込まれてしまった。あるいは厳しい規制に縛られた米国郵政公社は、生まれ変わりたくとも生まれ変われないままに、毎年のように赤字を垂れ流しつづけている。

大企業もベンチャーも関係なく担うべき4つの役割

新たに登場するビッグバン・エコシステムのなかで、既存企業は今日とはまったく違う役割を担うことになる。さて、それはどのような役割だろうか。私たちのリサーチによれば、大企業か起業家かに関係なく、次の4つの役割が浮かび上がった。

1　**インベンター（発明者）**：よりよく、より安い技術を生み出す研究者《リサーチャー》インベンターは、重要な構成要素や資源、原材料を指数関数的に向上させて、技術の進歩を生み出す。また生産工程の飛躍的な改善をもたらし、製造コストを劇的に低減させる。その絶好の例は、第6章で紹介した特殊ガラス材メーカーのコーニングだろう。何十年も前に技術者が偶然、開発したゴリラガラスのコア技術を使って、2007年にスティーブ・ジョブズはiPhoneを世に送り出した。現在で言えば、自動車から携帯電話までのあらゆる分野で使える、新たな電池技術を模索している企業もインベーターである。

2　デザイナー（設計者）：既製部品を組み合わせて、新たな製品やサービスをつくり出すスペシャリスト

デザイナーは、インベンターが開発した技術を用いて、魅力ある製品をつくり出すのが抜群にうまい。優れたユーザーインターフェースやその他の特徴を打ち出して製品の差別化を図り、熱狂的なファン（と圧倒的なブランド認知度）を生み出す。創業当時からデザイン・スペシャリストであるアップルは、ほとんど既製部品だけでｉＰｈｏｎｅやｉＰａｄをつくり出した。ツイッターもまた、既存技術を組み合わせて単純な実験を行い、ユーザーの反応を確かめながら誕生した。

3　プロデューサー（生産者）：需要が急増・急減するエコシステムに、部品を供給するエキスパート

プロデューサーは、デザイナーが用いる重要な部品を、大量に、迅速に製造して供給し、デザイナーが市場に投入する破壊的製品が品切れを起こしたり、あるいは大量につくりすぎたりするリスクを軽減する。第7章で述べたように、テキサス・インスツルメンツは自社の名前で製品を販売する企業から、コア技術を活かした優れた部品を、他の企業に供給するサプライヤーへと生まれ変わった。

4　アセンブラー（組み立て者）：他の企業の設計と部品を用いて、需要に応じて完成品を生産

する、製造プロセスのエキスパート

アセンブラーは、おもに既製部品を組み合わせて、デザイナーのために製品やサービスを製造する。需要の変動に効率的に対応し、コストも効率も犠牲にすることなく、増産したり減産したりできる。アップルをはじめ、他のデザイナーのアセンブラーであるフォックスコン（台湾に本社を構える、世界最大の電子機器受託生産企業）が、その格好の例である。アセンブラーのなかには、消費者とサプライヤーとのマッチングサービス事業者も含まれる。エアビーアンドビーやウーバーは、それぞれ宿泊とライド分野において、1回ずつの取引単位で〝製品〟をつくり出す例と言えるだろう。

私たちのリサーチはまだ途中段階にしろ、ビッグバン・エコシステムのなかで既存企業が担う役割の専門化について、次のような事実が明らかになった。このような専門化が進んだのは、ひとつには、取引コストが急減して、頻繁に行われる市場取引の効率が改善したことと関係がある。効率のよい市場では、既存企業もリーンな運営が可能であり、めまぐるしく変化する市場環境や顧客の選好、技術の進歩にフレキシブルに対応できる。一方、効率の悪い市場の場合は、役割の専門化があまり進んでいない。インベンターは従来通り部品を製造し、デザイナーはアセンブラーの役割もこなす。

その他にも、エコシステムを進化させ、役割の専門化を促す、ふたつの動向が目立った。ひとつ目は、コア資産の活用を最適化する方法づくりであり、ふたつ目は、在庫コストを管理する新たなツールの発達である。

ひとつ目の動向である資産をうまく活用できるかどうかは、新製品やサービスの収益性をますます大きく左右する。なぜなら、すでに述べたように、市場にあるほぼ完全な情報によって、企業は製品の需要を喚起し、新たな買い手に即座に接触し、生産と流通の固定資産をよりうまく活用できるからだ。

その一方で、市場でほぼ完全な情報を手に入れた顧客が破壊的製品やサービスに殺到したときに、需要の急増に瞬時に対応できないイノベーター企業は、すべての価値を失ってしまう。そのため、企業は予備の生産能力を獲得する。ところがどれほど莫大な売上げを誇った破壊的製品やサービスであっても、市場がすぐに飽和する可能性を考えれば、矢継ぎ早に実験を重ねて、市場の需要に応えなければ、新しく獲得した生産設備の資産はたちまち無駄になってしまう。

このように、事業に使用する目的で取得したが、ほとんど活用されていない遊休資産は、ビッグバンのステージで稼いだ利益をたちまち使い果たしてしまう。第6章で紹介した、ソーシャルゲーム会社のジンガを覚えているだろうか。ジンガがOMGPOPを買収して、人気のお絵描きアプリであるドロー・サムシングを手に入れた、そのわずか1、2週間後に市場は飽和した。次に投入するゲームやアプリの準備ができていなかったために、莫大な資金を投じて手に入れた技術とマーケティング知識は、資産から破滅的な負債へと一気に変わってしまった。

そして、役割の専門化を促すふたつ目の動向は、在庫コストを管理する能力の向上である。いくら爆発的人気を誇る製品であっても、過剰に生産したうえに、間近に迫った市場の飽和に気づかなければ、苦労して稼いだ収益をすっかり失ってしまうばかりか、破綻に追い込まれる危険性さえある。同じく第6章で紹介したTHQの例を思い出してほしい。Wii用タブレットのuDrawの大ヒットに気をよくして、その翌年にプレイステーション版とXbox版を発売したところ、100万台を超す売れ残りが生じてしまった。

そのような大惨事を避けるために、インベンターとデザイナーは生産をプロデューサーとアセンブラーに任せる。後者のふたつには、リーンな生産の専門技術や知識と、リスクを複数の製品や顧客に分散させる能力があるからだ。アマゾンなどのオンライン小売業者は、最先端の解析技術を駆使して効率的な在庫管理を実現している。

何よりも大事な資産、それは「スピード」

本書の第2部では、ビッグバン・イノベーションで成功をつかむための12のルールを紹介した。既存企業と起業家を含めて、成功例だけでなく失敗例もたくさん取り上げた。なかには、これまでの常識とは相容れないように思える事例も多かったはずだ。しかし、指数関数的な技術と、その独特な経済的特徴のレンズを通して見れば、ランダムに見える事例も、優れた意思決定の結果として浮かび上がる——それらの事例は、よりよく、より安い製品やサービスが次々に登場する世界で、戦略的プランニングの新しいモデルをうまく適用した結果なのだ。

だが、たとえ破壊的製品やサービスを首尾よく市場に投入できたとしても、それはただ、ビッグバン・イノベーションを起こす機会をもう一度得ただけにすぎない。

創造的破壊のサイクルがますます短縮するなかで、指数関数的技術と破壊的製品やサービスが既存産業を新たにつくり直すとき、最も貴重な資産はスピードである。破壊的製品やサービスは、イノベーションのライフサイクルを容赦なく短縮する。このとき、勝負を決めるのはスピードだ。まず特異点のステージでは、失敗した初期の市場実験をいち早く見つけ出す必要がある。続くビッグバンのステージでは破滅的な成功をすばやく生き延び、ビッグクランチのステージでは、負債化する資産からできるだけ早く、最大の価値を絞り出さなければならない。そしてエントロピーのステージでは、その強烈な重力に押しつぶされる前に、もはや利益を生まなくなったレガシービジネスやレガシーカスタマーを早急に手放すことが重要なのだ。

その一方で、指数関数的な変化のペースを保ったままで、長く事業を続けられる企業はほとんどない。そして、その必要もない。私たちの好きな、昔ながらのジョークを紹介しよう。

ふたりの男がキャンプに行った。その夜、テントの周りをうろつくクマの足音で目が覚めた。ひとりの男が靴を履きはじめる。

「おい、何をしてる?」もうひとりの男が、信じられないといった顔つきで訊く。「クマより速く走ることはできないぞ」

すると靴を履いた男が答えた。「その必要はない。君より速く走ればいいだけだ」

それでは、他のキャンパーよりもどれだけ速く走ればいいのだろう。私たちの経験によれば、ビッグバン・イノベーションで成功をつかむ企業とは、スタートアップやベンチャー投資家のペースで働く、エネルギーに満ちあふれた企業である。そしてまた、非現実的な希望と大量のカフェインを燃料に、徹夜でハッカソンに参加する若き起業家のペースで働く企業なのだ。

謝辞

本書の執筆にあたっては、たくさんの友人や同僚の協力と支援をいただいた。

まず礼を述べるべきは、アイビー・リーだろう。私たちのリサーチが、どんなことでも実現させるリーに引き合わせてくれた。彼女のおかげで、私たちが自分たち自身のビッグバン・イノベーションを体験することはなかった。リーがいなければ、本書の刊行にこぎ着けることもなかったに違いない。

次に特別な礼を述べたいのは、『ハーバード・ビジネス・レビュー』の編集者であるジュリア・カービーである。2013年3月号掲載の論文「*Big-Bang Disruption*」（日本版『ダイヤモンド・ハーバード・ビジネス・レビュー』では、「破壊的イノベーションを超えるビッグバン型破壊」として2013年6月号に掲載）を書き上げることができたのも、カービーのおかげであり、そこから本書の執筆につながった。

原稿について意見やアドバイスを惜しまず、間違いを指摘し、深い洞察を与えてくれたエリック・エイペル、ローラ・ボクサー、キャロリン・ブランドン、ピーター・クリスティ、リチャード・ポズナー、ヘディ・ストラウス、アダム・シエラーに感謝申し上げる。初期の原稿を読んで、素晴らしいフィードバックを与えてくれたアクセンチュアの仲間たち、なかでも特にウェイン・ボルヒャルト、ダン・エルロン、デイヴ・ライト、デイヴィッド・マン、マーク・マクドナルド、サム・ヤードレーに礼を述べたい。

インタビューのために快く時間を割いてくれた多くの人と、本書のなかで取り上げた個人や企業に私たちを紹介してくれた人にも、感謝の気持ちを捧げたい。ケビン・アシュトン、マーク・チャン、ゴードン・クロヴィッツ、アレックス・ドン、デボラ・ホプキンス、デイヴィッド・ホーニック、ブレア・レビン、ハイジ・メイソン、マイク・マズニック、ローラ・メイザー、ジェイムズ・モーソン、マイク・マギアリー、チェット・ピプキン、ジョナサン・スパルター、ベーリン・スゾカにお礼を申し上げる。

また、最初から最後まで、あらゆるかたちのフィードバックや励まし、絶え間ない支援を与えてくれたアクセンチュアの仲間にも感謝している。クレア・アレン、ジョシュ・ベリン、オリー・ベンゼクライ、ブルーノ・ベルトン、スコット・ブラウン、ジェイムズ・コリンズ、ショーン・コリンソン、カレン・クレナン、デイヴィッド・キューダバック、マイケル・デナム、ピエルカルロ・ゲーラ、トレバー・グルージン、ウルフ・ヘニング、ニコライ・ヘスドルフ、フーン・サン・キム、ダン・ヒューディグ、ピーター・レイシー、ライアン・マクマナス、ナレンドラ・ミュラニ、ジョージ・マレー、カルロス・ニーザン、マイケル・オスターガード、ジーン・オストボル、ヤンフーン・パク、グラント・パウエル、オリヴィエ・シュンク、セイ・ミュン・チャン、ボブ・セル、ベイジュ・シャー、デイヴィッド・Y・スミス、マーク・スペルマン、ロクサンヌ・テイラー、ジョン・ウォルシュ、ブライアン・ホイップル、ロバート・ウォラン、ジョン・ジィーリー。ボブ・トーマス、グウェン・ハリガンをはじめ、アクセンチュア・ハイパフォーマンス研究所の全メンバーとアシスタントの、真のパートナーシップと協力に特別な感謝の意を捧げたい。

著作権代理人の枠をはるかに超えたサポートをしてくれた、ウィリアム・モリス・エンデバーのエリック・ラプファーに礼を述べたい。

ペンギンポートフォリオのエイドリアン・ザックハイムと、マリア・ガリアーノにもお礼を申し上げる。

『フォーブス』のブルース・アプビンとルイス・ドヴォーキンに感謝申し上げる。

最後になったが、計り知れない支援と貴重な助言を与えてくれた、次の方たちに深い感謝の気持ちを表したい。リー・ブキャナン、ティム・ブリーン、アンナ・カフェリー、シレリー・シトロン、ディック・コストロ、トーマス（トム）・H・ダヴェンポート、アーロン・ホルビー、アジット・カンビル、アンドルー・キーン、エレン・リアンダー・アンディ・リップマン、ラリー・ルー、サラ・ルー、カール・モリソン、ケビン・モリソン。ジョアンにジョン、シャーロット、そしてマイケル・ヌーネス。ジョーゼフ・ヌーネス。マイケル・ペトリコン、ゲアリー・シャピロ、リック・スタッキー、ハル・ヴァリアン、H・ジェイムズ（ジム）・ウィルソン。

訳者あとがき

本書は、ラリー・ダウンズとポール・ヌーネス共著『*Big Bang Disruption—Strategy in the Age of Devastating Innovation*』の全訳です。

ＩｏＴ、モバイルコンピューティング、クラウドサービス、ビッグデータ、ソーシャルメディア、シェアリングエコノミー……。指数関数的技術が新たな現実を生み出す時代に、「安定した事業を、ほんの数か月か、時にはほんの数日で破壊する新たなタイプのイノベーション」と、その破壊的影響から生き延びるための戦略とルールとを紹介した1冊です。

全体は2部構成になっています。第1部ではビッグバン・イノベーションの全貌とメカニズムを解き明かし、第2部ではその対応策を提案します。大半のビジネス書は、どちらか一方（たいていは前者）しか扱いません。ですが、ふたりの著者は〝よりよく、より安い〟という現代のイノベーション精神にのっとって、その両方を扱うことにし、第2部において、イノベーションの悪夢を生き延び、勝者となるための方法を、豊富な例を交えながら具体的に紹介しています。まさにこの〝ビッグバン級にお得な点〟が、本書の一番の魅力と言えるでしょう。

なお、次の2点について明記しておきます。まず、原著のタイトルは『*Big Bang Disruption*』であり、直訳すると「ビッグバン型破壊」になります。ですが、本書が描き出す新しいタイプのイノベーションは、1997年にクレイトン・クリステンセンが、著書『イノベーションのジレンマ』(翔泳社)で説いた「破壊的イノベーション」よりも、さらにすさまじい破壊力を持つイノベーションを指しています。そこで、「ある朝、目が覚めたら、自社のコア製品やコア技術が、よりよく、より安い製品や技術に駆逐されていた」という新しい時代の、大きく変質したイノベーションを言い表すために、編集部と相談のうえ、「Big Bang Disruption」に「ビッグバン・イノベーション」という訳語をあて、本書のタイトルにも採用いたしました。

2点目として、本書は、ふたりの著者が、『ハーバード・ビジネス・レビュー』2013年3月号に寄稿した論文「*Big-Bang Disruption*」(日本語版は『ダイヤモンド・ハーバード・ビジネス・レビュー』2013年6月号。「破壊的イノベーションを超えるビッグバン型破壊」)をもとに、新たに書き上げたものです。そのため、本書の翻訳にあたっては、元の論文の日本語訳を一部、参考にいたしました。的確で読みやすい翻訳を担当された有賀裕子さんには、感謝を申し上げます。

最後になりましたが、発音の表記からいろいろな技術用語や専門用語までを丁寧にチェックしてくださった、ダイヤモンド社編集部の廣畑達也さんに心からお礼を申し上げます。

2016年1月　　訳者

――いかに高業績を持続させるか』土岐坤他訳、ダイヤモンド社、1985年）

Postrel, Virginia, *The Future and Its Enemies*（New York: Free Press, 1999）

Schmidt, Eric and Jared Cohen, *The New Digital Age: Reshaping the Future of People, Nations, and Business*（New York: Knopf, 2013）（邦訳：エリック・シュミット、ジャレッド・コーエン『第五の権力――Ｇｏｏｇｌｅには見えている未来』櫻井祐子訳、ダイヤモンド社、2014年）

Schumpeter Joseph A., *Capitalism, Socialism and Democracy 3d.Ed*（New York: Harper& Brothers, 1950）

Sapiro, Carl and Hal R. Varian, *Information Rules: A Strategic Guide to the Network Economy*（Boston: Harvard Business Review Press, 1998）

Stigler, Geoge J., *The Organization of Industry*（Chicago: University of Chicago Press, 1983）

Treacy, Michael and Fred Wiersema, *The Discipline of Market Leaders: Choose Your Customers, Narrow Your Focus, Dominate Your Market*（New York: Basic Books 1997）（邦訳：M・トレーシー、F・ウィアセーマ『ナンバーワン企業の法則――勝者が選んだポジショニング』大原進訳、日本経済新聞社、2003年）

Mason, Heidi and Tim Rohner, *The Venture Imperative: A New Model for Corporate Innovation* (Boston: Harvard Business Review Press, 2002)（邦訳：ハイジ・メイソン、ティム・ローナー『ベンチャービジネスオフィス——コーポレートベンチャリングの新しいモデル』山田幸三、伊藤博之、松永幸広、若山聡満、鍵圭一郎訳、生産性出版、2004年）

MaGahan, Anita M., *How Industries Evolve: Principles for Achieving and Sustaining Superior Performance* (Boston: Harvard Business Review Press, 2004)（邦訳：アニタ・M・マクガーハン『産業進化4つの法則』藤堂圭太訳、ランダムハウス講談社、2005年）

McGraw, Thomas K., *Prophet of Innovation: Joseph Schumpeter and Creative Destruction* (Boston: Harvard Business Review Press, 2010)（邦訳：トーマス・K・マクロウ『シュンペーター伝——革新による経済発展の預言者の生涯』八木紀一郎、田村勝省訳、一灯舎、2010年）

Mintzberg, Henry, *Rise and Fall of Strategic Planning* (New York: Free Press, 1994)（邦訳：H・ミンツバーグ『戦略計画——創造的破壊の時代』中村元一監訳、崔大龍、黒田哲彦、小高照男訳、産業能率大学出版部、1997年）

Moore, Geoffrey A., *Inside the Tornado: Marketing Strategies from Silicon Valley's Cutting Edge* (New York: Harper Business, 1995)（邦訳：ジェフリー・ムーア『トルネード——キャズムを越え、「超成長」を手に入れるマーケティング戦略』中山宥訳、海と月社、2011年）

Nairn, Alansdair, *Engines that Move Markets: Technology Investing from Rilroads to the Internet and Beyond* (New York: Wiley, 2001)

Negroponte, Nicholas, *Being Digital* (New York: Vintage, 1996)（邦訳：ニコラス・ネグロポンテ『ビーイング・デジタル——ビットの時代』福岡洋一訳、アスキー、1995年）

Nunes, Paul and Tim Breene, *Junping the S-Curve: How to Beat the Growth Cycle, Get on Top, and Stay There* (Boston: Harvard Business Review Press, 2011)

Perez, Carlota, *Technological Revolutions and Financial Capital: The Dynamics of Bubbles and Golden Ages* (Cheltenham: Edgar Elger Publising, 2002)

Porter, Michael E., *Competitive Advantage: Creating and Sustaining Superior Performance* (New York: Free Press, 1985)（邦訳：M.E.ポーター『競争優位の戦略

Govern Life and Business in the Digital Age(New York: Basic Books, 2009)

Downer, Larry and Chunka Mui, *Unleashing the Killer App: Digital Strategies for Market Dominance*(Boston: Harvard Business Review Press, 1998)

Drucker, Peter, *Concept of the Corporation*(Piscataway, NJ: Transaction, 1993)(邦訳:P.F.ドラッカー『企業とは何か』上田惇生訳、ダイヤモンド社、2005年)

Drucker, Peter F., *Post-Capitalist Society*(New York: Harper Business, 1993)(邦訳:P.F.ドラッカー『ドラッカー名著集8 ポスト資本主義社会』上田惇生訳、ダイヤモンド社、2007年)

Freeman, Chris and Francisco Louçã, *As Time Goes By: From the Industrial Revolutions to the Information Revolution*(Oxford: Oxford University Press, 2001)

Hagel, John Ⅲ, John Seely Brown, and Lang Dividson, *The Power of Pull: How Small Moves, Smartly Made, Can Set Big Things in Motion*(New York: Basic Books, 2010)(邦訳:ジョン・ヘーゲル3世、ジョン・シーリー・ブラウン、ラング・デイヴソン『「PULL」の哲学　時代はプッシュからプルへ——成功のカギは「引く力」にある』桜田直美訳、主婦の友社、2011年)

Hamel, Gary and C. K. Prahalad, *Competing for the Future*(Boston: Harvard Business Review Press, 1996)(邦訳:ゲイリー・ハメル、C・K・プラハラード『コア・コンピタンス経営——未来への競争戦略』一條和生訳、日本経済新聞社、2001年)

Kim, W. Chang and Renée Mauborgne, *Blue Ocean Strategy: How to Create Uncontested Market Space and Make Competition Irrelevant*(Boston: Harvard Business Review Press, 2005)(邦訳:W・チャン・キム、レネ・モボルニュ『ブルー・オーシャン戦略——競争のない世界を創造する』有賀裕子訳、ダイヤモンド社、2013年)

Kuhn, Thomas S., *The Structure of Scientific Revolutions*(Chicago: University of Chicago Press, 1962)(邦訳:トーマス・クーン『科学革命の構造』中山茂訳、みすず書房、1971年)

Levitt, Steven D. and Stephen J. Dubner, *Freakonomics: A Rogue Economist Explores the Hidden Side of Everything*(New York: Harper Perennial, 2009)(邦訳:スティーヴン・D・レヴィット、スティーヴン・J・ダブナー『ヤバい経済学——悪ガキ教授が世の裏側を探検する』望月衛訳、東洋経済新報社、増補改訂版、2007年)

参考文献

Abelson, Hal, Ken Ledeen, and Harry Lewis, *Blown to Bits: Your Life Liberty, and Happiness after the Digital Revolution*(Boston: Pearson, 2008)

Bushnell, Nolan and Gene Stone, *Finding the Next Steve Jobs*(Pasadena, CA: Netminds, 2013)(邦訳:ノーラン・ブッシュネル&ジーン・ストーン『ぼくがジョブズに教えたこと——「才能」が集まる会社をつくる51条』井口耕二訳、飛鳥新社、2014年)

Brynjolfsson, Eric and Andrew McAfee, *Race Against the Machine: How the Digital Revolution is Accelerating Innovation, Driving Productivity, and Irreversibly Transforming Employment and the Economy*(Lexington, KY: Digital Frontier, 2010)(邦訳:エリック・ブリニョルフソン、アンドリュー・マカフィー『機械との競争』村井章子訳、日経BP社、2013年)

Bygrave, Willian and Jeffry A. Timmons, *Venture Capital at the Crossroads*(Boston: Harvard Business Review Press, 1992)(邦訳:ウィリアム・D・バイグレイブ、ジェフリー・A・ティモンズ『ベンチャーキャピタルの実態と戦略』日本合同ファイナンス(株)訳、東洋経済新報社、1995年)

Cristensen, Clayton M., *The Innovator's Dilemma: When New Technologies Cause Great Firms to Fail*(Boston: Harvard Business Review Press, 1997)(邦訳:クレイトン・クリステンセン『イノベーションのジレンマ——技術革新が巨大企業を滅ぼすとき』玉田俊平太監修、伊豆原弓訳、翔泳社、増補改訂版、2001年)

Coarse, R. H., *Essays on Economics and Economists*(Chicago: University of Chicago Press, 1995)

Coarse, R. H., *The Firm, the Market, and the Law*(Chicago: University of Chicago Press, 1990)(邦訳:ロナルド・H・コース『企業・市場・法』宮沢健一、藤垣芳文、後藤晃訳、東洋経済新報社、1992年)

Cowen, Tyler, *The Great Stagnation: How America Ate All the Low-Hanging Fruit of Modern History, Got Sick, and Will(Eventually)Feel Better*(New York: Dutton, 2011)(邦訳:タイラー・コーエン『大停滞』池村千秋訳、エヌティティ出版、2011年)

Downer, Larry, *The Laws of Disruption: Harnessing the New Forces that*

ヤ行

ラ行

ワ行

マ行

タ行

ナ行

ハ行

サ行

カ行

索引

英数

ア行

[著者]

ラリー・ダウンズ（Larry Downes）

シリコンバレー在住のコンサルタント。それまでの市場を破壊するような技術が登場した際、それがビジネスや政策にどう影響を与えるのか、過去30年にわたりコンサルティング、講演、執筆している。特にインターネットに関するテクノロジーに強い。アーサーアンダーセン、マッキンゼーなどのコンサルティング会社を渡り歩き、現在はアクセンチュアのフェロー（ハイパフォーマンス研究所）。突如起こった技術革新により、産業構造がどう変わっていくのか、長期的な観点から研究している。ウォール・ストリート・ジャーナルやブルームバーグ、フォーブス、エコノミストなど、数多くの雑誌に寄稿しており、そのうちForbes.comでの記事は累計350万PVを誇る人気に。著書に、"The Laws of Disruption"（未邦訳）。

ポール・F・ヌーネス（Paul F. Nunes）

アクセンチュアのハイパフォーマンス研究所で、リサーチ担当グローバル・マネージング・ディレクターを務めている。1986年以来アクセンチュア一筋のマーケティングのプロで、ITの進化をビジネスに活かし、予測に役立てるという目的のもとに、ハイパフォーマンス研究所設立に動き、分析を続けている。その研究成果は数々のメディアでも紹介され、また、賞も受賞している。共著に、"Jumping the S-Curve"（未邦訳）。

[訳者]

江口泰子（えぐち・たいこ）

法政大学法学部卒業。編集事務所、広告企画会社を経て翻訳業に従事。主な訳書に『道端の経営学』（ヴィレッジブックス）、『21世紀の脳科学』『ケネディ暗殺 50年目の真実』『毒になる母』（ともに講談社）、『考えてるつもり』（ダイヤモンド社）、『マイレージ、マイライフ』（小学館）、共訳に『真珠湾からバグダッドへ』（幻冬舎）など。

ビッグバン・イノベーション
——一夜にして爆発的成長から衰退に転じる超破壊的変化から生き延びよ

2016年2月12日　第1刷発行

著　者——ラリー・ダウンズ、ポール・F・ヌーネス
訳　者——江口泰子
発行所——ダイヤモンド社
〒150-8409　東京都渋谷区神宮前6-12-17
http://www.diamond.co.jp/
電話／03･5778･7232（編集）　03･5778･7240（販売）

ブックデザイン—竹内雄二
図版作成——うちきばがんた
校正————鷗来堂
製作進行——ダイヤモンド・グラフィック社
印刷————堀内印刷所（本文）・加藤文明社（カバー）
製本————ブックアート
編集担当——廣畑達也

ISBN 978-4-478-02662-5

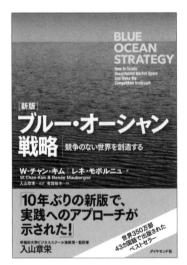